हिप्नोटिज़्म
(सम्मोहन विज्ञान)

हिप्नोटिज़्म
(सम्मोहन विज्ञान)

डॉ. भोजराज द्विवेदी
एम० ए० संस्कृत (दर्शन) पी० एच० डी० (ज्योतिष)

डायमंड बुक्स

प्रकाशक : **डायमंड पॉकेट बुक्स (प्रा.) लि.**
X-30, ओखला इंडस्ट्रियल एरिया, फेज-II
नई दिल्ली-110020
फोन : 011-41611861, 40712100
फैक्स : 011-41611866
ई-मेल : sales@dpb.in
वेबसाइट : www.dpb.in
संस्करण : 2021
मुद्रक : यंग आर्ट प्रेस दिल्ली-32

Hypnotism
by: Dr. Bhojraj Dwivedi

अनुक्रमणिका

आभार प्रदर्शन

हिप्नोटिज़्म, सम्मोहन विद्या को लेकर हिन्दी-जगत् में बहुत कुछ साहित्य लिखा गया है। जो भी पुस्तकें बाज़ार में उपलब्ध हैं वे अंग्रेज़ी में लिखी गई विदेशी विद्वानों की प्रतिकृति मात्र हैं एवं एक दूसरे की प्रतिकृति या पिष्टप्रेषण सी ही प्रतीत होती है।

डायमण्ड पॉकेट बुक्स के निदेशक श्री नरेन्द्र वर्मा के विशेष आग्रह पर मैंने भी इस विषय पर पुस्तक लिखने की चेष्टा की है। पुस्तक लेखन के पूर्व जिन पुस्तकों का मैंने अध्ययन किया अथवा जिनके माध्यम से मुझे परोक्ष अपरोक्ष रूप से वैचारिक सम्बल मिला उन सभी विद्वान ग्रन्थकारों के प्रति आभार प्रकट करना भारतीय शिष्टाचार है। इस पुस्तक को पूरा करने में जिन ग्रन्थों से मैंने विशिष्ट रूप से सहायता ली है, उन सब के प्रति आभार व कृतज्ञता ज्ञापन करते हुये सहायक ग्रन्थों के नामों का उल्लेख भी अवश्य करना चाहूंगा। (मेलविन पावर) प्रेक्टिकल हिप्नोटिज़्म, हाऊ टु हिप्नोटाइज़, मन की अगाध शक्ति व स्वयं सूचना, शक्तिचक्र और हिप्नोटिज़्म, हिप्नोटिज़्म, प्रेक्टिकल हिप्नोटिज़्म, हिप्नोटिज़्म कोर्स, परामनोविज्ञान, सम्पूर्ण हिप्नोटिज़्म, आध्यात्मिक प्रशिक्षण, प्रेक्टिकल हिप्नोटिज़्म (सेन्ट डी. जरेमिन) हिप्नोटिज़्म के चमत्कार, टेली रेस्पान्स पावर, त्राटक से रोग निवारण, दी कोट्र हिप्नोटिज़्म सिम्पलीफायड (जेम्स टी. ब्रेयर) डाइनेमिक थिंककिंग, एडवांस टेकनिक ऑफ हिप्नोसिस, मेन्टल पावर थ्रू स्लीप सजेशन, मन के रोग, रीच ऑफ माइन्ड।

अन्त में मैं डायमण्ड पॉकेट बुक्स के निदेशक माननीय श्री नरेन्द्र वर्मा का विशेष आभारी हूं जिनके अथक परिश्रम से यह पुस्तक इतने सुन्दर ढंग से प्रबुद्ध पाठकों तक पहुंच पाई है।

—डा. भोजराज द्विवेदी

हिप्नोटिज़्म (सम्मोहन विद्या) का इतिहास

सम्मोहन को अंग्रेज़ी में हिप्नोटिज़्म कहा जाता है। जिसका शाब्दिक अर्थ है निद्रा। अंग्रेज़ी का हिप्नोटिज़्म शब्द यूनानी भाषा में "हिप्नॉज़" शब्द से निकला है। जिसका अर्थ निद्रा है किन्तु हिप्नाटिज़्म से लाई जाने वाली निद्रा प्राकृतिक एवं स्वाभाविक निद्रा नहीं होती है। इसे एक विशेष प्रकार की तंत्रिका की निद्रा अथवा प्रेरित निंद्रा भी कह सकते हैं। स्वाभाविक निद्रा और हिप्नाटिज़्म से लाई गई निद्रा में अन्तर यह है कि प्रथम प्रकार की निद्रा में व्यक्ति सब ओर से बेखबर होकर सोता है। ऐसे निद्रित व्यक्ति को लक्ष्य करके साधारणतया कहा जाता है कि "सोया आदमी मरा बराबर"। इसके विपरीत सम्मोहित व्यक्ति इस निद्रावस्था में भी सम्मोहन-कर्ता (प्रयोगकर्ता) के आदेशों एवं निर्देशों के प्रति सजग रहता है। यही कारण है कि अनेक मनोवैज्ञानिक, सम्मोहन को एक विशेष प्रकार की चेतना अथवा चेतना का परिवर्तित रूप या सीमित चेतना कहना अधिक उपयुक्त समझते हैं। भारतीय भाषा में इसे "योगनिद्रा" कहते हैं। यह आत्म सम्मोहन की एक विशिष्ट अवस्था है जिसके माध्यम से साधक स्वयं कृत्रिम निंद्रा में सो जाता है। इस अवस्था में साधक अपनी प्रतिकूल परिस्थितियों पर विजय प्राप्त कर, अपने अचेतन व निष्क्रिय शरीर के भीतर छिपे हुए चेतन मन, प्राण शक्ति एवं संकल्प के द्वारा असाध्य कार्यों को भी सिद्ध कर जाता है। योगनिद्रा की इस अवस्था में साधक पर काल-प्रक्रिया निष्प्रभावी हो जाती है। आत्म सम्मोहन की इस अवस्था में साधक शुद्ध नहीं होता, वह युवा बना रहता है। जब भी उठता है तो उसमें नवीन शक्ति का उदय होता है। भगवान विष्णु की योगनिद्रा जगत प्रसिद्ध है।

हिप्नोटिज़्म का प्रारम्भ कब हुआ? इसके व्यक्तिगत एवं सार्वजनिक प्रयोग कब हुए? इसका इतिहास क्या है? इस पर नज़र डालें तो विदेशी लोग इसे इजिप्सियन, परसियन, ग्रीक एवं रोमन सभ्यता की देन मानते हैं। हिप्नोटिज़्म के अधिकृत विदेशी विद्वानों में डा. एन्टन फ्रान्ज मैमकर, डा. ब्रेड, डा. इस्डेली, सर बार्नहिम, प्रोफेसर ब्यूनी, मि. लीब्यूल्ट्स, डा. वेटरस्ट्रैड, डा. फ्लावर, चार्ल्स रिचेट, ब्राभवेल, इत्यादि के नाम प्रमुखता से लिये जाते हैं।

वास्तव में देखा जाये तो सम्मोहन अर्थात् हिप्नोटिज़्म का इतिहास उतना ही प्राचीन है जितना संसार। वैदिक काल में ऋषियों के प्राचीन आश्रमों में सम्मोहन विद्या पराकाष्ठा पर थी। कण्वऋषि के आश्रम में शेर व बकरी एक घाट पर पानी पीते थे। नेवला व सर्प एक वृक्ष की छाया के नीचे बैठते थे। सम्मोहन की इस अवस्था में हिंसक प्राणियों का नैसर्गिक वैरभाव भी नष्ट हो जाता था। तात्विक दृष्टि से देखा जाये तो वासुदेव कृष्ण सम्मोहन विद्या के आदि अविष्कार थे। इन्होंने व्यक्तिगत एवं सार्वजनिक दृष्टि में इसके अनेक प्रयोग किये।

"कृष्ण" नाम स्वयं अपने आप में चमत्कारिक है। व्युत्पत्ति मूलक अर्थ के अनुसार '**कृष्यति आकर्षयति इति कृष्णः**' जो दूसरों को अपनी ओर खींचे, आकर्षित करे वही कृष्ण है। कृष्ण ने सारे गोकुल, मथुरा, वृन्दावन को सम्मोहित कर रखा था। गोकुल की गोपियां जिधर देखतीं उन्हें, कृष्ण ही कृष्ण नज़र आता था। कई बार गोपियां इतनी बेसुध हो जाती थीं कि उन्हें अपने वस्त्र, काम-काज, लोक-लज्जा एवं लोकनिंदा का भी ध्यान नहीं रहता था। श्रीकृष्ण बंशी के

मधुर संगीत के माध्यम से सार्वजनिक सम्मोहन करते थे। बंशी की मधुर ध्वनि सुनते ही गोपियां व गोप बेसुध हो जाते थे। स्त्री-पुरुष का भेद ही मिट जाता था। काल व समय की सीमा भी निष्प्रभावी हो जाती थी। सामूहिक हिप्नोटिज़्म का इससे बेहत उदाहरण संसार में कहीं नहीं मिलता। पौराणिक प्रमाणों के अनुसार कृष्ण की 16,000 (सोलह हज़ार) स्त्रियां थी जिनमें, रुक्मिणी, मत्यभामा एवं राधा उनकी पटरानियां थीं।

योगी रामकृष्ण परमहंस के शिष्य विवेकानन्द विश्वधर्म सम्मेलन में भाग लेने हेतु जब अमेरिका के शिकागो शहर में गये तो स्प्रिंगफील्ड के खुले मैदान में उनका प्रवचन हो रहा था। वहां पर कुछ श्रोताओं ने श्रीकृष्ण-लीला के बारे यही सवाल उठाया और आश्चर्य व्यक्त किया कि क्या इस प्रकार का सार्वजनिक सम्मोहन सम्भव है? विवेकानन्द मुस्कुराये और प्रवचन करते-करते कुछ कदम पीछे हट गये। विवेकानन्द के ओजस्वी भाषण का प्रवाह इतना सम्मोहित करने वाला व आकर्षक था कि श्रोता भी दो कदम आगे बढ़ गये। भाषण चलता रहा, विवेकानन्द रोचक प्रसंग सुनाते-सुनाते कुछ पीछे हट जाते, श्रोता भी इतने आत्माविभोर थे कि वे भी विवेकानन्द का अनुसरण करते गये। चार घंटे तक धाराप्रवाह भाषण चलता रहा। जब भाषण समाप्त हुआ तो विवेकाननद ने श्रोताओं को बतलाया कि आप अपने वास्तविक जगह से आधा मील दूर चल चुके हैं। आपको पता भी नहीं चला। श्रोता वास्तविकता जानकर हैरान हो गये, उन्हें तो पता भी नहीं चला कि वे कब और कैसे इतने आगे बढ़ गये। स्वामी विवेकानन्द ने मुस्कुराते हुए बताया कि मुझ जैसे एक साधारण मनुष्य की वाणी से आप इतने सम्मोहित हो गये कि आपको अपनी वस्तुस्थिति का आभास नहीं रहा तो त्रैलोक्य को मोहित करने वाले जगतपिता जगदीश्वर श्रीकृष्ण के बारे में इस प्रकार के आक्षेप कहां तक उचित हैं?

इस सम्मोहन शक्ति को हमारे प्राचीन ग्रन्थों में माया या निशाचरी माया का नाम दिया गया है। रामायण में इस बात का उल्लेख मिलता है कि कुम्भकरण, मेघनाद् आदि ने राम की सेना को निशाचरी माया से मूर्छित कर दिया था। यह निशाचरी माया शक्तिशाली सम्मोहन (हिप्नोटिज़्म) के अतिरिक्त और कुछ नहीं थी। जहां अज्ञानी और अर्द्धशिक्षित व्यक्ति इसे दैवी शक्ति कहकर चुप हो जाते हैं, वहां अपने आपको अति आधुनिक कहने वाले शिक्षित, अन्ध-विश्वास, पाखंड ढकोसला कहकर इस विद्या की उपेक्षा कर देते हैं। इसके विपरीत पाश्चात्य विद्वान इसकी तह तक पहुंचने का प्रयत्न करते हैं।

वैज्ञानिकों ने गहन अभ्यास/अध्ययन और सतत् अनुसन्धान के पश्चात् यह सिद्ध कर दिया है कि मनुष्य के शरीर में एक विद्युतीय गन्ध (चुम्बकीय आकर्षण शक्ति) निरन्तर प्रवाहित होती रहती है। यह गन्ध उसके शरीर से निकलकर उसके द्वारा प्रयोग की गई वस्तुओं में ही घुल नहीं जाती बल्कि उसके शरीर से निकलकर वातावरण में फैल जाती है, पृथ्वी पर बिखर जाती है और काफी समय तक वहां विद्यमान रहती है। आधुनिक वैज्ञानिक इसे ''ओरा'' भी कहते हैं। इसका प्रमाण इस बात से भी मिलता है कि गुप्तचर कुत्ते किसी अपराधी द्वारा छोड़े गये वस्त्रों को सूंघकर उस अपराधी की खोज में निकल पड़ते हैं और वह जहां तक पृथ्वी पर गया हो वहां तक वे उस गंध के सहारे पहुंच जाते हैं। हां, जब अपराधी कार आदि वाहन पर चढ़कर चला जाता है तो वे उसका पीछा नहीं कर पाते क्योंकि वह अपनी गंध उस वाहन में समेट कर ले जाता है।

सार्वजनिक सम्मोहन की एक बहुत बड़ी आप बीती घटना मुझे ज्यों की त्यों आज दिन तक याद है। कॉलेज के उन दिनों में जब मैं विद्यार्थी था, जोधपुर शहर में गोगिया पाशा नामक

विश्वविख्यात जादूगर आया था। मेरी आयु 18-19 वर्ष की रही होगी। उस जादूगर ने स्टेडियम, सिनेमा और सुमेर पुष्टिकर स्कूल में अपने प्रोग्राम दिये। टिकट पर सायं 6 बजे का समय दिया हुआ था। पर जादूगर महोदय आये नहीं। कुल एक घन्टे का शो था। सायं 7 बजे समाप्त होने का समय भी लिखा था। समाचार-पत्रों, पम्पलेट के माध्यम से यह प्रचार किया गया था कि यह शो गोगिया पाशा के जीवन का बेहतरीन शो होगा, आज तक जो नहीं देख पाये, वह हैरत-अंगेज़ कार्यक्रम यहां देखने को मिलेगा। टिकट की कीमत उस समय आठ आने रखी गयी थी। अत: हज़ारों की संख्या में पब्लिक शो देखने के लिए उमड़ पड़ी। जालोरी गेट से स्टेशन का मार्ग जनता की भीड़ से अवरुद्ध हो गया, पर जादूगर नहीं आया। सायं सात बज गये, शो समाप्त होने का समय हो गया, जनता जनार्दन विचलित हो गई। इतने में आयोजकों के पास टेलीफोन आया कि जादूगर आ गये हैं, कुछ ही मिनटों में विद्यालय के प्रांगण में प्रवेश कर जायेंगे। दर्शकों को कुछ ढाढ़स बंधा। घड़ी की सुई निरन्तर अपना कार्य कर रही थी साढ़े सात बज गये, आठ बज गये कुछ लोग वापस चले गये। आयोजकों में मायूसी छा गई। ठीक आठ बजे और जादूगर ने विद्यालय के प्रांगण में प्रवेश किया। सौजन्यवश लोगों ने माल्यार्पण किया। आयोजकों ने देरी से आने का कारण पूछा। जादूगर मुस्कुराया बोला मैं बिल्कुल समय पर पहुंचा हूं। ठीक छ: बजे मैंने विद्यालय में प्रवेश किया। यदि आपको विश्वास नहीं हो तो मेरी घड़ी देख लीजिए। आयोजकों ने जादूगर की कलाई पर बंधी घड़ी देखी उसमें छ: बजे थे। जादूगर ने धीरे-धीरे किन्तु गम्भीर ध्वनि में अपनी बात दोहराई ... मैं जादूगर गोगिया पाशा कभी गलत नहीं बोलता... मैं समय का बहुत पाबन्द हूं... मैं किसी भी कार्यक्रम में देरी से नहीं पहुंचता। आप लोग खामो-खा परेशान हो रहे हैं... विश्वास न हो तो आप अपनी घड़ियां देख लें... ठीक छ: बजे हैं... अब एक मिनट बढ़ गया है। छ: बजकर एक मिनट हो गया है... जादूगर समय की गति को सेकेण्ड की सुई के अनुसार लगातार दोहरा रहा था।

सभी लोगों ने अपनी-अपनी घड़ियां देखीं, हैरान, घोर आश्चर्य। सभी की घड़ियों में समय की वही गति थी जो जादूगर बतला रहा था। बाहर बीच सड़कर पर रोड लाईटें, रात्रि के प्रथम प्रहर का अन्धकार बता रहा था कि आठ बजे हैं, पर घड़ियां साथ नहीं दे रही थीं। लोग सड़क पर बाहर आ गये और राहगीरों को रोककर समय पूछने लगे। भाई साहब... आपकी घड़ी में क्या बजा है? राहगीर बोलता कुछ, पर हमें सुनाई देता 6 बजकर पांच मिनट, कानों पर विश्वास नहीं होता, राहगीर का हाथ पकड़कर, उसकी घड़ी देखते तो वही समय। एक नहीं अनेक लोगों का। उपस्थित जनसमुदाय का हाल-बेहाल था। एक बिल्कुल असत्य एवं मनगढ़न्त बात को सत्य साबित करना था। यह सभी जानते थे कि जादूगर झूठ बोल रहा है पर उसको बताना था कि तुम झूठे हो, यह बात घड़ी के माध्यम से प्रमाणित करनी थी। लोगों ने यह माना कि इस शो में हिस्सा लेने वाले सभी लोगों की घड़ियां खराब हो गई हैं, अथवा सभी लोग सम्मोहित हो गये हैं, परन्तु सड़क पर चलने वाला व्यक्ति कार, स्कूटर पर दौड़ने वाला राहगीर तो सम्मोहित नहीं होगा, पर तर्क भी व्यर्थ जा रहा था। कुछ लोग रेलवे स्टेशन की ओर दौड़े तो कुछ लोग घंटाघर की ओर लपक पड़े। उनमें से मैं भी एक था। जोधपुर रेलवे स्टेशन और घंटाघर पर अंग्रेज़ों के ज़माने के बड़े-बड़े घड़ियाल गुम्बज की चारों दिशाओं में लगे हैं तथा उनके घंटे की आवाज़ भी दूर-दूर तक लोगों को सुनाई देती है। हम लोग तेजी से वहां पहुंचे। यह क्या, घंटाघर की घड़ी की सुईयां भी छ: बजकर दस मिनट बता रही थीं, यह कैसे हो गया? आज दिन तक यह गुत्थी किसी के समझ में नहीं आई।

सन् 1990 में जब मैंने हिप्नोटिज़्म एवं सम्मोहन विद्या पर कुछ पुस्तकें पढ़ीं और उनका तालमेल हमारे प्राचीन साहित्य की कथाओं से जोड़ा तब जाकर यह सथ्य हाथ लगा कि यह सब सार्वजनिक सम्मोहन का एक हिस्सा है। व्यक्ति चाहे तो एक ही समय में हज़ारों-लाखों लोगों को सम्मोहित कर सकता है। वहां तक जहां तक उसकी आवाज़ पहुंचती है, अथवा दृष्टि पहुंचती है। ऐसा मेरा अनुभव है।

सृष्टि के मूल में ही सम्मोहन के अंकुर विद्यमान हैं। जड़, चेतन सभी किसी न किसी रूप में एक-दूसरे के प्रति सम्मोहित होते हैं, आकर्षित होते हैं। वे जाने-अनजाने अपने आपको किसी न किसी के प्रति समर्पित करने के लिए तैयार रहते हैं। हिरण वीणा के स्वर को सुनकर सम्मोहित हो जाता है, बेल (लता) सम्मोहित होकर वृक्ष से लिपट जाती है, यहां तक कि सागर की लहरें चन्द्रमा से सम्मोहित होकर ज्वार के रूप में उसकी ओर लपकती हैं, और निर्जीव लोहा चुम्बक से सम्मोहित होकर उसकी ओर दौड़ पड़ता है।

यह बात तो हुई जड़ पदार्थों या बुद्धिहीन पशु-पक्षियों की। मनुष्य संसार का सबसे अधिक बुद्धिमान प्राणी है। वह सम्मोहित ही नहीं होता अपितु दूसरों को भी सम्मोहित करके उनसे अपने मनोनुकूल कार्य कराना चाहता है। यह जानता है कि प्रत्येक प्राणी, विशेषकर मनुष्य में, किसी न किसी के प्रति सम्मोहित होने की भावना छिपी रहती है। जो जाने-अनजाने, समय-समय पर प्रकट होती रहती है। कोई किसी के स्वर पर रीझ कर और कोई किसी की अदा या छवि पर फिदा होकर सम्मोहित हो जाता है।

इसी मानवीय भावना को समझकर बुद्धिमान व्यक्तियों ने अन्य व्यक्तियों को प्रयत्नपूर्वक अपने वश में करने का प्रयत्न किया है। उनके अन्तर्मन पर अधिकार करके जहां उनसे मनचाहे कार्य कराये हैं, वहां उनको असाध्य रोगों और दुर्व्यसनों से भी मुक्ति दिलाई है। भारतीय रोगियों, सन्त महात्माओं के आर्शीवाद, शाप व वरदान आदि के फलीभूत होने के पीछे सम्मोहन की यही शक्ति कार्य करती थी। वे रोगी पर हाथ फेर कर उसे रोग से मुक्ति दिला देते थे।

साधारणतया यह समझा जाता है कि सम्मोहन का प्रयोग केवल मनचाहे स्त्री-पुरुष को अपने वश में करने के लिए ही किया जाता है किन्तु वास्तविकता यह नहीं है। इस विद्या का प्रारम्भ वास्तव में चिकित्सा तथा दूसरों को लाभ पहुंचाने की दृष्टि से हुआ था। वैदिक वाङ्-मय में हमें ऐसे अनेक मन्त्र मिलते हैं, जिनके उच्चारण से रोगी सम्मोहित हो जाता है तथा उसके रोग नष्ट हो जाते हैं। उसका एक अनुभूत प्रयोग प्रबुद्ध पाठकों के लाभार्थ यहां दे रहा हूं।

हस्तस्पर्श से रोग दूर करना

ऋषि-वसिष्ठ, देवता-मैत्रावरुणि

हस्ताभ्यां दशशाखाभ्यां जिह्वा वाचः पुरोगवो।
अनामयित्नुभ्यां त्वा ताभ्यां त्वोप स्पृशामसि॥

—ऋग्वेद—10-137-7

अर्थ—वाणी को प्रथम प्रेरणा करने वाली मेरी जिह्वा है। उन निरोगिता करने वाले, देश अंगुलीरूपी शाखा वाले दोनों हाथों से, तुमको मैं स्पर्श करता हूं। इससे तुम्हारा रोग दूर होगा और तुम्हारा आरोग्य बढ़ेगा।

विधि—प्रथम अपनी वाणी से रोगी को निरोगिता की सूचना देनी चाहिये, पश्चात् मन्त्र

बोलते हुए दोनों हाथों की अंगुलियों से रोगी को स्पर्श करना और जहां रोग होगा, वहां से रोग दूर करने के समान स्पर्शात्मक व्यवहार करना। इस तरह हस्तस्पर्श करने मात्र से रोग दूर हो जाता है तथा व्यक्ति विशेष आरोग्यता को प्राप्त होता है। रोग दूर करने की यह प्रक्रिया 'वसिष्ठ-विद्या' कहलाती है। मैं इसे रोग सम्मोहन विद्या का आदि मन्त्र मानता हूं।

वैदिक काल की समाप्ति के बाद, 'शाबर-मन्त्रों' का प्रचलन बढ़ा। शाबर मन्त्रों के माध्यम से झाड़ा लगाने का प्रयोग बढ़ा। जिससे विष-जनित रोगी, सांप-बिच्छू ज़हर से छटपटाते रोगी आश्चर्यजनक रूप से ठीक होने लगे। यह है व्यक्तिगत सम्मोहन का प्रभाव। पर इन सबसे श्रद्धा व विश्वास आवश्यक अंग है। यदि रोगी को साधक के सम्मोहन के प्रति अटूट विश्वास है तो उसका कार्य अवश्य होगा। इससे 'स्पर्श-सम्मोहन' का आविष्कार हुआ जिसकी चर्चा इस पुस्तक के अगले अध्यायों में है।

स्वामी रामकृष्ण परमंहस के जीवन में एक विचित्र घटना घटी। उनके परमस्नेही एक भक्त को गले का कैन्सर हो गया। डॉक्टरों ने बीमारी को लाइलाज घोषित कर दिया। आपरेशन भी सम्भव नहीं था। रोगी कुछ ही दिनों का मेहमान था। जीवन के अन्तिम क्षणों में उसे जीवन की एकमात्र आशा स्वामी रामकृष्ण परमहंस के आशीर्वाद में दिखलाई पड़ी। रोगी भावना विह्वल होकर, स्वामी जी के चरणों में लोट-पोट होकर अपने प्राणों की भिक्षा मांगने लगा। **यही होता है जब औषधियां व उपचार निरर्थक साबित होने लगते हैं तब मनुष्य ईश्वर की शरण में, ईश्वरभक्तों की शरण में, साधु-महात्माओं एवं महापुरुषों की शरण में जाता है।** पूज्य स्वामीजी ने करुणा से विचलित होकर अपने अत्यन्त-स्नेही भक्त की ओर देखा। कर्म का फल तो सभी को भोगना पड़ता है पर यह भक्त इस अकाट्य तथ्य से अनभिज्ञ होकर एकटक दृष्टि से अश्रुपात करता हुआ, स्वामीजी से जीवनदान मांगने लगा। रामकृष्ण उसका दुःख न देख सके, वे द्रवित हो उठे। साधुओं का हृदय तो नवनीत के समान कोमल होता है जो परताप से तत्काल पिघल जाता है। स्वामीजी ने भक्त को ज़मीन से उठाकर अपने गले लगाया। उसकी गर्दन पर स्नेहपूर्वक हाथ फेरते हुये कहा—"वत्स! तुम्हें तो कोई रोग नहीं है...कोई पीड़ा नहीं है...जा तू चला जा...तू तो ठीक हो गया। माँ ने तुझे ठीक कर दिया।"

इसके साथ ही उपस्थित जनसमुदाय ने एक विलक्षण चमत्कार देखा। आगुन्तक रोगी एकदम स्वस्थ हो चुका था। उसके गले में पड़ी कैंसर की रसौली सूखकर साफ हो गई। पर स्वामीजी धीरे-धीरे बीमार पड़ गये। लोगों ने देखा स्वामीजी ने अपना शरीर गले तक दुशाले में छिपा रखा था। स्वामीजी ने किसी वैद्य-डॉक्टर से अपना इलाज नहीं कराया, न किसी प्रकार की दवा ली। रोग असाध्य होता चला गया। जब स्वामीजी ने यह नश्वर शरीर छोड़ा तो लोगों ने उनके शरीर पर पड़ी चद्दर हटाई तो यह देखकर सभी शिष्य अवाक् रह गये कि स्वामीजी के गले पर कैंसर की ठीक वही रसौली, वैसी ही अवस्था में थी जैसी उनके भक्त की गर्दन पर थी। धीरे-धीरे यह बात सारी दुनिया में फैल गई कि स्वामी रामकृष्ण परमहंस की मृत्यु गले के कैंसर से हुई। कई बार रोग परिवर्तन के ऐसे विचित्र उदाहरण भी इतिहास में मिलते हैं।

मुगल बादशाह बाबर के जीवन में भी एक ऐसा ही अवसर आया। राजकुमार हुमायूं ऐसा बेहोश हुआ कि उठने का नाम ही नहीं ले रहा था। बेहोशी के आलम में कई दिन बीत गये। तमाम वैद्य-हकीम-लुकमानों का इलाज बेअसर हो गया। बाबर ने देखा उसके वंश का आखिरी वारिस उसका परमप्रिय पुत्र हुमायूं उसके सामने ही दम तोड़ देगा। सारी बादशाहत, सारी दौलत हुमायूं को ठीक न कर पाई। तब बाबर ईश्वर की शरण में गया। **जब संकट आता है तो नास्तिक**

भी भगवान को याद करते हैं। भगवान के रूप अनेक हैं। वह हर साधक को अलग-अलग ढंग से अलग-अलग रूपों में प्राप्त होता है। बाबर ने अल्लाह-ताला से प्रार्थना की, नमाज़ पढ़ी और बीमार हुमायूं के पलंग के चारों ओर सात चक्कर लगाकर, ईश्वर से अत्यन्त आर्द्र भाव से विनती कि हे प्रभु! शहज़ादे हुमायूं को ठीक कर दे और इसके बदले में मुझे बीमार कर दे। संकल्प इतना दृढ़ था, प्रार्थना इतनी सख्त थी कि सातवें चक्कर में ही हुमायूं ने आंखें खोल दीं। बादशाह बाबर तीव्र आवेश के साथ गश खाकर वहीं गिर पड़ा। इतिहास गवाह है हुमायूं स्वस्थ हो गया एवं बाबर के प्राण-पखेरू इसी बीमारी में उड़ गये।

हस्तस्पर्श द्वारा रोग निवारण की पद्धति में महात्मा ईसा सर्वश्रेष्ठ थे। उन्होंने इस क्षेत्र में अभूतपूर्व कीर्तिमान स्थापित किये। सैकड़ों-हज़ारों रोगियों के दुःख-दर्द को उन्होंने रोगी के सिर पर हाथ फेर कर दूर कर दिया। ईसाई मतावलम्बी या ईसा में विश्वास-श्रद्धा रखने वाले यह तर्क दे सकते हैं कि वे परमात्मा के पुत्र थे, इसलिये उनके लिये कोई भी कार्य असम्भव नहीं था। पर यह वास्तविकता नहीं थी। उन्होंने स्वयं मानवेतर असाध्य कष्टों को हंसते-हंसते सहन किया। महात्मा ईसा रोगी की चिकित्सा करने के पहले उससे मुस्करा कर पूछ लिया करते थे— "क्या तुम्हें विश्वास है तुम मेरी चिकित्सा से ठीक हो जाओगे?" जब रोगी का उत्तर 'हां' में होता था तभी वे उसका इलाज करते थे। वे रोगी से अत्यन्त एकान्त में मिलते थे। उसका पूरा दुःख, उसकी पूरी तकलीफ धैर्य के साथ सुनते थे। जब चिकित्सक और रोगी के बीच, साधक व साध्य के बीच, तीसरा कोई न हो तो घनिष्ठता बढ़ जाती है, तदात्म्य हो जाता है। सारी झिझक मिट जाती है। रोगी एकाग्रचित्त से ठीक होना चाहता है और मनोचिकित्सक भी पूर्ण मनोयोग से एकाग्रचित्त से रोगी को सम्मोहित कर लेता है तथा रोगी चमत्कारिक ढंग से पूर्व स्वस्थ हो जाता है। एक बार एक कोढ़ी ने प्रभु ईसा के पास आकर कहा—"प्रभु, आप चाहें तो मुझे निःरोग कर सकते हैं।" ईसा ने उसी वक्त हाथ से उसको छूकर कहा—"मैं चाहता हूं, तुम अच्छे हो जाओ" बस इतना कहकर, स्नेह से छू लेने मात्र से रोगी ठीक हो गया। ऐसे ही ईसा ने कई कलुषित हृदय, पाप-बुद्धि वाले लोगों को सद्‌बुद्धि प्रदान की।

कलियुगी अवतार बाबा रामदेव ने अनेक कुष्ट रोगियों को अपनी बावड़ी का पानी पिला-पिलाकर, इसी प्रकार से ठीक कर दिया। हस्त-स्पर्श से रोग निवारण पद्धति, इन सभी में आगुन्तक जिज्ञासु को साधक के प्रति पूर्ण विश्वास होना चाहिये। अन्यथा साधक अपनी साधना-शक्ति का अपव्यय ही करेगा। रोगी ठीक नहीं होगा। चाहे बाबा रामदेव हों या प्रभु ईसामसीह, वे लोगों के लिये सिद्ध अवतारी महापुरुष थे परन्तु घर वाले, उनके कुटुम्बी-रिश्तेदारों को वे ठीक न कर सके, क्योंकि उनका उनके प्रति विश्वास नहीं था। इसलिये लोकोक्ति प्रसिद्ध है—"घर का जोगी जोगड़ा, आन-गांव का सिद्ध।"

मैस्मेरिज़्म के प्रणेता

'मैस्मेरिज़्म' का आविष्कारक वीएना (आस्ट्रिया) निवासी 'डॉक्टर एक्टन फ्रान्ज मैस्मर' को माना जाता है। डा. मैस्मर का जन्म 23 मई, सन् 1774 ई. को हुआ था। उन्होंने प्राचीन भारतीय योगियों के अनुसार ही अनेक प्रयोगों द्वारा यह अनुभव कर लिया था कि सम्पूर्ण विश्व में एक ऐसी गुप्त-शक्ति फैली हुई है, जो सब प्राणियों को प्रभावित करती रहती है। डा. मैस्मर ने बाल्यावस्था में ज्योतिष, चिकित्साशास्त्र तथा वकालत का अध्ययन किया था, परन्तु वे आकर्षित हुए 'एनीमल मैगनेटिज़्म' की ओर। तथा उन्होंने अपने प्रयोगों द्वारा यह सिद्ध कर दिखाया कि जब दो मनुष्य आपस में मिलते हैं, तब उस गुप्त-शक्ति का चुम्बकीय-प्रभाव बहुत अधिक

बढ़ जाता है। उन्होंने यह भी सिद्ध किया कि यदि उस गुप्त शक्ति को ठीक प्रकार से नियन्त्रित करके प्रयोग में लाया जाये तो वह अपने आश्चर्यजनक प्रभाव को प्रदर्शित करती है।

सन् 1775 ई. में डा. मैस्मर ने जब अपनी इस खोज को सर्वसाधारण के सम्मुख प्रकाशित किया तो तत्कालीन वैज्ञानिकों एवं धर्म के सम्बन्ध में अन्ध-विश्वासी जनता के बीच भारी हलचल मच गई और उन्होंने डा. मैस्मर को धर्म तथा प्रकृति विरोधी घोषित कर उनका विरोध करना आरम्भ कर दिया। जिसके फलस्वरूप आस्ट्रिया की सरकार को भी उन्हें देश-निकाले की आज्ञा देनी पड़ी।

आस्ट्रिया से निकल कर डा. मैस्मर 'मेरी एनोइनेट' नामक एक महिला की सहायता से फ्रांस के परिस नगर में जा पहुंचे। वहां रहकर उन्होंने अपनी प्रयोगशाला तथा चिकित्सालय की स्थापना की और अपने प्रयोगों द्वारा हज़ारों रोगियों को कष्ट मुक्त किया। फ्रांस की सरकार ने भी उन्हें सब प्रकार की सहायता दी।

पेरिस में डा. मैस्मर की ख्याति इतनी बढ़ी कि फ्रांस के तत्कालीन बादशाह लुईस 16 वें के दरबार के अनेक प्रतिष्ठित स्त्री-पुरुष भी चिकित्सा कराने के लिए आने लगे। परन्तु डा. मैस्मर की प्रसिद्धि यूरोप के नामी डाक्टरों के लिए ईर्ष्या का कारण बन गई और अन्त में, उन्हें पेरिस छोड़कर अन्यत्र चले जाना पड़ा।

5 मार्च, 1815 ई. को डा. मैस्मर का देहावसान हुआ। उनके बाद उनके शिष्यों ने इस विद्या में पर्याप्त उन्नति की तथा फ्रांस और जर्मनी में इसका अत्यन्त प्रचार प्रसार हुआ।

डा. मैस्मर के शिष्यों में से एक 'मार्किवस ऑफ पाइसेमर' ने इस विज्ञान में क्रान्तिकारी परिवर्तन उपस्थित किए। उन्होंने यह सिद्ध किया कि रोगी को हिप्नोटिक नींद में सुलाकर अत्युत्तम परिणाम उपलब्ध किए जा सकते हैं। सन् 1841 ई. में मेनचेस्टर निवासी डा. जेम्स ब्रेड ने इस विज्ञान को और अधिक आगे बढ़ाया तथा यह सिद्ध किया कि हिप्नोटिक-शक्ति किसी चुम्बक अथवा रोगी के शरीर पर हाथ फेरने से ही प्राप्त नहीं होती, अपितु इनकी सहायता के बिना भी उसे प्राप्त किया जा सकता है। उन्होंने स्पष्ट किया कि रोगी व्यक्ति यदि किसी चमकदार वस्तु को एकाग्र-दृष्टि से देखे अथवा अपने मस्तिष्क को विचार शून्य रखते हुए किसी पर अपना ध्यान केन्द्रित कर दे तो वह स्वत: ही हिप्नोटिक नींद के वशीभूत हो सकता है। और उन सब लाभों को प्राप्त कर सकता है, जो कि अन्य विधियों द्वारा प्राप्त होते हैं। डा. ब्रेड की इस खोज के बाद से मैस्मेरिज़्म को हिप्नोटिज़्म के नाम से पुकारा जाने लगा।

डा. ब्रैड के बाद इस क्षेत्र में अन्य विद्वानों द्वारा नये-नये अनुसंधान किये गए और इसे इतना आगे बढ़ाया गया कि चिकित्सा के क्षेत्र में इस विज्ञान ने अपना महत्त्वपूर्ण स्थान बना लिया। जब तक संज्ञा नाशक औषधियों का आविष्कार नहीं हुआ था, तब तक आपरेशन करने योग्य रोगी को हिप्नोटिक नींद में सुलाकर ही सफलतापूर्वक बड़े-बड़े आपरेशन किए जाते रहे।

हिप्नोटिज़्म वस्तुत: विचारों के सम्प्रेषण की अद्वितीय साधना है। यथार्थ में हिप्नोटिज़्म सम्मोहन तथा भावना की सम्मिलित शक्ति ही है। इसके द्वारा हिप्नोटिस्ट के मानसिक-प्रभाव से प्रभावित होकर साध्य उसी की आज्ञा के अनुसार चलता है।

हिप्नोटिज़्म के मूलत: तीन रूप हैं :—

(1) स्वयं को हिप्नोटाइज़ करना (स्व-सम्मोहन)

(2) दूसरों को हिप्नोटाइज़ करना (पर-सम्मोहन)

(3) मास हिप्नोटिज़्म (सामूहिक सम्मोहन)

मैस्मेरिज़्म अथवा हिप्नोटिज़्म के अभ्यास को सीखने के लिए किसी गुरु की विशेष आवश्यकता तो होती ही है पर साधक स्वयं ही धीरे-धीरे अभ्यास करके सफलता प्राप्त कर सकता है।

अनन्य विश्वास का ज्वलन्त प्रमाण

1 जनवरी 92 को जोधपुर स्थित ''श्रीपीठ'' पर श्रीयज्ञ हो रहा था। नि:संतान लोगों के लिए ''योनिकुण्ड'' पर अतिविशिष्ट प्रयोग हो रहा था। इसमें 18 संतानहीन जोड़े बैठे थे। जिनके विवाह हुए 18-20 वर्ष हो गये थे। डाक्टरी इलाज भी कराये। मन्दिर-मस्जिद में मिन्नतें भी कीं। इन लोगों में से 8 जोड़े जोधपुर शहर के थे बाकी 9 जोड़े बम्बई, अहमदाबाद व मद्रास के थे। पूर्णाहूति पर स्वयं इन्द्रदेव ने प्रकट होकर हल्की-हल्की बौछारें कीं। मन्त्रपूत वातावरण में दिव्य औषधि युक्त प्रसाद का वितरण हुआ। सभी जोड़ों को एक वर्ष के भीतर भीतर पुत्र रत्नों की प्राप्ति हुई। किसी के भी कन्या नहीं हुई। सभी लोगों के पुत्र अभी तक जीवित हैं और स्वस्थ हैं।

इस महायज्ञ में श्री वाई. एन. एस. तोमर जो कि सिंगापुर शिपिंग कारपोरेशन में इंजीनियर के पद पर कार्यरत हैं, भाग नहीं ले सके। श्री तोमर की पत्नी मिथिलेश से उन्हें विवाह उपरान्त बीस वर्ष के बाद भी कोई सन्तान नहीं थी। डाक्टरी परीक्षण में दोनों स्वस्थ थे। सन्तान न होने का कोई कारण नजर नहीं आ रहा था। वे यज्ञ में भाग लेना चाहते थे, पर किसी कारणवश जोधपुर नहीं पहुंच पाये।

इस महायज्ञ में आचार्य पुष्पा राघव भी बम्बई से आई थीं एवं 108 पवित्र यज्ञकुण्डों की भस्म भी अपने साथ बम्बई ले गईं, श्री वाई. एन. एस. तोमर जो कि आचार्य पुष्पा राघव के दामाद भी लगते हैं, उन्हें लौटने पर बम्बई में मिले एवं सच्चे मन से पश्चात्ताप किया। आचार्य पुष्पा राघव ने पूर्ण श्रद्धा एवं विश्वास के साथ यज्ञभस्म को घोलकर पानी में श्री तोमर एवं उनकी पत्नी मिथिलेश को पिलाकर कहा—''आपके यहां शीघ्र ही लड़का होगा'' सच, ठीक नौ महीने बाद इंजीनियर तोमर के यहां बीस वर्ष बाद पहली बार थाली बजी और उन्हें ''पुत्ररत्न'' की प्राप्ति हुई। यह मेरे निजी जीवन में अनन्य विश्वास के ज्वलन्त प्रमाण का सटीक दृष्टान्त है। अगला व्यक्ति तो मेरे पास भी नहीं आया, यज्ञ में भी नहीं बैठा, केवल मेरी शिष्या पुष्पा राघव के द्वारा प्रदत्त श्रीयज्ञ की भस्मी को विश्वास पूर्वक ग्रहण करने से पुत्रवान हो गया। मैं नहीं जानता वैज्ञानिक इस सच्ची घटना को कैसे परिभाषित करेंगे पर जहां तक मैं समझ पाया, यज्ञ की मन्त्रपूत भस्मी में तो चमत्कार था ही परन्तु असली चमत्कार तो आचार्य पुष्पा राघव की निश्चयात्मक वाणी में था। यह सम्मोहन चिकित्सा थी। माध्यम कुछ भी रहा हो पर परिणाम विलक्षण था।

मेरे एक मित्र हैं, ज़बरदस्त भंगेरी और ज़र्दा खाने वाले। घर वाले सभी उनसे परेशान। आगे के तीन दांत भी गिर गये। ज़र्दा खाने से कैंसर जैसी घातक बीमारी होती है। इन तथ्यों को जानते हुए भी मित्र महाशय किसी भी कीमत पर ज़र्दा छोड़ने को तैयार नहीं। एक दिन ऑफिस में बातें करते करते मैंने उन्हें सम्मोहित किया और पूछा वे ज़र्दा क्यों खाते हैं? उन्होंने सम्मोहित अवस्था में उत्तर दिया। ''कब्ज़ी के कारण'' उन्हें ऐसा भय था कि यदि वे ज़र्दा नहीं खायेंगे तो उन्हें लैटरिन जाने के लिये प्रेशर नहीं बनेगा। मैंने उनका विश्वास जीता और झूठ-मूठ दवाई की एक पुड़ी देते हुए कहा कि अब तुम्हें कब्ज़ी नहीं होगी। इस दवा को एक लोटा ताजे जल के साथ सुबह उठते ही पी लेना और यह ध्यान रखना कि लोटा ताम्बे का ही होना

चाहिये। उसने हमारा कहा माना, हमेशा के लिए ज़र्दा छूट गया। प्रबुद्ध पाठक जान गये होंगे कि यहां कब्ज़ निवारण का कारण मात्र "उषापान" ही था। कहने का तात्पर्य यह है कि यदि सम्मोहन पद्धति से चिकित्सा की जाये तो वह औषधि से ज़्यादा प्रभावशाली होती है।

सम्मोहन कर्त्ता को यह भी ध्यान में रखना चाहिये कि प्रत्येक प्राणी में एक चुम्बकीय शक्ति, आकर्षण तरंगें होती हैं। जिसमें वह दूसरों को अपनी ओर आकर्षित करता है। सम्मोहन कर्त्ता को अपनी आकर्षक तरंगें पूर्ण शक्ति के साथ संकलित करके, समय आने पर उसे साध्य पर फेंक कर तरंगित करने की प्रक्रिया पूर्ण रूप से आनी चाहिये। मनुष्य के भीतर जो चुम्बकीय तरंगें हैं, उसे हम विकसित करने का प्रयत्न नहीं करते। यदि इसका यही प्रयोग करना व्यक्ति सीख ले तो वह दूसरों को सम्मोहित करने में शीघ्र सफल हो जाता है। पर कई बार ऐसा भी देखने में आया है कि अद्‌भुत शक्ति का अत्यधिक विकास भी हानिकारक रहा है।

सम्मोहन चिकित्सा एवं मान्यतायें

सम्मोहन अथवा वशीकरण विद्या को हमारे देश में अब भी जादू-टोने के रूप में ही जाना जाता है जबकि विकसित देशों में सम्मोहन का उपयोग बीमारियों के उपचार में किया जाने लगा है। वहां इसे हिप्रोथैरेपी अथवा सम्मोहन उपचार का नाम दिया गया है। हिप्रोथैरेपी से दमा, श्वास नली में सूजन, हृदय रोग, उच्च रक्तचाप, गर्भावस्था के दौरान होने वाली उल्टी, अनिद्रा, अंधापन, मनोरोग, धूम्रपान, वज़न में कमी, तरह-तरह के फोबिया, प्रसव पीड़ा और यहां तक कि कैंसर जैसे रोगों का इलाज हो सकता है।

प्रसिद्ध मनोदैहिक रोग तथा हिप्रोसिस विशेषज्ञ डा. हरिकेश जाना के अनुसार अमेरिका, पूर्व सोवियत संघ, ब्रिटेन, जापान और आस्ट्रेलिया जैसे विकसित देशों में हिप्रोसिस के चिकित्सकीय उपयोग को स्वीकार किया गया है। इन देशों में हिप्रोसिस के अनेक अग्रणी तथा प्रतिष्ठित विश्वविद्यालयों में स्नातकोत्तर स्तर पर ह्रिप्रोसिस पर अनुसन्धान और कार्यशालाओं का आयोजन किया जाता है।

आम लोगों के लिए हिप्रोथैरेपी नाम नया तो हो सकता है, लेकिन चिकित्सक इसका प्रयोग सदियों से करते रहे हैं। भारत में पहली बार यह नाम तब सामने आया, जब एक ब्रिटिश डाक्टर ने 1840 में कलकत्ता में 1000 ऑपरेशन एनेस्थिसिया के बगैर हिप्रोसिस की मदद से किए। विश्व युद्ध के दौरान जर्मन और ब्रिटेन के डाक्टर घायल सैनिकों का इलाज हिप्रोसिस से किया करते थे।

इस सम्बन्ध में करीब 40 साल पहले इंटरनेशनल सोसाइटी फॉर क्लीनिक्स एण्ड एक्सपेरिमेन्टल हिप्रोसिस की स्थापना की गई, जिसके सदस्य फिजिशियन मनोचिकित्सक और दन्त चिकित्सक होते हैं। भारत में 1972 में इंडियन सोसायटी फॉर क्लीनिक्स एण्ड एक्सपेरिमेन्टल, अहमदाबाद में है। इस सोसाइटी ने देश के विभिन्न संस्थानों में हिप्रोसिस के 15 मूलभूत पाठ्‌यक्रमों का आयोजन किया है। सोसायटी चिकित्सा में हिप्रोसिस के लाभ और इस्तेमाल को प्रचारित करने के उद्देश्य से अनेक सम्मेलनों और संगोष्ठियों का आयोजन करती रहती है। इससे भारत में हिप्रोसिस (हिप्रोथैरेपी) के बारे में लोगों की रुचि और जागरूकता बढ़ी है।

अब चिकित्सक और आम लोग भी हिप्रोथैरेपी को स्वीकारने तथा इसका इस्तेमाल करने लगे हैं। प्रसिद्ध मनोचिकित्सक डा. दयाल मीरचन्दानी का कहना है कि वे अपने 10-15 प्रतिशत रोगियों का इलाज हिप्रोथैरेपी से ही करते हैं।

आने वाले दिनों में चिकित्सा के क्षेत्र में हिप्रोसिस का इस्तेमाल तेज़ी से बढ़ने की उम्मीद है। उदाहरण के तौर पर दन्त चिकित्सक मरीज़ का दांत उखाड़ने के समय हिप्रोसिस के ज़रिए उसे सांत्वना देकर दांत उखाड़ सकता है। इससे मरीज़ को कोई तकलीफ नहीं होती है। प्रसव के दौरान महिला को डर और प्रसव पीड़ा से मुक्ति दिलाने के लिए हिप्रोसिस का इस्तेमाल हो सकता है। मनोचिकित्सक मनोरोगियों और फोबिया के रोगों का इलाज हिप्रोसिस से कर सकते हैं। यहां तक कि कैंसर विशेषज्ञ अपने रोगियों में हिप्रोसिस से दर्द सहन करने की शक्ति पैदा कर सकते हैं, और हिप्रोसिस से ही वे इसका इलाज भी कर सकते हैं।

भारत में हिप्रोसिस विद्या अत्यन्त प्राचीन समय से प्रचलित रही है। हिप्रोसिस का चिकित्सकीय प्रयोग एफ. ए. मेस्मर ने शुरू किया। रैरेमिगर ने 1821 में शल्य क्रिया के लिए हिप्रोटिज़्म का इस्तेमाल किया। बाद में क्लोग्पेट व्हालर 1829 और एस्डाइल ने 1845-50 में भी ऐसा किया। मेस्मर ने खास चुम्बकीय तरल का उपयोग करके रोगियों को सम्मोहन की अवस्था में लाकर उनका इलाज किया।

डा. जाना के अनुसार सम्मोहन में हमारे अवचेतन मस्तिष्क का उपयोग किया जाता है। सम्मोहन की अवस्था में व्यक्ति का आमतौर पर स्मृति लोप नहीं होता बल्कि वह आस-पास की आवाज़ों को सुन सकता है तथा यह पता लगा सकता है कि आस-पास क्या है और क्या कुछ हो रहा है।

अनेक विकसित देशों में रोगी को बेहोश करने के लिए बेहोशी की दवा के स्थान पर या उसके साथ-साथ हिप्रोएनेस्पिसिया का प्रयोग होता है। डा. जाना का कहना है कि हिप्रोसिस के ज़रिये किसी महिला के स्तन के आकार में वृद्धि हो सकती है। किसी व्यक्ति की यौन क्षमता बढ़ाई जा सकती है और यौन रोगों का इलाज भी हो सकता है और व्यक्ति हिप्रोसिस सीख ले तो वह स्वयं अपने तनाव को आसानी से दूर कर सकता है। हिप्रोथैरेपी से किसी व्यक्ति के व्यवहार में भी परिवर्तन लाया जा सकता है और इससे व्यक्तिगत समस्याएं भी सुलझाई जा सकती हैं। जब किसी व्यक्ति को सम्मोहित किए बगैर कोई सुझाव या सलाह दी जाती है, तो उस पर इसका कोई प्रभाव नहीं पड़ता है।

अभी कुछ दिन पूर्व ऐसी ही एक विचित्र पूर्णतया सत्य घटना समाचार पत्रों में प्रकाशित हुई थी। सन् 1877 ई. की बात है कि अन्तारियो के बौडन नगर में कैरोलिन नाम की एक 17 वर्षीय युवती रहती थी। उस समय उसका भार 130 पौण्ड था। एक दिन वह अचानक बीमार पड़ गई। उसका स्वास्थ्य निरन्तर गिरने लगा। स्वाभाविक है कि रोग बढ़ने के साथ-साथ उसका भार भी घटने लगा. एक दिन ऐसा आया कि उसका भार 130 पौण्ड से 90 पौण्ड रह गया। इसके बाद उसमें कुछ विचित्र मानसिक एवं शारीरिक परिवर्तन होने लगा। जब-तब शरीर की सुध-बुध खोकर वह मूर्छित होने लगी। डाक्टरों ने निदान करके उसे मूर्छा रोग बताया। चिकित्सा करते करते लगभग डेढ़ वर्ष बीत गया परन्तु उसे चिकित्सा से कोई लाभ नहीं हुआ।

एक दिन यह जान कर लोगों को भारी आश्चर्य हुआ कि कैरोलिन में चुम्बक शक्ति का प्रार्दुभाव हो गया है। यदि कोई उसे छू देता तो स्पर्श करने वाले को बड़े जोर से बिजली का झटका लगता। अगर वह किसी ऐसी वस्तु को छू लेती जिस पर चुम्बक का प्रभाव पड़ता है तो वह कैरोलिन से इस प्रकार चिपक जाती है कि वह लाख प्रयत्न करने पर भी उसे छुड़ा न पाती थी। अन्त में उसे छुड़ाने के लिए अन्य व्यक्ति की सहायता लेनी पड़ती थी। परन्तु सबसे आश्चर्य की बात यह है कि चुम्बक शक्ति कैरोलिन के शरीर में सदा नहीं रही। धीरे-धीरे अपने आप ही यह शक्ति कम होने लगी और एक दिन वह बिल्कुल ही समाप्त हो गयी। इस घटना

का विस्तृत विवरण 1879 में अन्तारियो मेडिकल एसोसिएशन के सम्मुख प्रस्तुत किया गया था।

मनुष्य की चुम्बकीय शक्ति का दूसरा उदाहरण सन् 1930 में अमेरिका के मेरीलैंड कॉलेज ऑफ फार्मेसी नामक औषधि निर्माण करने वाले विद्यालय में मिलता है। उसका एक सोलह वर्षीय छात्र लुई हैवर्गर लोहे और इस्पात की भारी वस्तुओं को अपनी उंगलियों के अग्रभाग से किसी शक्तिशाली चुम्बक के समान लटका लेता था। छोटी-मोटी वस्तु नहीं आधे इंच व्यास वाली एक फुट लम्बी लोहे या इस्पात की छड़ भी उसकी उंगलियों के अग्रभाग को छूकर उठ जाती थी और उसके साथ चिपक कर लटकती हुई झूलने लगती थी।

ऐसा भी उदाहरण मिलता है जिससे ज्ञात होता है कि एक व्यक्ति में चुम्बक-शक्ति निरन्तर नहीं रहती थी। वह सूर्य केताप की तीव्रता के साथ घटती जाती है। यह बात फ्रैं क मैक क्रिस्टी के विषय में ज्ञात हुई। वह सन् 1889 के लगभग मिसौरी के जामलिन नगर में रहता था। प्रात:काल उसमें चुम्बक-शक्ति सर्वोच्च मात्रा में रहती थी और जैसे-जैसे दिन बीतता जाता था उसकी शक्ति मात्रा घटती जाती थी। सर्दी के दिनों में तो वह चुम्बक-शक्ति इतनी बढ़ जाती थी कि मैक का चलना फिरना दूलर हो जाता था। ऐसे अवसर पर वह चलने-फिरने में ऐसी ही कठिनाई अनुभव करता था जैसे कि गोंद से सने कागज पर बैठी मक्खी हाथ-पैर मारकर भी आगे नहीं बढ़ पाती।

किसी-किसी में तो चुम्बक-शक्ति की मात्रा इतनी अधिक बढ़ जाती है कि वह उस बिजली का रूप धारण कर लेती है जिसके स्पर्श मात्र से मनुष्य झटका खाकर गिर जाता है और कष्ट पाता है। अमेरिका स्थित मिसोरी के सिडेलिया नामक नगर में सन् 1865 में एक ऐसी ही चौदह वर्षीय लड़की रहती थी जिसका नाम मार्गन था। जो भी व्यक्ति उसे छू लेता वह तत्काल धक्का खाकर मूर्छित होकर गिर जाता था। यदि मार्गन पंप का हत्था या लोहे की कोई छड़ पकड़ लेती थी, तो उंगलियों के अगले सिरों से बिजली की चिंगारियां फूटने लगती थीं। परन्तु जब मार्गन ने यौवन की दहलीज पर पैर रखा तो साधारण युवती बन चुकी थी। उसमें पुरानी चुम्बक-शक्ति का अवशेष नहीं बचा।

दूरभाष द्वारा सम्मोहन

टेलीपेथी और टेली-रेस्पान्स का नाम आपने सुना होगा। आप अपने घर में बैठे-बैठे अपने परिचित दूसरे व्यक्ति को अपने विचार ध्यान के द्वारा सम्प्रेषित कर सकते हैं। इसमें थोड़ा अभ्यास करना पड़ता है। आप अपने पूजन कक्ष या मेडिटेशन कक्ष में बैठे-बैठे यह भी जान सकते हैं कि दूर देश में बैठा अमुक व्यक्ति इस समय क्या कर रहा है। धीरेन्द्र ब्रह्मचारी इस विद्या के सिद्धहस्त विद्वान थे। मैं पन्द्रह दिन तक गोल डाकखाने में सटे विश्वायतन योगाश्रम में उनके पास रहा उन्होंने अमेरिका के राष्ट्रपति निक्सन को इस टेलीपैथी विद्या का चमत्कार बताया था। राष्ट्रपति निक्सन ने इस विद्या की भूरी-भूरी प्रशंसा प्रेस मीडिया के माध्यम से की।

टेलीपेथी के माध्यम से जिस-प्रकार से आप अपने आदेशात्मक संदेश दूसरों के पास पहुंचा सकते हैं ठीक उसी प्रकार से आप टेलीफोन के माध्यम से भी दूसरे व्यक्ति पर सम्मोहन का प्रयोग कर सकते हैं। पर इसमें कम से कम दो-तीन वर्ष का कठिन अभ्यास करना पड़ेगा। मैंने दो-तीन बार इसके प्रयोग किये और वह सफल हुए। दूरभाष द्वारा सम्मोहन में दूसरा माध्यम जिस पर आप प्रयोग करने जा रहे हैं पूर्णतया (या पूर्णरूप से) आपसे परिचित होना चाहिये, यह प्रयोग की अनिवार्य शर्त है। बात करते हुए उसकी छवि आपके नेत्र-पटल पर हो तो प्रयोग

ज़्यादा सफल रहता है।

एक बार एक सज्जन का फोन आया, जिसको तेज़ ज़हरीले बिच्छु ने काट लिया था, वह तड़प रहा था। माध्यम मुझसे 400 किलोमीटर दूर था। झाड़े के लिए जोधपुर आना तत्काल सम्भव नहीं था। उसका मुझ पर अटूट विश्वास था। मैंने फोन पर ही बिच्छू का झाड़ा पढ़ दिया। माध्यम को तत्काल आराम मिला। घंटे भर बाद पुनः फोन आया कि पीड़ा नष्ट हो गई परन्तु पैर में इतनी सूजन आ गई कि वह चल नहीं सकता था। सायंकाल गोधूलि वेला में फोन पर पुनः झाड़ा दिया। माध्यम के पैर की सूजन भी मिट गई और बाद में पूर्णतः स्वस्थ हो गया। इसके बाद मुझे पहली बार यह अनुभव हुआ कि दूरभाष से भी मंत्र चिकित्सा व सम्मोहन प्रक्रिया की जा सकती है। यद्यपि ऐसी प्रक्रिया करना हमारे लिए तो कष्टदायक एवं व्यर्थ के झंझट को बढ़ाने वाली ही साबित होती है तथापि आपत्तिकाल में इस अति उत्कृष्ट कष्ट की वेला में, यह प्रयोग रोगी को अमृततुल्य औषधि की तरह आराम देने वाला साबित होता है।

कुछ बालक स्मरण शक्ति में कमज़ोर होते हैं। कुछ का मानसिक संतुलन ठीक नहीं होता, कारण ऐसे बालक शिक्षा के क्षेत्र में पिछड़ जाते हैं। कुछ बालक माता-पिता का कहना नहीं मानते। इन सबका हल भी सम्मोहन के माध्यम से संभव है। कुछ बालक जन्म से उदासीन और एकान्त प्रिय व चिड़चिड़े होते हैं। इन्हें भी सम्मोहन विद्या से संतुलित व स्वस्थ बनाया जा सकता है। हमारे कार्यालय ने सम्मोहन के क्षेत्र में निरन्तर अनुसंधान किये और शोध द्वारा हीन भावना से ग्रसित बालकों के लिए ''चन्द्र यंत्र'' का निर्माण किया। चन्द्रमा के आकार में शुद्ध रजत से बने इस यन्त्र के बीचों बीच मोती लगा होता है तथा उसके नीचे अठारह अंकों की जोड़ वाला ''चन्द्रयन्त्र'' बना होता है। इस यन्त्र पर ग्यारह हजार चन्द्रमा के वैदिक मंत्रों का जाप किया जाता है। यह चन्द्र यन्त्र शुभ मुहूर्त में जब बालक के गले में पहनाया जाता है तो बालक स्वस्थ-प्रसन्न व प्रमुदित रहने लगता है। उसकी हीन भावना नष्ट हो जाती है तथा बालक की बुद्धि व स्मरण शक्ति का समुचित विकास होने लगता है। जीवन में सैकड़ों समस्याएं होती हैं, जिनका समाधान चिकित्सा विज्ञान नहीं कर पाता। ऐसी स्थिति में सम्मोहन विद्या से प्रभावित यह चन्द्र यन्त्र बालक के बौद्धिक विकास में बहुत सहायक होता है।

वैसे तो सम्मोहन विद्या अपने आप में ज्ञान का एक विशाल समुद्र है। चिकित्सा विज्ञान में तो यह सहायक है ही पर इसका प्रयोग प्रतिकूल शत्रु को अनुकूल बनाने हेतु किया जाता है। अन्जान युवक एवं युवती को सम्मोहित करने के लिए भी सम्मोहन विज्ञान का उपयोग होता है। इस क्षेत्र में भी हमारा शोधकार्य आगे बढ़ा। हमने शुद्ध रजत को मन्त्रभूत करके उस पर षट्कोणात्मक ''शुक्र-यंत्र'' का निर्माण किया। इसके बीचोबीच में ''हीरा'' जड़ दिया। हीरा चमकीला होता है तथा इसमें लोगों को अपनी ओर आकर्षित करने की अद्भुत क्षमता पाई जाती है। इस पर तीस अंकों वाला शुक्र यन्त्र भी बनाया। यह सब बनाने के बाट इस पर वैदिक शुक्रमन्त्र के सोलह हजार जाप किये जाते हैं। उसके दशांश का हवन, तपर्ण व मार्जन, ब्राह्मण भोजन करने के बाद यह ''शुक्र यन्त्र'' स्वतः ही ''मोहिनी यन्त्र'' में बदल जाता है जिसे साधक के गले में सुवर्ण की चेन या चमकीले धागे में पहनाया जाता है। इसके प्रभाव से सकल जगत को वशीभूत किंवा सम्मोहित करने में सफल हो जाता है।

मुझे बम्बई की राधा बहन का किस्सा आज भी स्मरण हो आता है उसके विवाह के तीन वर्ष बाद उसका पति अपनी दो वर्ष की पुत्री को राधा के पास छोड़कर हांगकांग कमाने के लिये गया। वहां जाकर वह अन्य स्त्रियों के मायाजाल में ऐसा फंसा कि उसने अपनी गृहस्थी वहीं

बसा ली। जब दो वर्ष तक लगातार उसने राधा बहन की सुध न ली तो राधा घबराई। अब तो हालत इतनी खराब हो गई कि उसका पति फोन पर उससे बात करने से कतराता। पत्रों का जवाब नहीं, किसी घर वाले, रिश्तेदार, मित्रों से भी पति का कोई समाचार न पाकर राधा घबरा गई। उसने मेरे परिचित के माध्यम से मुझ से सम्पर्क साधा। कोई जन्मपत्री नहीं, जन्म तारीख नहीं। उदासी से भरे व्ययित हृदय में उसने रो-रोकर सारी कहानी सुनाई।

उपाय की तीव्र आवश्यकता थी। मैंने उपरोक्त विधि से सम्मोहन यंत्र तैयार करके उसके गले में पहनाया। उसे सम्मोहिनी-दीक्षा में दीक्षित कर एक मंत्र जाप भी किया ताकि उसके पति का ध्यान उसकी ओर आकृष्ट हो सके। फिर शुक्रवार के दिन उसने मेरे कहने पर हांगकांग फोन लगाया। संयोगवश उसका पति ललित बिजलानी उसे फोन पर मिल गया। कुछ वार्तालाप हुई। राधा ने संयत भाषा में जैसा मैंने निर्देश दिया था, उसी हिसाब में बात की। बिजलानी ने राधा को पांच हज़ार डालर का चैक भेजा। राधा स्वयं हांगकांग गई। पति के साथ रहने लगी। बिजलानी का परस्त्रियों से सम्पर्क टूट गया। आज राधा बहन ने अपनी गृहस्थी हांगकांग में बसा रखी है। उसके एक पुत्र भी हुआ। उसका छोटा-सा परिवार अब पूर्णतः सुखी है।

विदेशों में सम्मोहन विज्ञान मात्र मनोवैज्ञानिक अब धारणाओं व चेष्टाओं पर आधारित है। सम्मोहन का मुख्य आधार मानव मन-मस्तिष्क की अचेतन अवस्थाओं की विभिन्न परिणिति है। भारत में इन सभी प्रकार की चेष्टाओं के अतिरिक्त मन्त्र विद्या एवं तन्त्र प्रक्रियाओं का सहारा भी सम्मोहन में लिया जाता है। इसमें सम्मोहन करने की शक्ति कई गुना बढ़ जाती है। सम्मोहन विद्या के प्रति मेरी मान्यता एवं निजी अनुभव यह है कि इस सम्पूर्ण प्रक्रिया के अन्तर्गत यदि मन्त्रशक्ति, योग, ध्यान व धारणा का प्रयोग किया जाये तो विदेशी विद्वान एवं अनुसन्धान संस्थाएं भी इस भारतीय विद्या के आगे नतमस्तक हुए बिना नहीं रहेंगे। हमारे यहां ज्योतिष, कर्मकाण्ड, रत्न विद्या को लेकर निरन्तर अनुसन्धान प्रकाशन व पाठ्यक्रम चल रहे हैं। अज्ञात शक्ति को ज्ञात करने के अनवरत प्रयास कम्प्यूटर के माध्यम से चल रहे हैं। संस्थान भारत व विदेशों में रहने वाले अन्य सदस्यों को भी अपने साथ जोड़ रहा है व अनुसन्धान कर रहा है। यह ग्रन्थ इस दिशा में छोटा-सा प्रयास है। मेरे सुबुद्ध पाठकों को सम्मोहन के विषय में किसी प्रकार की शंका हो तो मुझसे सीधा पत्र से सम्पर्क कर सकते हैं। मैं आशा करता हूं कि इस सम्मोहन विद्या की अपारशक्ति का प्रयोग सर्वजनहिताय, बहुजन सुखाय लोक-कल्याणकारी भावनाओं के हित में होगा।

डा. भोजराज द्विवेदी

सम्पर्क सूत्र :—

अज्ञातदर्शन सुपर कम्प्यूटर सर्विसेज,
प्रथम बी रोड, सरदारपुरा,
गोल बिल्डिंग के पीछे,
जोधपुर (राजस्थान)—342003
टेलीफोन : 31883
फैक्स : 0291-49093

प्रायोगिक कार्य हेतु साधना स्थली
श्रीविद्या यन्त्र-मन्त्र तन्त्र साधना पीठ,
राष्ट्रीय राजमार्ग, पाली रोड,
(जोधपुर से 8 किलोमीटर दूर)
गांव कुडी भगतासनी,
जिला—जोधपुर
राजस्थान

दैनिक जीवन में सम्मोहन

एक बच्चा राह चलते गिर ज़ाता है और वह अपनी चोट के कारण तड़पने लगता है तो हम झट से भाग कर उसे उठाते हैं और प्यार से दिलासा देते हैं। दवाई तक दिलवाने के लिए तैयार हो जाते हैं। फिर उसका मन बहलाने के लिए टॉफी, गोली तक ले देते हैं ताकि उसका ध्यान उस ओर लग जाए और वह अपनी चोट के दर्द को भूल जाए। इस प्रकार से बच्चा चुप हो जाता है। वह अपनी चोट के दर्द को भूल जाता है। अब सोचने की बात तो यह है कि ऐसा क्यों हुआ?

बस यही वह विद्या है जो ध्यान को परिवर्तित करने की एक बहुत बड़ी कला है जिसे मन की शुद्धि द्वारा ही पूर्ण किया जा सकता है। यही नहीं, और भी बहुत से उदाहरण मिलेंगे। जैसा कि आपने किसी से सांपों की कहानी सुनी अथवा कोई ऐसी पुस्तक पढ़ी, जिसमें सांपों के बारे में काफी कुछ बढ़ा-चढ़ा कर वर्णन लिखा है। ऐसे में आप वहां से उठ कर किसी अंधेरे कमरे में चले गए, वहां जाते ही आपको यह अहसास हुआ कि इस कमरे में कहीं सांप है। बस फिर क्या! आपके अंदर से डर की भावना पैदा हुई और साथ ही दिल भी तेज़ी से धड़कने लगा। डर के मारे कांपते हाथों से कमरे की बत्ती जलाकर वहां पर जैसे ही प्रकाश किया तो कमरे में एक ऐसी रस्सी को देखा जो बल खाए पड़ी थी। इतफाक की बात समझो कि उस रस्सी के सिरे पर कोई पिन या सूई लगी हो और आपका पांव अनजाने में ही उस रस्सी पर पड़ जाए और पिन या सूई आपके पांव में चुभ जाए तो आप क्या करेंगे? आप घबरा जायेंगे और घबराहट में आपके प्राण भी निकल सकते हैं। ऐसी ही स्थिति भूत-प्रेत के किस्सों को लेकर होती है।

एक सत्य घटना है। दो मित्र एक साथ पैदल यात्रा करते हुये एक गांव से दूसरे गांव को जा रहे थे। रास्ते में घनघोर जंगल था। सुबह जल्दी निकले थे। चलते-चलते दोपहर हो गई। उन्होंने एक विशाल जंगली वृक्ष के नीचे विश्राम किया। दोनों ने मिलकर भोजन किया। थोड़ी देर सुस्ताने की दृष्टि से पेड़ के नीचे सो गये। इतने में पास के बिल से एक भयंकर विषधर बाहर निकला। सोये हुये मनुष्य के पांव के अंगूठे को चूहे जैसा समझ कर, सांप ने वहां काट खाया और मनुष्य के जगते ही तेजी से भाग गया। पहले यात्री ने उठकर देखा तो उसके पांव के अंगूठे से लहू निकल रहा था। सामने ही बिल के बाहर एक चूहा टुकर-टुकर उसे ताक रहा था। उसने मित्र को जगाया और बोला जंगली चूहे ने उसे काट खाया। मित्र ने पट्टी बांधी और वे पुनः सोने का उपक्रम करने लगे। इतने में वह जंगली चूहा तेजी से आगे बढ़ा एवं दूसरे यात्री के पांव में दांत गाढ़ कर बिल में छुप गया। दूसरे यात्री ने उठकर इधर-उधर देखा तो वह विषधर सर्प अपने बिल में घुसता हुआ दिखाई दिया। यात्री घबराया, उसने ज़ोर से चिल्लाकर अपने मित्र को उठाया और बोला—वो सामने के बिल में एक भयंकर सांप उसे काटकर चला गया। तुम दौड़कर गांव से किसी वैद्य को बुलाओ। क्योंकि अब वह नहीं बच सकता। इतना कहकर उसका सांस फूलने लगा। पहला यात्री इस आकस्मिक घटना से अपना दर्द भूल गया।

वह दौड़ता हुआ पड़ोस के गांव में जाकर एक वैद्यराज को बुला लाया। पर अफसोस उसका दोस्त उनके पहुंचने के पूर्व ही घबरा कर दम तोड़ चुका था। एक मामूली चूहे के काटने से वह मर गया पर जिसे वास्तविक सर्प ने काटा, वह मामूली दर्द के साथ जीवित था। यह आत्म-सम्मोहन, दृढ़ विश्वास का अनुपम उदाहरण है।

गलत विश्वास के कारण एक व्यक्ति अकारण मारा गया, एक जीवित था। दोनों के विश्वास पूर्णतः गलत थे। पर इस सारी प्रक्रिया में मुख्य रूप से क्रियाशील था—मानसिक चिन्तन। व्यक्ति जैसा सोचता है वैसा हो जाता है। एक कीड़ा बार-बार भ्रमर-दर्शन के भय से, निरन्तर भ्रमर का चिन्तन करते-करते स्वयं भ्रमर बन जाता है। अतः एक दिशा में एकाग्र चित्त होकर ध्यानस्थ होने का नाम ही तो सम्मोहन है। इसे ही हिप्नोटिज़्म कहते हैं। प्रत्येक मनुष्य के पास ऐसी शक्ति है जिससे वह स्वयं तो सम्मोहित होता ही है, दूसरों को भी सम्मोहित कर लेता है। हम दैनिक जीवन में कब आत्म सम्मोहित होते हैं, और कब दूसरों के द्वारा सम्मोहित किये जाते हैं, कई बार इसका हमें पता भी नहीं चलता।

ऐसे ही एक आदमी रात को बड़े मज़े से अपने कमरे में सो रहा था। आधी रात के करीब उसे यह अहसास हुआ कि उसके घर में कोई चोर घुस आया है। उसने झट से अपनी पिस्तौल निकाल ली और चौकस होकर अपने पलंग पर बैठ गया ताकि जैसे ही चोर उसके कमरे की ओर आए, वह उसे गोली मार दे। कितनी देर तक वह चोर के आने की प्रतीक्षा करता रहा। मगर चोर आया नहीं, एक-एक करके वह हर कमरे में चोर की तलाश करता रहा मगर चोर उसे मिला नहीं।

फिर उसे यह अहसास हुआ कि चोर उसके घर में ही कहीं छुप गया है। बस इसी डर के कारण वह रात भर जागता रहा। डर के मारे उसे नींद नहीं आई। सुबह हुई तो चोर का कहीं नाम-ओ-निशान तक नहीं था। वह समझ गया कि उसके घर में कोई चोर नहीं था। बल्कि यह उसका कोरा वहम था। चोर नहीं चोर की कल्पना थी जिसने उसे रात भर व्याकुल रखा।

सबसे अधिक उदाहरण स्वयं हिप्नोटाइज़ करने के प्रेम प्रसंगों में मिलते हैं। आप में से बहुत लोगों ने कई ऐसे लोग देखे होंगे, जो प्रेम में अंधे होकर पूरी दुनिया को भूल जाते हैं और कुछ ऐसे भी लोग देखे होंगे जो नफ़रत की आग मन में लिए घूमते हों और हज़ारों प्रयत्न करने पर भी नफ़रत को मन से निकाल न सके हों।

वास्तव में मनोवैज्ञानिक तौर पर प्रेम वह भावना है जो सदा प्यासी रहती है। जो हर समय प्रेमी या प्रेमिका के ही सपने देखती रहती है। इसी कारण प्रेम करने वाले प्यार में पागलपन की सीमा तक चले जति हैं जिसके कारण उनका दिमाग काम नहीं करता। ऐसे लोगों के बारे में यही कहा जा सकता है कि उन्होंने अपने आप को ''हिप्नोटाइज़'' कर लिया। उन्होंने एक प्राणी को देखा। सुन्दरी को देखा, उनका मन चंचल हो गया और व्याकुल मन दीवाना होकर उसे पाने के लिये लालायित रहने लगा।

सुन्दर-अति सुन्दर—बस इस सुन्दर शरीर को हर कीमत पर पाना चाहिए। बस ऐसी ही भावना उनके मन में पैदा होती है जो धीरे-धीरे बड़ी प्रबल होती चली जाती है और फिर एक दिन ऐसा आता है कि वह महसूस करते हैं कि यदि वह उनसे न मिली तो वे पागल हो जाएंगे। इससे सुन्दर चीज़ इस संसार में और कहां मिलेगी। वह तो फूलों की माला है सुन्दरता की देवी है, बहारों की रानी है—इसके बिना तो उनका जीवत रहना ही कठिन है। यदि वह उन्हें न मिली तो वे मर जायेंगे, मिट जायेंगे।

प्रेम में पागल होकर वे इतने दीवाने हो जाते हैं कि उन्हें केवल अपने प्रेम की या प्रेमिका की ही याद आती रहती है, उठते-बैठते, खाते-पीते उसी की काल्पनिक तस्वीर उनके सामने आने लगती है, रातों की नींद उड़ जाती है। मन की शांति भंग हो जाती है। हर समय उनके सामने एक ही चीज़ रहती है। हर हालत में अपने प्रेम को प्राप्त करना। बस उनके मस्तिष्क में हर समय यही कुछ घूमता रहता है, वे कभी भी अपनी हार को सहन नहीं कर सकते, इसी कारण उनका मन यही धमकी देता रहता है कि, ''यदि तुम उसे पा न सके तो तुम्हारा जीना ही बेकार है।''

नफ़रत की भावना में भी मस्तिष्क में ऐसा ही विवाद उठता रहता है। अपने विरोधी पक्ष के विरुद्ध उसके मन में घृणा की आग हर समय सुलगती रहती है, जैसे ही वह अपने किसी शत्रु को आंखों के सामने देखता है तो उसकी यह भावना और भी तेज़ हो जाती है। क्रोध और प्रतिशोध की भावना हर इन्सान को अंधा कर देती है। यहां तक कि उसका मस्तिष्क अपने शत्रु को मिटाने के लिए हर समय नई-नई योजनाएं बनाने लगता है। मस्तिष्क की इस क्रिया को हम स्वयं ही हिप्नोटाइज़ करना (स्व-सम्मोहन) कह सकते हैं। बहुत भयंकर है, प्रेम के मारे को वापस अपने संसार में लाना, कोई साधारण और सरल बात नहीं, ऐसे लोगों का उपचार करने के लिए यह ज़रूरी होता है कि इनको फिर से हिप्नोटाइज़ किया जाए। और फिर नींद से जगाया जाये।

डा. मस्माइर का हिप्नोटाइज़ एक सफल युग का आरंभ था। हज़ारों रोगियों को उन्होंने ठीक करके संसार के सामने यह सिद्ध कर दिया कि बिना दवाई के भी मानव रोगों का इलाज हो सकता है। एक ओर रोगी खुश थे कि उनका इलाज बिना दवा-दारु के हो जाता है, दूसरी ओर डाक्टर लोग चिंतित थे, विशेष रूप से सरकारी मैडिकल कालिजों में तो इस बात की चर्चा आम होने लगी थी। डा. मस्माइर का विरोध खुलकर किया जाने लगा।

एक ओर उनका विरोध हो रहा था दूसरी ओर कुछ डाक्टर इनके तरीकों से प्रभावित होकर अपने रोगियों का इसी ढंग से इलाज करने लगे। इनमें लंदन विश्व विद्यालय के डा. जैसन इस्ट्राइल भी थे, उनको मैडिकल कालिज से इसी कारण निकाल दिया गया था कि वे जादू द्वारा अपने रोगियों का इलाज करते हैं। डाक्टर जैसन का विरोध जब अधिक बढ़ गया तो उन्हें मजबूर होकर लंदन छोड़कर कलकत्ता में आकर अपना कार्य आरंभ करना पड़ा।

आज पूरा विश्व डा. मस्माइर, डा. एलन, डा. फ्राइड और डा. यंग का आभारी है कि उन्होंने अपने ही ढंग से मानव शरीर के अनेक रोगों का इलाज आरंभ किया और संसार के सामने एक उदाहरण पेश किया कि रोगी केवल डाक्टरी दवाओं से ही ठीक नहीं होते बल्कि उन्हें अपने खास ढंग से भी रोग मुक्त किया जा सकता है। यह बात उन्होंने केवल कही नहीं बल्कि इसे पूरा करके दिखाया। आम लोगों की यही धारणा रही है कि यह हिप्नोटिज़्म द्वारा ही इलाज किया जा रहा है। भले ही वैज्ञानिकों ने इसे मानने से इनकार कर दिया हो, मगर जादू वही है जो सिर चढ़ कर बोले। अब वह दिन दूर नहीं जब इस विषय को मान लिया जाएगा। पिछले कई वर्षों से अमरीका और रूस में हिप्नोटिज़्म द्वारा कुछ ऐसे आपरेशन किए गए हैं जो आम हालात में बड़े कठिन थे। इस प्रकार से सारे ही आपरेशन सफल रहे। यही नहीं अब तो हिप्नोटिज़्म द्वारा बच्चे पैदा करने का भी रिवाज आम होता चला जा रहा है। ऐसे में हम यदि हिप्नोटिज़्म के बारे में कुछ नहीं जानते तो हम लोग पीछे रह जायेंगे।

हिप्नोटिज़्म और इच्छा शक्ति

इच्छा शक्ति देखने में तो साधारण-सी बात लगती है, परन्तु असल में यही वह चीज़ है जिसमें इन्सान के जीवन और मृत्यु का रहस्य छुपा हुआ है, इन्सान के पास शक्ति की कोई कमी नहीं, मगर इस शक्ति का सही प्रयोग तो तभी हो सकता है जब लोगों की इच्छा शक्ति मजबूत हो। जिन लोगों की इच्छा शक्ति कमज़ोर होती है वे जीती हुई बाज़ी भी हार जाते हैं। इतिहास इस बात का साक्षी है कि बड़े-बड़े वीर जब अपनी इच्छा शक्ति को भूल गए तो उन्हें पराजय का मुंह देखना पड़ा।

सिकन्दर महान और निपोलियन, हिटलर जैसे लोगों के उदाहरण हमारे सामने हैं। वे केवल अपनी इच्छा शक्ति के सहारे महान् विजेता बने, उनके मुकाबले में आए बड़े-बड़े शक्तिशाली राजा-महाराजा हार मानने पर मजबूर हो गए।

सम्मोहन और इच्छा शक्ति का बड़ा गहरा रिश्ता है कि कई बार तो इन दोनों को अलग करना कठिन हो जाता है, क्योंकि सबसे पहले तो इच्छा शक्ति का ही जन्म होता है। उदाहरण के लिए आप कोई चीज़ खरीदना चाहते हैं पहले आपके मन में यह इच्छा जन्म लेगी। फिर आप उसकी कीमत पूछेंगे। यदि आपका विश्वास डगमगा गया तो फिर आपकी इच्छा कहां पूरी होगी। यदि हमारा इरादा मज़बूत है तो हमें सफलता अवश्य मिलेगी।

अक्सर दुकानदार अपने ग्राहकों को ऐसा सामान भी बेच देते हैं जिसकी ग्राहकों को ज़रूरत नहीं होती, यह तो उस दुकानदार की इच्छा शक्ति का ही कमाल माना जाएगा। इच्छा शक्ति और ज़िद्द, यह दोनों अलग-अलग चीज़ें हैं। जिस प्राणी की इच्छा शक्ति मज़बूत होगी, उसकी सोचने की शक्ति भी उतनी ही प्रबल होगी, मगर एक ज़िद्दी इन्सान सीमित विश्वास शक्ति का मालिक होता है। ज़िद्दी आदमी अपना फैसला दूसरों पर लादने के लिए ज़ोर लगाता रहता है। हांलांकि उसे कभी सफलता नहीं मिलती, यह ज़िद्द उसको कभी लाभ नहीं पहुंचा सकती।

अगर-मगर, किन्तु-परन्तु, लेकिन, शायद और यदि शब्द ही प्रत्येक कार्य की सफलता के प्रति सन्देह को प्रारम्भ करते हैं। जब कार्य के प्रति शक और सन्देह बनता है तो इच्छा-शक्ति अपने आप कमज़ोर हो जाती है। अतः बुद्धिमान लोग, दृढ़ निश्चयी सज्जन ऐसे शब्दों का प्रयोग ही नहीं करते। इसी बात के मर्म को समझ कर एक बार सिकन्दर महान् ने कहा था कि "असम्भव नामक शब्द उसके शब्द-कोष में ही नहीं है।"

आपने अक्सर अनुभव किया होगा कि आप किसी रात को सुबह उठने के लिए अलार्म लगाना चाहते हैं और साथ ही यह निर्णय भी कर लेते हैं कि मुझे अवश्य ही इतने बजे उठना है, तो समझ लें कि आप बिना अलार्म के भी ठीक उसी समय उठ खड़े होंगे, यह कमाल है, आपकी इच्छा शक्ति का। इच्छा शक्ति से आप अपने लिए हर सफलता का द्वार खोल सकते हैं।

विश्वास शक्ति, मानव जीवन में एक ऐसी शक्ति है जो हमें जीवन की इस सीढ़ी तक

ले जाती है जहां से दुनिया की हर चीज़ छोटी और साधारण नज़र आने लगती है, विश्व के हर धर्म की पुस्तकों को पढ़ लें तो इनमें आपको एक ही चीज़ नज़र आएगी वह है—

विश्वास-विश्वास केवल विश्वास

भले ही यह विश्वास स्वयं पर अथवा किसी दूसरे पर हो मगर विश्वास तो विश्वास ही है, ईश्वर ने कहा कि मैं भी प्राणी की सांस से भी अधिक उसके निकट हूं, मैं हर इन्सान के अंदर हूं, मुझे आवाज़ दो, मैं सुनूंगा। इन बातों को गहराई से देखा जाए तो पता चलता है कि प्रकृति ने मानव की इस शक्ति की ओर इशारा किया है जो स्वयं ही उसके अंदर छुपी हुई है। ईश्वर ने इन्सान को संसार का हर सुख दिया है और प्राणी भी तो ईश्वर पर पूरा-पूरा विश्वास रखता है।

वास्तव में धर्म ने इन्सान की इस शक्ति को काम में लाने का एक तरीका बताया है और यही एक तरीका है जिससे इन्सान ईश्वर की शक्ति को मानने पर मजबूर हो जाता है और उसे वह बात मानने के लिए मजबूर होना पड़ा कि ईश्वर ही सबसे बड़ी शक्ति है।

इन्सान जिस काम को नहीं कर सकता अथवा काम करते-करते थक जाता है तो उस समय किसी ऐसी ही चीज़ का सहारा लेना पड़ता है जो उसके टूटे हुए दिल को जोड़ दे। यही कारण है कि एक ओर तो ईश्वर ने अपने इन्सानों को यह विश्वास दिलाया कि तुम अपने प्रभु को स्मरण रखो कि वह तुम्हारा होकर तुम्हारा हर काम पूरा कर दे। ईश्वर को यदि आप खुश कर लेते हैं तो जो चाहें उससे पा सकते हैं यही धर्म शिक्षा है और यही विश्वास है।

दूसरी ओर धर्म ने इन कमज़ोरियों से बचने का रास्ता भी निकाला है, क्योंकि इन्सान अपनी हर इच्छा को पूरा नहीं कर सकता। अपनी असफलता भी वह ईश्वर के नाम पर छोड़ स्वयं को बचा लेता है। इतनी बात कह कर ही उसे बहुत बड़ा सहारा मिल जाता है कि "अपने भाग्य में प्रभु ने यही लिखा था।" भाग्य को दोषी करार देने का अर्थ यही है कि ईश्वर ही इस कार्य का दोषी है। असफलता के लिए प्रभु ही ज़िम्मेदार है, किन्तु जब आदमी कोई सफलता प्राप्त कर लेता है तो उसके मुंह से यही शब्द निकलेंगे—देखो, मैंने क्या कुछ करके रख दिया है। मैंने अनहोनी को होनी करके दिखाया, तो है न यह मेरी बुद्धि का कमाल! इसके विपरीत जब आपकी इच्छा पूरी नहीं हो जाती तो आप यही कहोगे कि ईश्वर को यह काम होना ही मंजूर नहीं था।

इस प्रकार से आप अपनी असफलता से दूर भागने के लिए ईश्वर का सहारा लेते हैं, हालांकि धर्म शिक्षा यही कहती है कि ईश्वर को कभी भी अपनी असफलताओं का सहारा न बनाएं। जो तुम करोगे वही पाओगे जैसे तुम्हारी नीयत होगी वैसा ही तो फल मिलेगा, जैसे बीज बोओगे, वैसा ही फल काटोगे।

धार्मिक ग्रन्थों में यह बात स्पष्ट कर दी गई है कि तुम अपनी हर इच्छा को पूरी नहीं कर सकते, तुम वहीं कर सकते हो जो ईश्वर चाहता है।

अब यह बात तो स्पष्ट है कि आप वही पा सकोगे जो ईश्वर ने आपके भाग्य में लिखा है मगर यह सब कुछ तो परिश्रम से मिलेगा, कर्म करने से मिलेगा। भाग्य का अर्थ यह भी नहीं है कि आप कुछ भी न करो और आपको वह सब कुछ मिल जाएगा, जो आपके भाग्य में लिखा है।

भाग्य के साथ जब कर्म मिल जाता है तो ही सफलता मिलती है। इसके लिए आप को ईश्वर का पूरा विश्वास करना होगा और आप को यह भी विश्वास करना होगा कि जो आप

काम करेंगे वह अवश्य पूरा होगा। यह विश्वास हो कि आप दूसरों को जो कुछ भी कहेंगे वे उसे पूरा करेंगे। यह भी विश्वास रखें कि आप के अंदर जो छुपी हुई शक्तियां हैं वे आपके जीवन का सबसे बड़ा साधन हैं।

ईश्वर और स्वयं पर विश्वास ही सफलता का रहस्य है असफलता का अर्थ यह नहीं कि आप रोने बैठ जाएं। रोने से कुछ मिलने वाला नहीं, लोग पागल कहेंगे। इसलिए कभी भी निराश न हों। असफलता और सफलता के मझधार में फंसने का प्रयास न करें। एक बार मन में यह विश्वास पैदा कर लें कि, "मैं इस काम को कर सकता हूं।"

विश्वास के बिना सफलता प्राप्त नहीं हो सकती हिप्नोटिज़्म में भी सबसे पहले यही बात आती है कि यदि आप हिप्नोटाइज़ करना चाहते हैं तो सबसे पहले मन में यह विश्वास पैदा करना होता है कि मैं यह काम बड़े आराम से पूरा कर सकता हूं।

एक मंदिर के पुजारी को अपने आप पर पूरा विश्वास होता है, तभी तो वह ईश्वर की शरण में पड़ा रहता है, आप भी अपने पर विश्वास रखें।

ज़रा कल्पना करें कि—क्या पत्थर के बुत किसी की इच्छाओं की पूर्ति कर सकते हैं? सभी मानते हैं कि पत्थर में प्राण नहीं होते।

परन्तु यह सब जानते हुए लोग उनकी पूजा करते है। उनके आगे नाक रगड़ते हैं, उन्हें पूरा विश्वास होता है कि हमारा काम पूरा होगा।

हिप्नोटिज़्म की पहली शर्त है—अपने आप में विश्वास पैदा करना। यदि आप स्वयं ही परेशान हैं, आपको अपने ऊपर ही विश्वास नहीं रहा, आप कोई भी विशेष काम करते हुए डरने लगते हैं तब आप किसी की सहायता क्या करेंगे। जो अपनी सहायता स्वयं नहीं कर सकते तो फिर ऐसे में हिप्नोटिज़्म जैसी कला, जिसका सम्बन्ध दूसरों के साथ ज़रूरी है,उसका ज्ञान कैसे प्राप्त कर सकते हैं।

यदि आपको अपने आप पर विश्वास नहीं तो आप के शब्द शारीरिक रोगियों को प्रभावित नहीं कर सकते। यही नहीं आप हिप्नोटिज़्म के तरीकों को भी अमल में नहीं ला सकते, क्योंकि हिप्नोटिज़्म को समझने के लिए पूरे विश्वास की आवश्यकता है। छोटे विचार इसके सबसे बड़े शत्रु हैं। वैसे तुच्छ विचारों का बहुत-सी किस्में हैं, जैसा कि—बातें करते समय ज़बान का बहक जाना। किसी बड़े आदमी से बात करते समय अपने को छोटा समझना और बातें करते-करते बात को भूल जाना, अब सोचना यह है कि छोटे विचार पैदा कैसे होते हैं? इनका क्या कारण है। "यह हीन भावना आप में क्यों पैदा होती है?" इसकी गहराई में उतरने पर पता चलेगा कि किसी कार्य में बार-बार असफलता से हीन भावना पैदा होती है। अत: कभी भी अपने दिमाग में हीन भावना एवं तुच्छ विचारों को न आने दें।

हिप्नोटिज़्म एवं ऑटो सजेशन

हिप्नोटिज़्म का सही अर्थ भी इशारों की शक्ति की भाषा है। जो भी प्राणी इस भाषा को एक बार समझ लेता है वह सम्मोहन विद्या यानी हिप्नोटिज़्म का ज्ञानी बन सकता है।

इस Suggestion का दूसरा भाग है Auto Suggestion इसका अर्थ है स्वयं को ऐसे आदेश देना जो आप चाहते हैं परन्तु जिसको आपका मस्तिष्क नहीं मानता। जैसा कि आपके सिर में दर्द है मगर स्वयं ऑटो सजेशन देते हैं कि नहीं, दर्द नहीं, वह तो कब का गायब हो चुका है यानी आप अपने मस्तिष्क को स्वयं ही यह आदेश देना चाहते हैं कि जो महसूस किया जा रहा है वह सत्य नहीं है, जो कहा जा रहा है वह सत्य है।

सजेशन Suggestion और कल्पना का आपस में गहरा सम्बन्ध है। अब यह बताना तो बहुत कठिन है कि इन दोनों में से पहले कौन पैदा होता है। उदाहरण के लिए यदि आप आंखें बंद करके बैठे हैं और आपका ध्यान भागती हुई मोटरकार की तरफ जा रहा है इस ख्याल के आते ही आपकी आंखों के सामने मोटरकार की तस्वीर पैदा हो गई है। अब देखना यह है कि पहले कल्पना का जन्म हुआ या सत्य का?

मैं समझता हूं संसार की हर चीज़ के पीछे कल्पना का ही सबसे बड़ा हाथ रहा है। कल्पना ही यथार्थ को समझने के लिए मजबूर करती है परन्तु फिर भी सत्य कल्पना से भारी पड़ता है। एक बहुत बड़े हिप्नोटिज़्म के विद्वान ने अपनी पुस्तकों में लिखा है। Suggestion का हिप्नोटिज़्म से बड़ा गहरा सम्बन्ध है परन्तु सजेशन के बिना भी हिप्नोटिज़्म का काम चल सकता है।

अब सोचने की बात यह है कि आखिर सजेशन है क्या—यह जरूरी नहीं है कि सजेशन में आवाज़ या शब्द का ही प्रयोग किया जाए। सजेशन तो इशारों से भी मिल सकती है।

Suggestion का सीधा सम्बन्ध मस्तिष्क से रहता है। सजेशन और कल्पना में बड़ा फासला रह जाता है। हो सकता है "बरटन" ने इस फासले को देखते हुए अपने विचार प्रकट किए हों। हालांकि यह बात सत्य है कि इन्सान जो कुछ भी सोचता है उसके पीछे सत्य का थोड़ा बहुत अंश तो ज़रूर होता है इसलिए यह बात स्पष्ट कही जा सकती है कि कल्पना के बिना तो सत्य का जन्म भी नहीं हो सकता। अत: Suggestion और हिप्नोटिज़्म का गहरा सम्बन्ध है।

हम अपने जीवन में बहुत से ऐसे काम कर गुजरते हैं जिनके लिए हम पहले से तैयार नहीं होते और अंत में जाकर यह सोचते हैं कि हमने ऐसा क्यों किया। उदाहरण के लिए आप बाज़ार जा रहे हैं और आपके मन में है कि घर के लिए कुछ खरीद लें। आप यह सोच रहे हैं कि शुद्ध घी खरीदें, परन्तु जैसे आप घर वापस आते हैं तो आपके हाथ में डालडा का डिब्बा होता है। आपकी पत्नी यह देखकर क्रोध से भड़क उठती है मगर आप अपनी गलती मानने की बजाए उसे समझाते हैं कि आजकल असली घी में भी डालडा ही मिला कर बेचा जाता है। मैंने सोचा कि फालतू पैसे क्यों खर्च किए जाएं। चलो थोड़ी बचत ही कर लें।

यही नहीं इस सजेशन का प्रभाव दोस्तों में भी पड़ता है। एक मित्र यदि हर रोज़ आकर आपसे कहे कि देखो भैया शराब पीने में बड़ा आनन्द आता है। इसे थोड़ी-सी दवाई के रूप में लेने से इन्सान का स्वास्थ्य बड़ा अच्छा रहता है वह सारे गम भूल जाता है, उसे कोई भी रोग नहीं लगता। धीरे-धीरे उसकी इन बातों का प्रभाव होने लगेगा। एक दिन ऐसा भी आएगा कि आप शराब पीने पर मजबूर हो जाएंगे। अक्सर लोग इस प्रभाव का शिकार होते देखे गए हैं। आजकल ऐसे सजेशन का प्रयोग टी. वी. के विज्ञापनों में भी होने लगा है। विज्ञापन आकर्षित होने पर एवं सजेशन युक्त होने पर काफी हद तक दर्शकों को सम्मोहित कर लेते हैं। अतः आलतू-फालतू विज्ञापनों को नहीं देखना चाहिये।

जनसाधारण को मन की अगाध, असीम, अनन्त और गूढ़ शक्ति का परिचय करा देने के लिए सम्मोहन विद्या (Hypnotism, हिप्नोटिज्म) एक प्रभावशाली साधन है। प्राणायाम, त्राटक, न्यास आदि साधनाओं का अभ्यास कुछ दिन तक करने के बाद साधक सम्मोहन विद्या को प्राप्त क सकता है। लेकिन मेरा व्यक्तिगत अनुभव यह रहा है कि उसके लिए किसी सफल सम्मोहक (Hypnotist, हिप्नोटिस्ट) के मार्गदर्शन की और, "आज से तुम किसी भी व्यक्ति को सम्मोहित कर सकते हो।" इस तरह के आशीर्वाद की नितान्त आवश्यकता रहती है।

जाग्रत-मन का कार्य सूचना द्वारा रोक देना है और उसके अन्तर्मन से संपर्क प्रस्थापित करना है। जो सूचनाएं अन्तर्मन तक जाती हैं, उन्हें सत्य मानकर अन्तर्मन उनके अनुकूल बर्ताव करता है। अन्तर्मन के इस गुण की नींव पर सम्मोहन शास्त्र की इमारत खड़ी कर दी गई है। इस अध्याय में सम्मोहन की अवस्थाएं, सम्मोहन की स्थिति में अन्तर्मन के द्वारा होने वाले चमत्कार तथा सम्मोहन की व्यावहारिक उपयोगिता के बारे में चर्चा होगी।

किसी भी व्यक्ति को सम्मोहित करने के लिए निम्नलिखित चार बातों की नितान्त आवश्यकता होती है।

(1) माध्यम का सम्मोहन कर्त्ता में पूरा विश्वास तथा उसमें पूरी श्रद्धा हो। सम्मोहनकर्त्ता भी हमारे जैसा ही एक साधारण व्यक्ति है, ऐसा समझ बैठने पर सम्मोहनकर्त्ता का प्रभाव माध्यम के ऊपर नहीं जम सकता। मेरे कल्याण के लिए ही यह सम्मोहनकर्त्ता सब कुछ कर रहा है ऐसा विश्वास माध्यम के मन में होने पर ही यह बात संभव हो जाती है।

सम्मोहन की विधि के लिए बिल्कुल शांत और प्रसन्न वातावरण की नितान्त आवश्यकता है। शाम के वक्त सम्मोहन के प्रयोग अधिक मात्रा में सफल हो जाते हैं। कमरे में तेज़ रोशनी न हो। अगरबत्ती, इत्र, फल आदि की खुशबू से सम्मोहन शीघ्र हो जाता है। अतः कमरे में एकाध अगरबत्ती जलती रहे और साधक भी इत्र का उपयोग करें। हल्की स्प्रे का प्रयोग करें।

सम्मोहन के प्रयोग करते समय गंभीरता की भी आवश्यकता है। सम्मोहन बच्चों का खेल नहीं है।

अनेक सज्जन अपने बच्चों पर सम्मोहन विद्या को आज़माने के बारे में आग्रह रखते हैं। लेकिन समय आमतौर पर सवेरे का होता है। अड़ोस-पड़ोस के रेडियो पर फिल्मी गीतों की भरमार चलती रहती है। घर में भी बूढ़ों-बच्चों का शोरगुल जारी रहता है। रसोई घर में से स्टोव की फरफराहट और बर्तनों के रखने-गिरने की कर्णकटू आवाज़ें सुनाई देती हैं। पड़ोसी लोग भी "क्या तमाशा चल रहा है?" इस प्रश्न का भाव चेहरे पर लाकर खिड़कियों में से झांकते रहते हैं। ऐसे अत्यन्त प्रतिकूल वातावरण में सम्मोहन विद्या का प्रयोग करना उस विद्या का घोर अपमान है। कोई भी सम्मोहनकर्त्ता अपमी विद्या को सस्ता न बनाए।

"मैं किसी भी व्यक्ति को सम्मोहित कर सकता हूं।" इस तरह का आत्म-विश्वास होना चाहिए। अपनी सम्मोहन-क्षमता के बारे में ज़रा-सा भी अविश्वास किसी के मन में आ जाये, तो उसके प्रयोग निश्चित रूप से असफल हो जाएंगे। अविश्वास या आत्म-विश्वास के अभाव का विचार अन्तर्मन में आ जाने से सब काम बिगड़ जाता है।

सम्मोहन-शास्त्र के अनुसार मन की तीन अवस्थाएं होती हैं। उनके नाम हैं :—प्राथमिक, मध्यम, और प्रगाढ़। मेरा यह दीर्घकालीन अनुभव रहा है कि गहरी नींद सोने वाले किसी माध्यम के अन्तर्मन में सम्मोहनकर्त्ता अपने अन्तर्मन में उद्‌भावित विचारों का प्रक्षेपण करके माध्यम की जागृति में उन सूचनाओं के अनुसार उसके द्वारा सब कुछ करा सकता है। लेकिन जिन्होंने अपने मन को अत्यन्त एकाग्र करने का अभ्यास नहीं किया है वे इस प्रयोग में सफल नहीं हो सकते। ऐसा साधक अपने जाग्रत मन में उद्‌भावित विचार-प्रवाह को माध्यम के अन्तर्मन तक पहुंचा नहीं सकता।

अब ऊपर बताई तीन अवस्थाओं के बारे में मेरे निष्कर्ष इस प्रकार हैं—

(1) प्राथमिक :—इस अवस्था में माध्यम सम्मोहित नहीं होता। लेकिन उसकी तर्क-शक्ति (Reasoning Faculty) इस अवस्था में बहुत घट जाती है। इस अवस्था के कुछ अनुभव निम्न प्रकार हैं :—

माध्यम को किसी कुर्सी पर आराम से बिठाइए। अपनी अंगुलियां एक दूसरे में फंसाने की सूचना उसे दीजिए। अंगुलियों को दबाए रखने की सूचना भी दीजिए। बाद में उसकी आंखों में एक टक देखते रहिए। उसके हाथों पर से दो-चार बार हस्त-संचालन करिए। अब उसे सूचना दीजिए कि "तेरी हथेलियां अब एक दूसरे से पक्की चिपक गई हैं। लाख कोशिशें करने पर भी तू उन्हें अलग नहीं कर पाएगा। देख वे चिपक गई हैं।" अगर माध्यम ठीक सूचनाग्राही होगा, तो सम्मोहित करने के बिना भी उसकी अंगुलियां एक दूसरे से चिपकी रहेंगी। वह उन्हें अलग नहीं कर सकेगा।

एक बार एक माध्यम को मैंने सम्मोहित किया। वह लड़की थी। क्षणभर के लिए उसकी आंखों में स्थिर दृष्टि से देखकर मैंने कहा, "देख मीना! अन्दर जा और गिलास में पानी लेकर उसमें थोड़ी-सी शक्कर और थोड़ा-सा नमक मिलाकर मुझे ला दे।" इस माध्यम ने मेरी आज्ञा का शब्दश: पालन किया। मैंने उसका मज़ाक उड़ाने के हेतु कहा, "पगली, यह क्या किया तूने? कौन पिएगा ऐसा पानी?" तब शर्मिंदा होकर उसने कहा, "काका, आपने ही तो बताया था।" सम्मोहन के बिना भी बहुत लोग साधक की सूचनाओं के अनुसार बताई बातें करते हैं। कोई सूचना विचित्र अथवा असंगत है इसका भी ख्याल उन्हें नहीं रहता।

(2) मध्यम :—इस अवस्था में हम सम्मोहन के विचित्र परिणामों का अनुभव कर सकते हैं। इस मध्यम अवस्था में माध्यम का जाग्रत मन बड़े पैमाने पर लुप्त हो जाता है। फिर भी पंचेंद्रियों से होने वाला उसका संबंध खंडित नहीं होता। अत: माध्यम उसके करके सम्मुख खड़े साधक की आवाज़ को सुन सकता है। लेकिन साधक की सूचनाओं का विश्लेषण करके उनका व्यावहारिक अर्थ निकालने की क्षमता उसके बर्हिमन (जाग्रत मन) में न होने के कारण साधक की सूचनाएं सीधे साधक के अन्तर्मन में प्रवेश करती हैं। सूचनाएँ अन्तर्मन में जाते ही माध्यम उनके अनुसार बर्ताव करने लगता है। सम्मोहन की इस दूसरी अवस्था में माध्यम अपने सम्मुख खड़े साधक के साथ बातचीत करता है और साधक की सूचनाएं भी सुन सकता है। तो फिर सवाल पैदा होता है कि माध्यम सचमुच में सम्मोहित हो गया इसका सबूत क्या है? उसका

जवाब पहले ही मैंने दिया है। माध्यम की पंचज्ञानेंद्रियों का संबंध उसके जाग्रत मन से पूर्णरूपेण खंडित नहीं होता है। फिर भी इस अवस्था में माध्यम के अन्तर्मन पर साधक काबू पा लेता है। दूसरी अवस्था का यही तो मर्म है। इसके बारे में दो-एक अनुभवों का वर्णन करूंगा।

(क) एक दिन मैंने एक लड़के को सम्मोहित किया और उसे सूचना दी कि, "अब तू भोजन करने बैठा है।" तुरन्त वह भोजन करने का अभिनय करने लगा! फिर मैंने तुरन्त सूचित किया कि, "अरे यह तू क्या कर रहा है?" तेरी थाली तो झींगुरों से भरी है! झींगुर खाने में तेरे मन को कुछ भी नहीं लगता?" बस! इस सूचना को सुनते ही उसने उस काल्पनिक थाली को फेंक देने का ऐसा आर्विभाव किया कि मैं भी अवाक् रह गया।

(ख) मैंने एक व्यक्ति को सम्मोहित करके अपना हाथ बढ़ाने की सूचना दी। उसके हाथों को पानी से गीला करते हुए मैंने कहा, "देखिए, आपके हाथों को मैंने लेई से पोत दिया है। अब हाथ पर हाथ रखिए।" इसके बाद मैंने सूचना दी कि, "आपके हाथ लेई से चिपक गए हैं। कितनी भी कोशिश आप करेंगे तो भी हाथ अलग नहीं होंगे। कोशिश कीजिए।" उन्होंने अपने हाथों को अलग करने का प्रयत्न किया। लेकिन व्यर्थ! अब इस प्रयोग के समय "हाथ छुड़ाने की कोशिश कीजिए।" इस प्रकार सूचना देना आवश्यक है। ऐसी सूचना के अभाव में वह व्यक्ति हाथ छुड़ाने की कोशिश खुद नहीं करेगा। ऐसे वक्त उसकी अपनी इच्छा-शक्ति (Self Will) नहीं रहती। वह तो साधक के पूर्ण अधीन हो जाता है।

(3) प्रगाढ़ :—इस अवस्था में शरीर तथा पंचेंद्रियों से होने वाला संबंध टूट जाता है और "मैं अमुक व्यक्ति हूं।" इसका ज्ञान भी माध्यम को नहीं रहता। पंचेंद्रियों से संबंध टूट जाने से माध्यम सामने वाले सम्मोहनकर्त्ता की सूचनाओं को सुन नहीं पाएगा। उसी प्रकार, आंखें खोलने के बाद भी आसपास की वस्तुओं का कुछ भी ज्ञान उसे नहीं होगा। इस समय उसका अन्तर्मन बिल्कुल जाग्रत रहता है। ऐसे जाग्रत-मन को सूचना देने का काम केवल साधक का अन्तर्मन ही कर सकता है। इन दो मनों में एकात्मता का भाव होता है। ऐसे साधक और माध्यम विरले ही पाए जाते हैं। इस अवस्था में माध्यम के लिए कोई भी बात अज्ञेय, अज्ञात, अगम्य नहीं रह जाती। उसे भूत भविष्य का ज्ञान तुरन्त हो जाता है। उसकी लिंग—देह साधक की सूचनाओं के अनुसार कहीं भी जा सकती है और वहां की सूचनाएं भी ला सकती है। अन्तर्मन की अगाध शक्ति का प्रमाण इस अवस्था में प्रकट होता है।

हिप्नोटिस्ट के नाते आज तक मैं सैकड़ों लोगों को दूसरी अवस्था तक ले जाने में सफल रहा हूं। लेकिन तीसरी अवस्था तक जाने वाले केवल दो एक ही माध्यम मुझे मिल सके। ऐसे माध्यम के द्वारा मैं अनेक आश्चर्यकारक बातों का अनुभव कर पाया।

जिसे मैं हमेशा सम्मोहित करता था वह लड़की एक दिन मेरे यहां आई। जहां तक मुझे याद है, वह सवेरे का समय था। मेरा मन बहुत प्रसन्न था। मुझे लगा कि उस लड़की को सम्मोहित कर उससे मेरे लिए कुछ खत-वत आने वाला हो तो मालूम कर लिया जाये। मैं कुर्सी पर बैठ गया और उसे सम्मोहन की तृतीय अवस्था में ले गया। मेरी आवाज सुनना उसके लिए असंभव था। अत: मैंने अपने मन को एकाग्र किया और अपने प्रश्न को मन ही मन दोहराया। वह तुरन्त प्रभावित हो उठी और अत्यन्त धीमे स्वर में कहने लगी, "आज आपकी बहन का खत आने वाला है। वह खुद शाम के वक्त आने वाली है।" वह लड़की सम्मोहन की ऐसी गहरी नींद में थी कि उसे जगाने के लिए मुझे बड़ा कष्ट उठाना पड़ा। आश्चर्य की बात यह है कि उसी दिन सवेरे कोरियर से मेरी बहन का पत्र आया और शाम को उसे लेने स्टेशन जाना पड़ा इत्यादि।

यह अनुभव तर्क के परे हैं!

(4) प्रगाढ़ निद्रा :—प्रगाढ़ या अत्यन्त गहरी नींद में मनुष्य का जागृत-मन लुप्त हो जाता है और उसका अन्तर्मन जाग्रत या क्रियाशील हो जाता है। सच बात यह है कि मनुष्य का अन्तर्मन सदा-सदैव के लिए जाग्रत रहता है। लेकिन मनुष्य की जाग्रत अवस्था में जाग्रत-मन का ही कारोबार चलता है। अत: लगता है कि अन्तर्मन कहीं लुप्त ही हो गया हो। ऐसी गहरी निद्रा की अवस्था में सोए व्यक्ति को एकाग्र मन से दी गई सूचनाओं का पालन जाग उठने पर वह व्यक्ति करता है। मेरा यह अनुभव रहा है। जिसे सम्मोहन विद्या का कुछ भी ज्ञान नहीं, लेकिन जो व्यक्ति अपने मन को अत्यन्त एकाग्र कर सकता है, वह ऐसे सोए हुए व्यक्ति को सूचना दे सकता है। आप भी इसे परख सकते हैं। मैं इसकी विधि स्पष्ट कर रहा हूं।

मान लिजिए कि आपका छोटा भाई रमी (जुआ) खेलने की बुरी आदत में फंस गया है। इस जुए में वह बहुत पैसे खो बैठा है। जब वह गहरी नींद में होगा, आप उसके नज़दीक जाइए। आप अपने मन को बिल्कुल एकाग्र कीजिए। अपने मन में तीव्रता से सोचते रहिए, ''कल से तुम्हारा मन रमी के खेल से ऊब जाएगा। ताश के पत्तों को देखने से भी तेरे मन में घृणा पैदा होगी।'' फिर इस विचार को भूल जाइए। जब आपके मनाकाश से यह विचार-सूर्य अस्त हो जाएगा तब उसी समय उसका उदय आपके भाई के अन्तर्मन रूपी क्षितिज पर जाएगा। इस बात को आप चार छ: दिन दोहराते रहिए। चूंकि केवल पहले दिन आपका मन पूर्णत: एकाग्र नहीं होगा। लेकिन चार-छ: दिन के बाद उसकी एकाग्रता पूर्णता की सीढ़ी तक पहुंच जाएगी। आपको आश्चर्य होगा कि आपका भाई उस बुरी आदत से मुक्त हो गया है।

शराब, व्यभिचार, जुआ आदि व्यसनों से किसी को छुड़ाने के लिए सम्मोहन की यह विधि बड़ी ही उपयुक्त और आसान है। माध्यम अन्तर्मन को दी गई सूचनाओं का पालन करता ही रहेगा इस सिद्धान्त की आधार-शिला पर इसकी इमारत खड़ी है।

लेकिन कई बार प्रयोग असफल भी रहता है। उसके कुछ अलग कारण हैं। जो खुद शराबी या जुआरी है वह दूसरों के ऐसे ही व्यसनों को कैसे दूर करेगा? इन व्यसनों में दिलचस्पी लेने के कारण उनके विरुद्ध वह अपने मन को एकाग्र कर ही नहीं सकता! अत: उसके विचार सच नहीं निकलते . असफलता का दूसरा भी एक कारण है। इस प्रयोग की सफलता के बारे में खुद-प्रयोगकर्त्ता का ही मन शंका से भरा रहता है। उसमें श्रद्धा तथा विश्वास का अभाव रहने से प्रयोग असफल रह जाता है। श्रद्धा के बिना ऐसे प्रयोग करने का मतलब है मृगजल के पीछे दौड़ना। तीसरी कठिनाई यह है कि अनेक प्रयोग कर्त्ता ऐसे होते हैं कि वे अपने मन को एकाग्र ही नहीं कर पाते हैं।

ऊपर दिए प्रयोग के बारे में मेरा एक आश्चर्यकारक अनुभव कहने के मोह को मैं टाल नहीं सकता। कुछ दिनों पहले संयोगवश मेरे एक धनी किन्तु नये शिष्य के घर ठहरने का मौका आया। मेरे ये मित्र-शिष्य अति धार्मिक और दयालु हैं। लेकिन शराब की आदत से उनके अच्छे गुण भी मिट्टी में मिल गए। शाम के समय जब वे घर आते तो उनकी धर्मपत्नी उनके सामने स्कॉच व्हिस्की, गिलास और बर्फ रख देती। लेकिन मेरी उपस्थिति के कारण उस दिन उन्होंने इस प्रोग्राम को स्थगित रखा। क्या यह इतना भला आदमी इस बुराई से छुटकारा नहीं पा सकेगा? मेरे मन में अचानक यह विचार उद्भावित हो गया। रात को हम दोनों एक ही कमरे में सो गए। जब वे गहरी नींद में खो गए, तब मेरी हमेशा की परिपाटी के अनुसार मैं जल्दी उठ गया। मैंने मन को एकाग्र बना दिया लिया और सोचने लगा, ''मेरे इस नये शिष्य के मन में शराब के प्रति

घृणा पैदा हो।" इस प्रबल विचार के बाद मैं सो गया। दूसरे दिन सवेरे मेरे ये मित्र महोदय जाग उठे। चाय-पान के बाद उन्होंने शराब की बोतल लाने को पत्नी से कहा। उनकी इस आज्ञा से पत्नी अवाक् रह गई। उसने समझाने की कोशिश की, "ज़रा तमीज़ रखिए। घर में कितने बड़े मेहमान आए हैं।" लेकिन मित्र ने उसकी बात को मज़ाक में उड़ा दिया। मजबूर होकर पत्नी को बोतल लानी पड़ी। बोतल को पकड़कर वे सीधे वाशबेसिन के पास चले गए और उन्होंने सारी शराब उसमें उड़ेल दी और खाली बोतल को दूर फेंक दिया। और गद्गद् होकर कहा, आप जैसे महानुभाव मेरे घर पहली बार पधारे हैं। इसकी स्मृति में मैं आज से शराब का त्याग कर रहा हूं। यह शक्ति है अन्तर्मन के सूचनाग्राहित्व की!

पोस्ट हिप्नोटिक सजेशन (Post Hypnotic Suggestions)

सम्मोहन से निंद्रित माध्यम को कुछ ऐसी सूचनाएं दी जा सकती हैं, जिनका पालन वह सम्मोहन निद्रा खत्म होने के बाद अश्वयमेव करता है। ऐसी सूचनाएं केवल इसी हेतु से दी जाती हैं। लेकिन इस समय माध्यम सम्मोहन की दूसरी अवस्था में होना चाहिए। क्योंकि सम्मोहन की प्राथमिक अवस्था में उसका जाग्रत मन किंचित् कार्यशील (Active) रहने के कारण उसकी तर्क-शक्ति ज्यों की त्यों बनी रहती है। अत: वह गलत सूचनाओं को नहीं मानेगा। गलत का मतलब उससे अप्रिय सूचनाएं। सम्मोहन की प्रगाढ़ अवस्था में माध्यम का जागृत मन लुप्त हो जाता है और उसकी लिंगदेह का जड़ देह के साथ साथ पंचेंद्रियों से होने वाला संपर्क खंडित होने के कारण साधक की सूचनाएं उसे सुनाई नहीं देतीं। लेकिन अगर साधक अपनी विद्या में बहुत ही सिद्धहस्त हो तो वह अपने अन्तर्मन की मद्द से माध्यम के अन्तर्मन को केवल मनोमय विचार के द्वारा (Through Mentle Thinking) कुछ सूचनाएं देना और माध्यम द्वारा उसका पालन करा लेना संभव है। यहां मेरे पाठक न भूलें कि प्रगाढ़ अथवा गहरी निद्रा की अवस्था और सम्मोहन की प्रगाढ़ अवस्था अन्तर्मन की दृष्टि से आमतौर पर समान होती है। फिर भी गहरी निद्रा में होने वाला अन्तर्मन सम्मोहन की प्रगाढ़ अवस्था में स्थित की अपेक्षा अधिक क्षीण होता है। गहरी नींद में होने वाला अन्तर्मन भी सम्मोहन की प्रगाढ़ अवस्था में स्थित अन्तर्मन की तरह के द्वारा संसार भर में संचार कर सकता है। कभी-कभी भयानक सपना न आने पर भी मनुष्य गहरी नींद में से चिल्लाता हुआ जाग उठता है। ऐसे समय उसकी सृष्टि के किसी भयानक दृष्य को देखकर लौटी हुई होती है। लेकिन गहरी नींद की बाहों में होने के कारण उस भयानक दृश्य की याद तक नहीं रहती और यह व्यक्ति चिल्लाता हुआ क्यों जाग उठा यह बात भी उसकी समझ में नहीं आती।

सम्मोहन के बाद दी गई सूचनाओं का पालन माध्यम किस प्रकार करता है इसके बारे मैं दो-एक अनुभवों का कथन करना चाहता हूं।

(1) मैं एक बार बाहर गांव गया था। वहां रात के समय मैंने सम्मोहन के कुछ प्रयोगे किए। कमरे में बहुत मित्र एकत्रित हो गये थे। मैंने एक लड़के को सम्मोहित किया। उसे सूचित किया कि जागने पर आधे घंटे के बाद वह चने आदि खाने की चीज़ें लाएगा। बाद में उसे जगाया और कुछ हुआ ही नहीं इस तरह हमारी बात-चीत को जारी रखा। आधे घंटे के बाद वह लड़का वहां से उठ गया और पैसे, झोला, वगैरह लेकर घर के बाहर चला गया। उस समय वहां की दुकानें बन्द थीं। फिर भी उस लड़के ने अपने एक परिचित दुकान वाले को पकड़ लिया और उसकी दुकान पर खाने की कुछ चीज़ों को खरीदा। बाद में वह घर लौट आया। खाने की उन

चीज़ों को पुराने अखबार पर फैलाकर हमें खाने का आग्रह करने लगा। मैंने कहा, ''मोहन! क्या यह समय ऐसी खट्टी-मीठी चीज़ें खाने का है?'' मोहन ने कहा, ''पंडित जी मेरे मन में इच्छा हुई कि आपको कुछ खिलाऊं। ज़रा-सा खा लीजिए, कुछ होगा नहीं।'' खाने की वे चीजें लाने की सूचना उसकी सम्मोहन की अवस्था में उसे दी गई थी इसका उसे ज़रा भी स्मरण नहीं था।

(2) यह घटना बड़ी ही मनोरंजक है। सांयकाल के वक्त मेरे यहां मित्रों की भीड़ लगती थी। उसमें अभी-अभी कालिज में दाखिल दो-चार युवतियां भी शामिल थीं। हिप्नोटिज़्म के प्रयोग को देखने के लिए वे बड़ी उत्सुक हो गई थीं, अत: बड़ी उम्मीद के साथ वे उस दिन मेरे यहां आयी थीं। मेरे दिमाग में एक मज़ेदार बात आ गयी। मैंने उनमें से एक लड़की को सम्मोहित किया। वह किसी बीमार की तरह कुर्सी पर बैठी रही। बाद में मैंने मेरे एक मित्र को टेबल पर बिठाया। यह मेरा मित्र उस सम्मोहित लड़की से उम्र में बड़ा था। उसके सिर पर मैंने एक गांधी टोपी रख दी। बाद में मैंने उस लड़की को सूचना दी, ''टेबल पर तेरा पति बैठा हुआ है। सब लोग उसका मज़ाक उड़ा रहे हैं। तू अपने पति को बाहर ले जा। मैं जो कुछ कह रहा हूं तुझे जागने पर उसकी याद भी नहीं रहेगी, लेकिन तू उसका ठीक-ठीक पालन करेगी।'' बाद में मैंने उसको जगाया। तब वह हक्का-बक्का-सी देखती रह गयी। और इसके बाद तुरन्त किसी पागल की तरह आवेश में आकर अपने उस ''तथाकथित'' पति के पास गई और कहने लगी, ''अजी, आपसे यहां कैसे बैठा रहा जाता है।'' और ऐसा कहकर उस लड़की ने उसका हाथ थामकर उसे कमरे के बाहर निकाला। मुझे लगता है कि इस घटना से मेरे मित्र को भी गुदगुदी हुई होगी! बाद में उस लड़की को कमरे में लाकर कुर्सी पर बिठा दिया और उसे ''तुरन्त सम्मोहन निद्रा'' (Instant Hypnosis) में ले जाकर प्रतिसूचना के द्वारा उसके मन की कल्पना को दूर किया। अन्य लड़कियों ने उसका बड़ा मज़ाक उड़ाया।

हम हमेशा अखबारों में पढ़ते हैं कि किसी व्यक्ति को मोहिनी विद्या से निंद्रित करके लफंगे लोगों ने उसे लूट लिया। लूट-पाट के लिए सम्मोहित करने वाले जो कुछ करते हैं उसकी प्रक्रिया को मैं थोड़े में समझा देता हूं।

सबसे पहले ये लफंगे लोग मन से दुर्बल ऐसे किसी व्यक्ति को ढूंढ़ लेते हैं। फेस रीडिंग (मुखाकृति विज्ञान) के अभ्यास से लोग पहचानते हैं कि फलां व्यक्ति कमज़ोर मन का है। बाद में एक लफंगा ऐसे व्यक्ति के पास आ जाता है। बाद में वह चुपके से रुपये दो रुपये का नोट नीचे डाल देता है और उस भोले-भाले व्यक्ति से कहता है, ''भाई साहब, आपके पैसे गिर रहे हैं।'' यह क्षण अत्यन्त महत्त्वपूर्ण रहता है। ''पैसे गिर गए'' ये शब्द किसी जादू के समान काम करते हैं। उसका ध्यान जमीन पर पड़े नोट की ओर आकर्षित हो जाता है। उसके जाग्रत मन की क्रियाएं रुक जाती हैं। वह लफंगा इस वक्त उस गरीब की आंखों की ओर अपलक देखता रहता है और उसे सम्मोहित करने की कोशिश करता है। उस भोले-भाले गरीब आदमी का जाग्रत मन पहले ही लुप्त हो जाता है और वह कुछ हदतक सम्मोहन की अवस्था में होता है इसे अंग्रेजी में (Partial Hypnosis) कहते हैं। इस अवसथा में वह गरीब मनुष्य उसे मिलने वाली सूचनाओं के अनुसार प्रयोग कर्त्ता के पीछे-पीछे चला जाता है। जरा आड़ में जाने पर वह लफंगा उसे पूरी तरह सम्मोहित कर देता है। इस सम्मोहन निंद्रा को जारी रखकर वह उस गरीब से कुछ भी करा लेता है। अपना काम खत्म करके वह लफंगा उस गरीब को अकेला छोड़कर चला जाता है। काफी समय के बाद उस लफंगे का शिकार बना हुआ वह गरीब मनुष्य

अपने घर लौट आता है। ऐसे लफंगों, बदमाशों से हमेशा सावधान रहना चाहिए। खास करके औरतों को ऐसे दुष्टों से हमेशा बड़ा खतरा रहता है। यात्रा-सफर में किसी की भी नज़र से नज़र भिड़ाना टाल देना चाहिए। उसी तरह कोई अपरिचित मनुष्य कोई खाने-पीने की चीज़ देने लगे तो दृढ़तापूर्वक उसे अस्वीकार करना चाहिए। उसमें नशीली वस्तुओं की मिलावट भी हो सकती है, या हो सकता है कि किसी ने बुरे विचार से भी उसे अभिमंत्रित किया हो।

सामूहिक सम्मोहन (Mass Hypnotism)

अनेक व्यक्तियों को एक साथ सम्मोहित करने की विधि को ''सामूहिक सम्मोहन'' (Mass Hypnotism, (मास हिप्नोटिज़्म) कहते हैं। आजकल इस तरह के सामूहिक सम्मोहन का प्रयोग करने वाले हिप्नोटिस्ट दिखाई नहीं देते। सामूहिक सम्मोहन के द्वारा रोपट्रिक (हवा में डोरी को खड़ा कर उस पर चढ़ जाना), हवा में से अनेको चीजें निकलना आदि आश्चर्यकारक प्रयोग करने वाले जादूगर इस देश में थे इसके बारे में बिल्कुल शक नहीं है। उस ज़माने के विदेशी मुसाफिरों तथा देशवासियों ने इनके बारे में ''आंखों देखा हाल'' लिपिबद्ध किया है, उससे इस विद्या का अस्तित्व प्रामाणित हो जाता है।

सामूहिक सम्मोहन के प्रयोग के अभाव में भी कभी-कभी सारा जनसमूह एकाएक सम्मोहित कैसे हो जाता है, इसके बारे में अपने दो-चार अनुभवों को पेश करना चाहता हूं।

(1) एक ज़माने में नेपाली बाबा नामक किसी साधु का बड़ा बोलवाला था। यह साधु अचानक कहीं से आ टपका था। उसकी जड़ी-बूटी से कोई भी बीमारी झट भाग जाती है, ऐसा भ्रम आम जनता के मन में जा बैठा था। हज़ारों लोग उस बाबा से मिलने के लिए भेड़-बकरियों की तरह तपती दोपहरी में भी दौड़-धूप करते थे। सामूहिक सम्मोहन का यह अच्छा उदाहरण है।

(2) सैकड़ों लोग रास्ते पर से आवागमन करते हैं। हर कोई अपनी-अपनी अलग सोचता-करता है। लेकिन अचानक कोई दुर्घटना घटने पर सभी लोग जहां के तहां खड़े हो जाते हैं और सभी के मुंह से डर प्रकट करने वाले शब्द एक साथ निकलते हैं। किसी एकमेव भयानक दृश्य को देखकर देखने वाले सभी सामूहिक रूप से सम्मोहित हो जाते हैं!

(३) कोई फैशन-परस्त उच्छृंखल लड़की सिगरेट का धुआं छोड़ती हुई स्कूटर से जा रही हो, तो रास्ते की सारी पब्लिक मंत्र-मुग्ध होकर उसी की ओर अपलक देखती रहती है। यह भी एक सामूहिक सम्मोहन है।

(4) बम्बई में महालक्ष्मी रेसकोर्स का विशाल मैदान है जहां घुड़-दौड़ पर जुआ चलता है। जब घोड़े दौड़ना शुरू कर देते हैं तब दर्शक-गण स्वयं को भूल जाते हैं और आंखें फाड़-फाड़कर अपनी पसंद के घोड़े को देखते रहते हैं। उन्हें न अपने तन-बदन का ख्याल होता है, न अपनी हैसियत का! हार्स रेसिंग के समय यह सामूहिक सम्मोहन का प्रयोग हमेशा दिखाई देता है।

सम्मोहन विद्या का सफल प्रयोग सभी व्यक्तियों पर नहीं होता। ऐसा क्यों? इस सवाल का जवाब ढूंढ़ने की ज़रा कोशिश करेंगे। इस विषय में मेरा यह अनुभव रहा है कि दस में से चार माध्यम पर हिप्नोटिज़्म का प्रयोग तुरन्त सफल हो जाता है। बचे हुए छः में से दो-एक पर चार-पांच बार आज़माने से सम्मोहन विद्या सफल होती है। दो-एक माध्यम ऐसे निकलते हैं कि जिनके ऊपर हिप्नोटिज़्म की मात्रा बिल्कुल नहीं चलती।

पशु-पक्षियों को भी सम्मोहित किया जा सकता है, यह एक सत्य घटना है। इसको लिखते समय एक मज़ेदार प्रयोग की याद आती है। ज़मीन पर एक खड़ी से टेढ़ी लकीर खींचिए। एक मुर्गी को पकड़ लाइए। उसकी आंखों को बंद कर दीजिए। उसके सिर पर से चार-छः बार हस्तसंचालन कीजिए। उस मुर्गी को लकीर के एक सिरे पर ले जाइए और उसकी चोंच से उस लकीर को स्पर्श कीजिए। अब उस मुर्गी की आंखें खोल दीजिए। मजेदार बात यह हो जाएगी कि मुर्गी उस लकीर को चिपक-सी जाएगी। वह अपने सिर को भी ऊपर नहीं कर पाएगी! इसका कारण यह है कि उस मुर्गी को भ्रम हो जाता है कि वह सफेद लकीर एक डोरी ही है जिससे उसकी चोंच को किसी ने बांध रखा है!

सर्कस में बाघ-सिंह आदि हिंस्र पशुओं के खेल दिखाने वाले रिंगमास्टर और ट्रेनर उन पशुओं की आंखों में एकाग्र मन से अपलक देखते रहते हैं। रिंग-मास्टर की तीव्र दृष्टि के कारण वे जानवर कुछ हदतक सम्मोहित हो जाते हैं और रिंग-मास्टर की आज्ञाओं का शब्दशः पालन किया करते हैं।

सम्मोहन निद्रा में माध्यम का अन्तर्मन जागृत हो जाता है और साधक उस पर अपना नियंत्रण प्रस्थापित कर देता है। अतः जो विचार साधक के होते हैं, वे ही विचार माध्यम के बन जाते हैं। यहां माध्यम और साधक के शरीर अलग होते हैं। लेकिन दोनों ही शरीरों में मन अकेले साधक का होता है। सम्मोहन की प्रगाढ़ अवस्था में साधक का मन माध्यम के मन से संपर्क प्रस्थापित कर देता है।

सम्मोहन विद्या के बारे में जन-साधारण के मन में कई गलतफहमियां होती हैं। लोग सोचते हैं कि सम्मोहित व्यक्ति अपने बल पर कुछ आश्चर्यकारक अतिमानुष बातें कर सकता है। सम्मोहित व्यक्ति को गुप्त-धन, भूमिगत जल-प्रवाह, लापता गुनहगार आदि का पता लग जाता है, ऐसा भी लोग मानते हैं। जो विचारधारा मैं रख रहा हूं उससे ये सभी गलत-फहमियां दूर हो जाएंगी। जो विचार साधक के होते हैं (चाहे वे उसके जागृत मन के हों या अन्तर्मन के) वे ही माध्यम के मन में प्रवेश कर उसके अपने बन जाते हैं। ऐसी स्थिति में सम्मोहित व्यक्ति किसी स्वतंत्र, निरपेक्ष प्रज्ञा के सहारे सब कुछ जानता हो यह बात असंभव है। सम्मोहन की प्रगाढ़ अवस्था में भी जो अति दूरी पर होने वाले दृश्य माध्यम को दिखाई देते हैं, वे दृश्य भी माध्यम के अन्तर्मनरूपी कोषागार में निहित होते हैं। साधक को ज्ञात होने के बाद ही ऐसे दृश्य माध्यम को ज्ञात हो सकते हैं। किसी किताब के जिस पन्ने को साधक मन ही मन पढ़ता है, माध्यम भी, अन्तर्मनरूपी उस पन्ने को बिना देखे, पढ़ सकता है। साधक जिसे स्पर्श करता है माध्यम उस व्यक्ति का नाम बता देता है। ऐसी आश्चर्यकारक बातें माध्यम के द्वारा होती हैं। यह सत्य है कि सम्मोहन की प्रगाढ़ अवस्था से भी उच्चतर ऐसी कोई अवस्था में माध्यम और साधक के मन को जोड़ने वाला वह अदृश्य सूत्र भी खंडित हो जाता हो, और माध्यम का मन पूर्ण रूपेण स्वतंत्र, निरपेक्ष बन जाता हो। ऐसी अति उच्च अवस्था में माध्यम का मन अति दूरस्थ वस्तुओं, दृश्यों, तथा घटनाओं के दर्शन करता होगा। इस समय इसका अन्तर्मन अथवा उसकी आत्मा पूर्णरूपेण स्वतंत्र होती है।

समाधि-अवस्था में योगि के अन्तर्मन पर साधक के समान किसी अन्य व्यक्ति का नियंत्रण नहीं होता। योगी स्वतंत्र रूप से समाधि में स्थित हो जाता है। अतः इस स्थिति में उसे अन्तर्मन की अगाध शक्ति की अनुभूति हो जाती है। दूर-दर्शन, दूर-श्रवण, विचार संक्रमण आदि सिद्धियां उसकी समाधि अवस्था में उसके बाएं हाथ का खेल हैं।

सम्मोहन के बाद माध्यम को जो सूचनाएं दी जाती हैं, क्या माध्यम उनका शब्दश: पालन करता है? या करेगा? इसका उत्तर नकारात्मक है। "जागने पर तुम किसी व्यक्ति से लिपट जाओगी।" इस तरह सूचना देने पर भी चरित्रवान स्त्री उसका पालन नहीं करेगी। क्योंकि उसका जागृत मन उसे ऐसा बुरा काम करने नहीं देगा। यह सूचना उसकी सम्मोहन अवस्था में भी क्यों न दी जाये, वह भली औरत तुरन्त जाग उठेगी। हमारे अन्तर्मन में भी अनेकों बार बुरे विचार आते हैं लेकिन जागृत मन की विवेक-शक्ति (Reason) के कारण हम बुरी बातें करने से स्वयं को रोक लेते हैं।

क्या सम्मोहित अवस्था में कोई गुनहगार अपना गुनाह कबूल करेगा? सम्मोहित अवस्था में माध्यम के अर्न्तमन पर साधक का नियंत्रण होने के कारण साधक गुनहगार के मन में जो भी विचार प्रक्षेपित करेगा, वही विचार माध्यम प्रकट करता रहेगा। साधक के सूचना देने पर माध्यम अपने अपराध की स्वीकृति दे सकता है। इसमें कुछ भी असंभव नहीं है। लेकिन ऐसे वक्त उसके तुरन्त जागने की भी संभावना रहती है। "तुम एक बड़े उपन्यासकार हो।" ऐसी सूचना सम्मोहित माध्यम को देने पर भी जागने पर वह एक पंक्ति भी लिख नहीं सकेगा।

सम्मोहन विद्या के गूढ़, रहस्य-पूर्ण चमत्कारों, कुछ अतींद्रीय अनुभवों आदि को क्षणभर के लिए दूर रखकर हम एक सवाल पूछ सकते हैं कि क्या हमारे दैनिक जीवन में मोहिनी विद्या उपयुक्त सिद्ध होगी? इसके लिए जिसके पीछ दीर्घ अनुभव रहा हो-ऐसे सफल माध्यम की आवश्यकता है। सम्मोहन विद्या के प्रयोग से अनेक मानसिक व्याधियों, साधारण शारीरिक बीमारियों, मन की निराशा, डर, पिशाच का साया आदि तकलीफों को दूर किया जा सकता है। साधक के द्वारा सम्मोहित होकर तथा उसकी सूचनाओं को ग्रहण कर अथवा साधक की सहायता के बिना स्वयं को सम्मोहित कर (Self Hypnotism, Auto Hypotism) ये व्याधियां दूर हो जाती हैं।

सामूहिक सम्मोहन में भगवान कृष्ण एवं गोपियों का अनुपम पौराणिक उदाहरण जहां लोगों के सामने है वहीं मैं एक रोमांचक किन्तु ऐतिहासिक उदाहरण की ओर भी प्रबुद्ध पाठकों का ध्यान आकर्षित करना चाहूंगा।

सिकन्दर महान् ने राजा पुरु पर चालाकी से चढ़ाई की। सारे युद्ध के नियम व शिष्टाचार को ताक में रखकर सिकन्दर ने चोरों की तरह मध्य रात्रि को राजा पुरु के निंद्रित सैनिक ठिकानों पर हमला करना चाहा, पर झेलम नदी रास्ते की रुकावट बनकर खड़ी थी। बरसात का मौसम था। झेलम नदी अपने यौवन के उफान में थी। सिकन्दर की सेना नदी के किनारे रुक गई और सेनापति सेल्युकस ने आगे बढ़ने से इन्कार कर दिया। हताश संदेशवाहक सिकन्दर के पास यह निराशाजनक संदेश लेकर आये। सिकन्दर बहुत महत्वाकांक्षी एवं दृढ़ निश्चयी था। उसे हर हालत में युद्ध जीतना था, जो दिन के आमने-सामने वाले सैनिक युद्ध में वह नहीं जीत पाता। सिकन्दर स्वयं घोड़े पर सवार होकर दौड़ता हुआ सबसे आगे पहुंचा। उसने झेलम के उफान को देखा। निश्चय ही काफी सेना इस उफान में बह जायेगी। पर उसने अपने मन को एकाग्र कर दृढ़ निश्चय के साथ विजय के संकल्प को दोहराया। अपने सैनिकों की आंखों में आंखें डालकर एक भावभीना उद्‌बोधन दिया और अन्त में यह कहा—"झेलम में कोई उफान नहीं है। झेलम नदी हमारे रास्ते को, हमारे इरादों को नहीं रोक सकती। झेलम का तूफान अब उतर गया है। लो देखो। मैं सबसे पहले अपना घोड़ा नदी में उतारता हूं।" इतना कहकर सिकन्दर तेज़ी से घोड़े सहित नदी में कूद गया। लोग अवाक् होकर देखते रह गये और सिकन्दर चमत्कारी ढंग से झेलम के उस पार खड़ा मुस्करा रहा था। उसके इस चमत्कार से सम्मोहित होकर पूरी सेना नदी में कूद पड़ी और मध्यरात्रि को ही सोती हुई भारतीय सेना पर हमला करके, राजा पुरु को बन्दी बना लिया। यह है सामूहिक सम्मोहन का ऐतिहासिक उदाहरण।

शक्ति चक्र–आत्म सम्मोहन की प्रक्रिया

दृष्टि–शक्ति का अभ्यास बढ़ाने के लिए अनेक प्रकार के चमत्कारों का वर्णन पिछले प्रकरण में किया जा चुका है। अब हम ''शक्ति–चक्र'' का संक्षिप्त विवरण प्रस्तुत कर रहे हैं, जिसका आत्म सम्मोहन के अभ्यास वृद्धि के लिए वर्तमान समय में सर्वाधिक प्रचलन है।

शक्ति–चक्र के अनेक स्वरूपों को पीछे के चित्रों में प्रदर्शित किया गया है। शक्ति–चक्र आत्म–सम्मोहन के लिये सबसे श्रेष्ठ उपकरण है। क्योंकि इसके द्वारा साधक की आंखों को एक विशेष प्रकार की चुम्बकीय शक्ति की प्राप्ति होती है। साधक की आंखों को एक ऐसे तेज की प्राप्ति होती है। जिसके द्वारा वह किसी भी अनजान व्यक्ति को परास्त करने में सक्षम हो जाता है।

शक्ति–चक्र को गहरी तथा चमकदार काली स्याही द्वारा एक चिकने कार्डबोर्ड की शीट पर तैयार करा लेना चाहिए। जिस प्रकार काले बिन्दु पर दृष्टि जमाने के अभ्यास के सम्बन्ध में कहा गया है, उसी प्रकार इस शक्ति–चक्र पर भी अभ्यास किया जाता है। विधि इस प्रकार है:—

अपने बैठने के स्थान से तीन फुट की दूरी पर उक्त शक्ति–चक्र के चित्र को दीवार के ऊपर इतनी ऊंचाई पर टांगें कि उस पर आपकी दृष्टि सीधी पड़ सके तथा गर्दन को ऊंचा उठाना अथवा नीचे झुकाना न पड़े।

दृष्टि जमाते समय मन में मात्र यह विचार रखना चाहिए कि यह चक्र घूम रहा है। कुछ दिनों के अभ्यास से जब चक्र घूमता हुआ प्रतीत होने लगे तब आप चक्र के घूमते समय यह कल्पना करें कि वह चक्र चलते–चलते रुक गया है। जब यह अभ्यास भी सिद्ध हो जाये, तब चक्र को कभी चलाने तथा कभी रोक देने का अभ्यास करें। जब उसे इच्छानुसार चलाने तथा रोकने में सफलता मिल जाये, तब रात के समय अंधेरे में चक्र के सामने बैठकर यह कल्पना करें कि अंधकार के भीतर वह चक्र आपको सूर्य की भांति प्रकाशित एवं घूमता दिखाई दे रहा हे। कुछ दिनों के अभ्यास के बाद जब इसमें भी सफलता मिल जाये, तब अंधेरे में ही उस चक्र को चलाने एवं रोकने का प्रयत्न करें। जब सब कुछ अपनी इच्छानुसार होने लगे, तब समझ लें कि अभ्यास पूरा हो गया।

स्वयं को सफलता मिल जाने के बाद इस चक्र पर किसी भी व्यक्ति की दृष्टि जमवा कर उसे मेस्मेरिक–नींद की स्थिति में तुरन्त ले जाया जा सकता है। यदि अभ्यास करते समय एक चक्र के स्थान पर दो या तीन चक्र दिखाई दें तो भी यह सफलता का सूचक है। कई बार साधक को अभ्यास के दौरान सुन्दर या डरावनी तस्वीरें दिखलाई दें तो भी साधक को विचलित नहीं होना चाहिये। अपने इष्ट देव का स्मरण करके पुनः आत्म–सम्मोहन के अभ्यास में जुट जायें।

प्रधान शक्ति-चक्र (The Power Hypnodisk)

इस शक्ति-चक्र को कार्ड-बोर्ड पर चिपकाकर मोटर के सहारे घुमाया भी जा सकता है। इसको विदेशों में 'दी पॉवर हिप्नोडिस्क' कहते हैं।

शक्ति-कम्पन-चक्र

यह भी शक्ति-चक्र का ही रूप है। इसमें शक्ति-चक्र की तरह गोल घेरा घूमता हुआ नहीं दिखलाई देता अपितु कम्पन का आभास होगा। कई लोगों के पत्र आते हैं कि शक्ति-चक्र के तीव्र रूप से गतिमान होने पर उन्हें तीव्र मस्तिष्क दर्द का शक हो जाता है। ऐसे साधकों के लिये यह शक्ति-कम्पन-चक्र ज़्यादा लाभदायक है। इसका असर कुछ धीमा होता है।

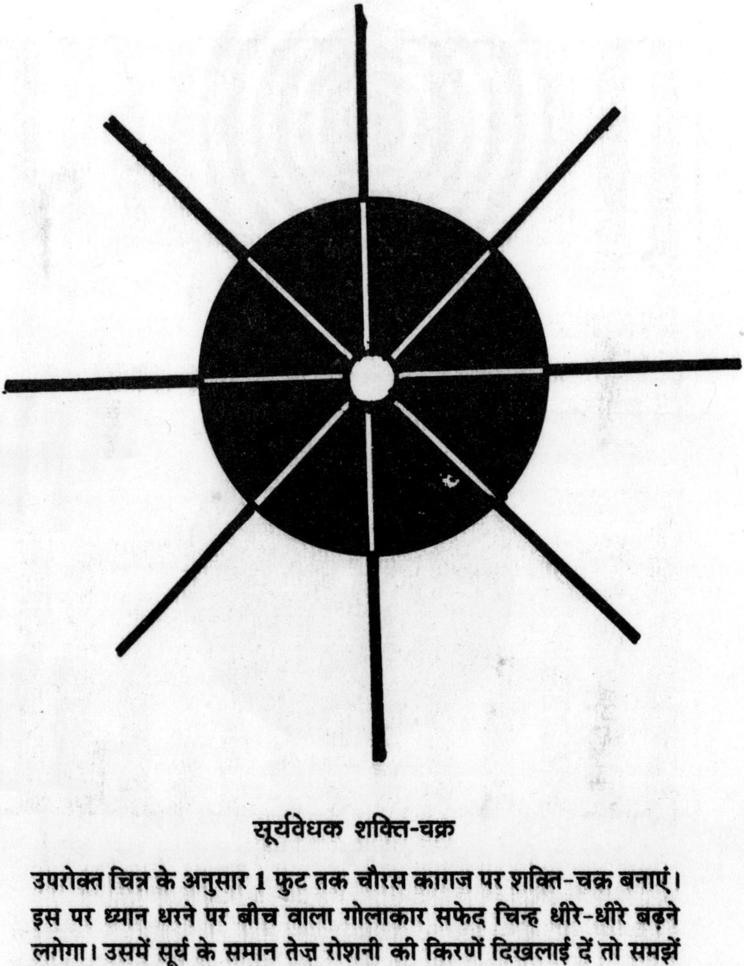

सूर्यवेधक शक्ति-चक्र

उपरोक्त चित्र के अनुसार 1 फुट तक चौरस कागज पर शक्ति-चक्र बनाएं। इस पर ध्यान धरने पर बीच वाला गोलाकार सफेद चिन्ह धीरे-धीरे बढ़ने लगेगा। उसमें सूर्य के समान तेज़ रोशनी की किरणें दिखलाई दें तो समझें कार्य सिद्ध हो गया। अभ्यास में सफलता मिल गई।

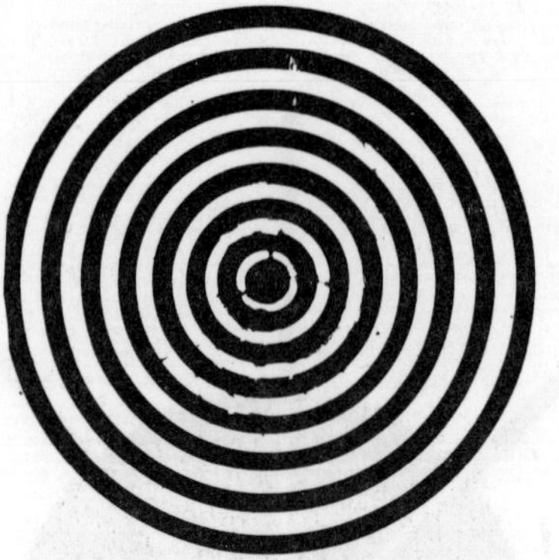

सौम्य शक्ति-चक्र

यह शक्ति-चक्र का सौम्य रूप है जो आंखों पर ज्यादा जोर नहीं डालता है। इसे माया चक्र भी कहते हैं।

सामान्य शक्ति-चक्र

एक 9 x 9 इंच का चौकोर गत्ते पर काला घेरा बनाकर बीचोंबीच में एक रुपये के सिक्के जितना सफेद घेरा रखें। इस सफेद बिन्दु पर ध्यान केन्द्रित करें, एकटक इसे देखते रहें। प्रारम्भ में ऐसा प्रयास होना चाहिये कि आप अधिक से अधिक देर तक इसे देखते रहें। आंखों में पानी आने पर अभ्यास रोक देना चाहिये और दूसरे दिन पुनः उसी समय प्रयत्न करना चाहिये। अभ्यास करते समय हृदय में यह धारणा बलवती होनी चाहिये कि मेरी आंखें तेज मुक्त हो रही हैं। मैं शक्तिशाली हो रहा हूं। साथ ही साथ मस्तिष्क में दूसरे किसी प्रकार के विचार नहीं आने चाहियें। आपको श्वेत शक्ति पुंज धीरे-धीरे बड़ा होता दिखाई देगा एवं दिन प्रतिदिन आपके स्व-सम्मोहन की शक्ति बढ़ती चली जायेगी।

प्रधान शक्ति-चक्र पर अभ्यास करने के पूर्व इस सामान्य शक्ति-चक्र पर अभ्यास करना साधक के लिये ज्यादा लाभप्रद रहता है।

हिप्नोटिज़्म हेतु सम्मोहन यन्त्र

हिप्नोटिज़्म में सफलता प्राप्त करने हेतु नौ कोष्टक एवं नौ प्रकार की विशेष शक्तियों के संकलन को लेकर शास्त्र रीति के आधार पर यह यन्त्र बनाया गया है। जिसका **यन्त्रोद्वार** इस प्रकार है।

श्री-ऐश्वर्य व धन लक्ष्मी की प्राप्ति, गु-गुरु का सानिध्य, व-वशीकरण, धै-धैर्य, की-कीर्ति व यश की प्राप्ति, अ-अनुकूलता, वा-वाकसिद्धि या वचन सिद्धि, श-शक्ति व शिव का सानिध्य।

इस यन्त्र को 9 × 9 ताम्बे के पत्र पर बनाएं तथा अपने नेत्रपटल के सामने स्थापित कर दें। फिर शान्तचित व एकदम शान्त वातावरण में यन्त्र के बीच बने चक्र के मध्य बिन्दु पर दृष्टि को स्थापित करें। एवं मम ही मन शिव या शक्ति जो भी आपका इष्ट हो उसके मन्त्र जाप करें। यह यन्त्र शिव और शक्ति दोनों की शक्ति से युक्त है शिव उपासक यहां पर "ॐ नमः शिवाय" नामक शिव पंचाक्षर का जाप कर सकते हैं। तथा देवी के उपासक—"ॐ ऐं ह्रीं क्लीं चामुण्डाये विच्चैः" का जाप कर सकते हैं। मानसिक जाप करने के पश्चात् यन्त्र के मध्य बिन्दु पर अधिक देर तक स्थिर दृष्टि स्थापित करने पर गुप्त शक्तियों व विद्युत लहरों का जागरण होगा एवं व्यक्ति को तन्द्रा आने लगेगी। व्यक्ति के मन का इधर-उधर भटकना बन्द हो जायेगा। एवं व्यक्ति का ध्यान मध्य बिन्दु की ओर आकर्षित हो जायेगा।

ज़ब मन की पूर्ण एकाग्रता हो जाये तब व्यक्ति अपने इच्छित कार्य का संकल्प करे और

अपलक यन्त्र के मध्य बिन्दु की ओर देखे। ऐसा करने पर आंखें भारी होंगी और हो सकता है उसमें अश्रुपाद भी हो। प्रारम्भ में अभ्यास करते समय ऐसी घटना की दो-तीन बार पूर्णावृत्ति हो सकती है पर इससे आप घबरायें नहीं। जब आपका अभ्यास बढ़ जायेगा, आपको एक प्रकाशित रेखा दिखलाई देगी। और आप विचारशून्य होकर निंद्रा अवस्था में भी पहुंच सकते हैं। इस प्रकार के नित्य प्रयोग करने पर आपका चंचल मन शान्त हो जायेगा। आपके चित की एकाग्रता बढ़ जायेगी एवं यन्त्र की गुप्त रसमी तरंगें आपके अन्दर सोई हुई आध्यात्मिक शक्ति को आन्दोलित करने लगेंगी। इस यन्त्र पर नियमित ध्यान करने पर व्यक्ति की सम्मोहन शक्ति बढ़ती है। उसकी अनुकूल परिस्थितियों का स्वत: ही सृजन होने लगता है। इष्ट देव की कृपा से उसे अविरल वाक्-शक्ति एवं अखण्ड कीर्ति की प्राप्ति होती है।

साधक को यन्त्र बनाने में किसी प्रकार की कठिनाई महसूस होती हो तो सीधा लेखक से सम्पर्क कर सकते हैं। यन्त्र पर साधना करते समय इस बात का विशेष ध्यान रखें कि पूजन कक्ष में तेज़ रोशनी न हो। वातावरण हल्का सुगंधमय हो तथा साधक शौचादि से निवृत होकर स्नान इत्यादि करके हल्के व धुले हुए पवित्र वस्त्र पहनकर आसन के ऊपर बैठकर ही प्रयोग करें तभी सफलता मिलेगी।

सम्मोहन विद्या के लाभ

1. इससे सहज ही अपनी बुरी आदतें छोड़ी जा सकती हैं। चारित्रिक दोष तथा रोगों को दूर किया जा सकता है।
2. माता-पिता बिना कुछ भी कहे या बताये अपने शरारती लड़कों को आसानी से नियन्त्रित एवं आज्ञाकारी बना सकते हैं।
3. इसके द्वारा छोटे-मोटे नौकर अपने मालिक या अफसर को इसके द्वारा अपने वश में रख सकते हैं।
4. कोई भी आदमी इसका प्रयोग करके अपनी मनचाही स्त्री या पुरुष का आदर, प्रेम या मित्रता प्राप्त कर सकता है तथा उसे वश में रख सकता है।
5. इससे विद्यार्थी वर्ग स्मरण-शक्ति, मेधा और एकाग्रता कर अपनी उन्नति कर सकता है।
6. इससे दूकानदार या दलाली का पेशा करने वाले अधिक खरीददार पा सकते हैं।
7. इसे सीखकर कोई भी व्यक्ति इसके अचरज भरे करिश्मे दिखलाकर काफी रकम तथा यश प्राप्त कर सकता है।
8. सम्मोहन विद्या को सीखकर कोई भी व्यक्ति अनेक लोगों के शारीरिक और नैतिक रोग दूर करके दुनिया की भलाई कर सकता है।
9. अच्छे कार्यों के लिये इस साधना का प्रयोग करके व्यक्ति सम्पूर्ण मानव जाति का कल्याण कर सकता है।
10. सम्मोहन विद्या के माध्यम से एक ज्योतिषी सर्वश्रेष्ठ भविष्यवक्ता बन सकता है। ज्योतिष की सीमा होने के कारण फल-कथन में त्रुटि-अपूर्णता रह सकती है। पर अन्तर्मन गलती नहीं करता।

एक बार एक अधेड़ उम्र का रणबांका व्यक्ति अपनी पत्नी को साथ लेकर मेरे पास आया कि हमारी आपस में नहीं बनती, कोई ऐसा यन्त्र बना दें कि हमारा प्रेम बना रहे, झगड़ा न हो। इतना कहकर उसने अपनी स्वयं की एवं अपनी पत्नी की जन्म-पत्रिका मेरे सामने रख दी। जन्म-पत्रिकाऐं मैंने देखीं पर मेरा अर्न्तमन कहने लगा कि ये पति-पत्नी नहीं हो सकते। यह बात जन्म-पत्रिका में कहीं लिखी नहीं होती। पर मेरी आत्मा बार-बार संदेश दे रही थी कि ये दोनों आगन्तुक तुमसे छल कर रहे हैं। कुछ छिपा रहे हैं। मैंने अपलक उनकी ओर देखा और पहचान लिया कि आगन्तुक युवती उसके छोटे भाई की पत्नी है और दोनों में अवैध सम्बन्ध है। मैंने उस क्षत्रिय व्यक्ति को चेतावनी दी कि यह तुम्हारी पत्नी नहीं है और इससे अधिक सम्पर्क में तुम्हारी मृत्यु हो सकती। युवती रोने लगी एवं उसने सबकुछ सच-सच बता दिया कि उसका पति तीन वर्ष की लम्बी अवधि के बाद कल ही विदेश से लौट रहा है, व इसे ज़रूर गोली मार देगा। और यही हुआ भी।

आत्म-सम्मोहन का मुख्य आधार-प्राणायाम

प्राणायाम की विधि—प्राणायाम के तीन भेद होते हैं—1. पूरक, 2. कुम्भक और 3. रेचक।

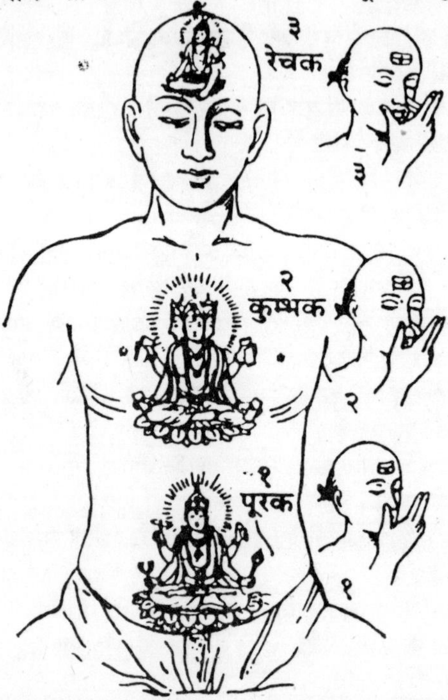

1—अंगूठे से नाक के दाहिने छिद्र को दबाकर बायें छिद्र से श्वांस को धीरे-धीरे खींचने को 'पूरक प्राणायाम' कहते हैं। पूरक प्राणायाम करते समय उपर्युक्त मन्त्रों का मन से उच्चारण करते हुए नाभि देश में नीलकमल के दल के समान नीलवर्ण चतुर्भुज भगवान् विष्णु का ध्यान करें।

2—जब सांस खींचना रुक जाये, तब अनामिका और कनिष्ठिका अंगुली से नाक के बायें छिद्र को भी दबा दें। मन्त्र जपते रहें। यह 'कुम्भक प्राणायाम' हुआ। इस अवसर पर हृदय में कमल पर विराजमान लाल वर्ण वाले चतुर्मुख ब्रह्मा का ध्यान करें।

3—अंगूठे को हटाकर दाहिने छिद्र से श्वांस को धीरे-धीरे छोड़ने को 'रेचक प्राणायाम' कहते हैं। रेचक प्राणायाम के समय ललाट में **श्वेतवर्ण शंकर** का ध्यान करना चाहिये। मन में गायत्री मन्त्र जपते रहें।

इन तीनों प्राणायामों के माध्यम से व्यक्ति दीर्घ आयु को प्राप्त करता हुआ, अलौकिक सत्ता एवं अदृश्य शक्तियों के परम-पवित्र सान्निध्य को प्राप्त करता है। प्राणायाम को लेकर बहुत-सा साहित्य लिखा जा चुका है। उस पर यहां चर्चा करना विषयान्तर हो जायेगा। यहां केवल इतना समझना है कि आत्म-सम्मोहन में प्राणायाम बहुत उपयोगी है।

एकाग्रचित्त समाधि आत्म-सम्मोहन का आधार

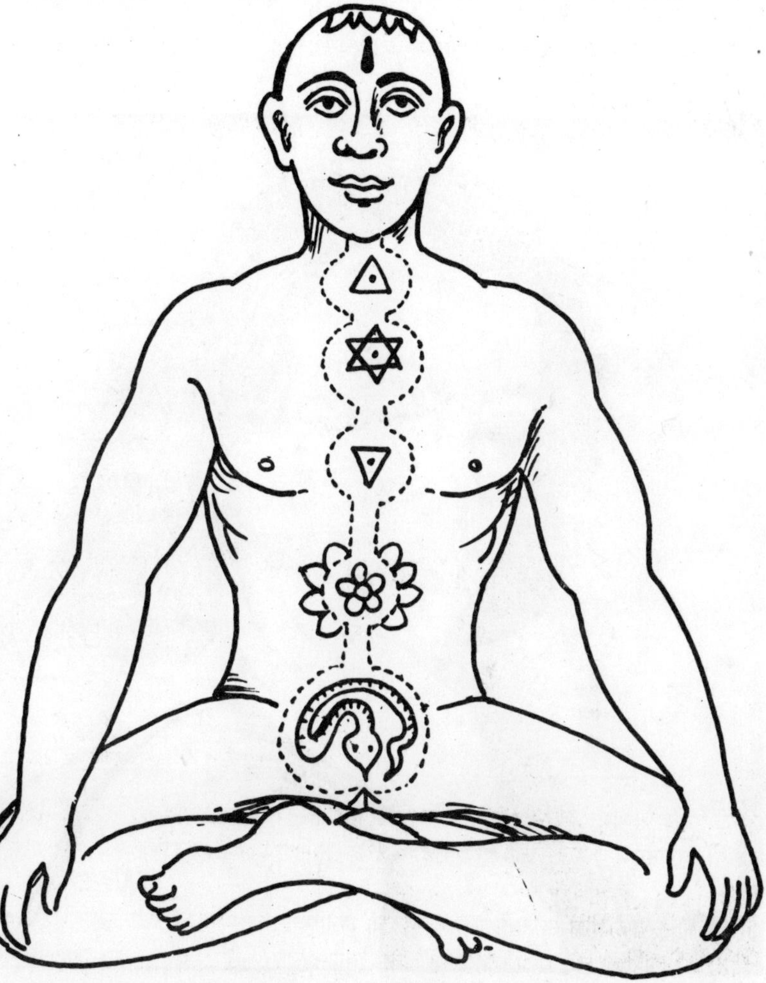

एकाग्रचित्त समाधि आत्म-सम्मोहन (Self Meditation) का मुख्य आधार है। इससे व्यक्ति सभी प्रकार की चिन्ताओं से मुक्त होकर परमतत्व को प्राप्त कर जाता है। कई बार अनहद नाद से कुण्डली जागृत होकर व्यक्ति स्वयं शिव तत्व को प्राप्त करके सर्वशक्तिमान हो जाता है। पर सबसे कठिन है चंचल मन को एकाग्र करके समाधि की ओर मोड़ना। चित्त शक्तियों का निरोध करके, योग समाधि द्वारा कुण्डली-शक्ति जागृत करने के बारे में बहुत-सा साहित्य भारतीय दर्शन शास्त्र में आज भी उपलब्ध है। परन्तु यह सब मार्ग पुस्तकीय न होकर गुरुगम्य है। अत: सुयोग्य गुरु के सान्निध्य के बिना साधक को इस क्षेत्र में प्रवेश नहीं करना चाहिए।

आत्म-सम्मोहन का प्रथम अभ्यास

आप किसी माध्यम को सम्मोहित करके उसे गहरी नींद में सुलाने का प्रयत्न करें और उसे कहें कि वह इतनी गहरी नींद में है कि अब उसकी आंखें नहीं खुल सकतीं। माध्यम अपनी आंखें खोलने का पुरज़ोर प्रयत्न करेगा पर उसकी आंखें नहीं खुल पायेंगी। ऐसा सम्मोहन जातक स्वयं पर भी कर सकता है। ऐसी स्थिति में आत्म-सम्मोहन की ओर साधक का यह पहला प्रयास होगा।

सम्मोहन द्वारा गन्ध परीक्षण

सबसे पहले माध्यम को सम्मोहित करके नींद में लाया जाता है। उसके बाद माध्यम को आंखें खोलने का आदेश दिया जाता है एवं उसके हाथ में अमोनिया (दुर्गन्धयुक्त) की बोतल देकर यह कहा जाता है कि यह फ्रान्स के ताज़ा स्प्रे की बोतल है। बहुत खुशबूदार है। ज़रा इसे सूंघ कर खुशबू बताओ। माध्यम अमोनिया की बोतल सूंघ कर भी खुशबूदार स्प्रे की महक लेता हुआ प्रसन्न मुद्रा से सम्मोहक की ओर देखेगा। यह दृष्टान्त पोस्ट हिप्नोटिज़्म आदेश का उत्कृष्ट उदाहरण है। इससे यह भी प्रमाणित हो जाता है कि माध्यम पर सम्मोहक का कितना प्रभाव है।

हाथ पर सम्मोहन

माध्यम को सम्मोहित कर, उसे आदेश दें कि वह अपना दायां हाथ फैलाए, अंगुलियां उठाकर, अंगूठा उससे अलग कर दे। फिर उससे कहें कि जब तक मैं आदेश नहीं देता, तुम अपना हाथ न ऊपर उठा सकती हो, न ही नीचे की ओर मोड़ सकती हो। आप पायेंगे कि माध्यम अनेक कोशिश करता हुआ भी अपना हाथ नहीं मोड़ पायेगा

स्पर्श परीक्षण

माध्यम को सम्मोहित करने के बाद, सम्मोहक उसे बायां हाथ आगे बढ़ाने का आदेश देते हुये कहे कि अब मैं तुम्हारे हाथ पर ऐनेस्थिसिया (शरीर सुन्न करने की दवा) लगा रहा हूं। तुम्हें कोई तकलीफ नहीं होगी। ऐसा कहकर उसकी हथेली पर धीरे से सुई चुभाएं, देखें कि माध्यम को यदि कोई भी दर्द नहीं हुआ है। ऐसे में माध्यम आत्म-सम्मोहन की पूर्ण अवस्था में है। विदेशों में ऐसी ही अवस्था में इन चिकित्सकों ने मरीजों के सफलता पूर्वक ऑपरेशन कर डाले।

हाथों की सम्मोहित अवस्था

सम्मोहन की तन्द्रा अवस्था में ही माध्यम को जगाकर आदेश दिया जाता है कि वह घुटनों के बल बैठ कर अपने दोनों हाथों को चित्र के अनुसार ऊपर-नीचे रखे। फिर आदेश दें कि तुम्हारे हाथ भारी हो गये हैं और हिल नहीं सकते। तुम कोशिश करो। माध्यम अपने हाथ को ऊपर-नीचे हिलाने का प्रयत्न करेगा पर उसे कोशिश में सफलता नहीं मिलेगी। यह भी आत्म-सम्मोहन की गहरी अवस्था की सफलता का दृष्टान्त है।

स्पर्श-परीक्षण का अन्यतम उदाहरण

माध्यम को सम्मोहन क्रिया के द्वारा गहरी निद्रा में ले जाओ। उसे आत्म-सम्मोहन की पराकाष्ठा तक पहुंचा दो और निद्रा अवस्था में ही उसे दायां हाथ आगे करने का आदेश दो और कहो कि तुम्हारा हाथ एकदम सुन्न हो गया है। तुम्हें किसी प्रकार की कोई अनुभूति नहीं हो रही है। फिर एक माचिस की तिल्ली माध्यम की हथेली के पास जलाएं। आप आश्चर्य करेंगे कि माध्यम को किसी प्रकार की जलन की अनुभूति नहीं होगी। यह स्पर्श परीक्षण का अन्यतम उदाहरण है। प्राचीन भारत में इस प्रकार के स्व-सम्मोहन की पराकाष्ठा से प्रेरित होकर पतिव्रता जीवित स्त्री चिन्ता पर चढ़ जाती थी और उंसे किसी भी प्रकार की जलन की, दर्द की अनुभूति नहीं होती थी।

आत्म-सम्मोहन की विधियां

स्व-सम्मोहन की इस साधना के लिए एक साफ-सुथरा, हवादार कमरा आवश्यक है। उसमें बहुत अधिक रोशनी न हो। मन को प्रसन्न रखने के लिए दीवार पर इष्ट देवता की तस्वीर हो। एकाध सुगन्धित अगरबत्ती जलती रहे तो उतना ही अच्छा। स्व-सम्मोहन के लिए रात का समय बड़ा अनुकूल रहता है। मेरा यह अनुभव रहा है। पूनम तथा अमावस की रात को स्व-सम्मोहन अधिक सफल रहता है। प्रसन्न चित्त से अपने बिस्तर पर लेटे रहिए। मन की एकाग्रता के लिए अपनी आंखों पर नीला वस्त्र तह करके रख दीजिए। अपने हाथ पैरों को इतना अधिक ढीला छोड़िए कि मानो आपके शरीर में से ये अवयव निकल गए हों। इस आसन को हठयोग में ''शवासन'' नाम से पहचानते हैं। इसके बाद मिनट-दो मिनट अपनी सांस पर ध्यान दीजिए। सांस जितनी धीमी पड़ जाएगी, आपके विचारों की गति उतनी अधिक मात्रा में कम होती जाएगी। श्वाससोच्छ्वास और मन में पैदा होने वाले विचारों की लहरों का परस्पर सम्बन्ध होता है। लोहार की धौंकनी से आग प्रज्वलित हो जाती है। उसी प्रकार श्वास-उच्छ्वास की क्रिया से विचार तीव्र हो जाते हैं। श्वसन का मंद वेग और क्षीण विचार ही आपके मन की क्षीण सम्मोहनावस्था है। अब इस प्रकार जो आपका मन क्षीण हो गया है उसमें ही सोचिए कि लाख कोशिश करने पर भी मेरे मन में कोई भी विचार नहीं आ पाएगा। जागृत मन अति क्षीण हो जाने से वह अपनी तर्क-शक्ति को खो बैठेगा। ऊपर की स्वयम्-सूचना को वह तुरन्त मानेगा। लेकिन जागृत मन खुद अति क्षीण होने के नाते, वह इस सूचना को अधिक समय तक धारण नहीं कर पाएगा। अतः यह सूचना शीघ्र गति से आपके अन्तर्मन में जाएगी। अन्तर्मन में यह सूचना गई नहीं कि वह जागृत मन की सोचने की क्षमता को ही उस क्षण के लिए नष्ट कर देगा। इसी निर्विचार-निर्विकार अवस्था को ही स्व-सम्मोहन कहते हैं।

स्व-सम्मोहन का दूसरा भी एक उपाय है। ऊपर जैसे बताया है वैसे बिस्तर पर लेटे रहिए। किसी मज़ेदार, सुखद दृश्य को मन ही मन अपने सम्मुख खड़ा कर दीजिए। इस दृश्य का आनन्द कुछ समय लेने के बाद दूसरा वैसा ही (सुखद) दृश्य मनश्चक्षु के सामने लाने की कोशिश कीजिए। आपका मन ऐसे दृश्यों का निर्माण करने में मग्न रहने के कारण उसकी जागृति कुछ हद तक घट जाती है। ऐसे तुरन्त दूसरा दृश्य खड़ा नहीं होता। दो दृश्यों के बीच जो यह संधिकाल आ जाता है, उसे ही सम्मोहित अवस्था कह सकते हैं। जब मैं इस साधना का अभ्यास करता हूं तब निम्न प्रकार का दृश्य मनश्चक्षु के सामने निर्माण करता हूं और उसका आनंद लेने में मग्न हो जाता हूं। मैं कल्पना करता हूं कि मैं अपने गांव से बहुत दूर एक झोंपड़ी में अकेला बैठा हूं। झोंपड़ी एक विशाल छायादार पेड़ के नीचे है। झोंपड़ी की दीवारें ऊंची होने के कारण मैं बाहर के किसी भी दृश्य को देख नहीं सकता। अतः बाह्य जगत से मेरा संबंध टूट गया है और बाह्य जगत का मुझे कुछ भी ज्ञान नहीं है। कुछ क्षण के बाद यह सुखद दृश्य अदृश्य हो जाता है। लेकिन कल्पना में भी अकेला होने के कारण दूसरा दृश्य मेरे मनश्चक्षु के सामने आ ही नहीं सकता। ऐसी दृश्यहीन मानसिक दशा का सुख वर्णन करने वाली लेखनी अभी तक

पैदा ही नहीं हुई!

कभी-कभी कल्पना के सहारे मैं अपने मनश्चक्षु के सामने ऐसा दृश्य निर्माण करता हूं कि हवा में उड़ने की सिद्धि मुझे मिल गई और मैं पक्षी की तरह आसमान में उड़ रहा हूं। मेरी इस सिद्धि को देखकर लोग आश्चर्यचकित होकर दांतों तले अंगुलियां दबा रहे हैं। पाठकों से मेरा नम्र निवेदन है कि इस साधना के अभ्यास में वे श्रृंगारिक और वीभत्स दृश्यों को अपने मनश्चक्षु के सामने खड़ा करने की कोशिश न करें। मन अधोगामी है। बुरा देखने-सुनने और सोचने की उसकी पुरानी आदत होने के कारण मन को निर्विचार-निर्विकार करना बड़ा कठिन काम है, इसका सभी ने अनुभव किया होगा।

स्व-सम्मोहित मनुष्य पूर्ण जागृति और नींद की सीमा पर होता है। उसके मन पर किसी दूसरे व्यक्ति का नियंत्रण नहीं होता। मन की इस विशिष्ट अवस्था में साधक क्या-क्या कर सकता है इसका विवरण देना उचित होगा। मेरे पाठक न भूलें कि नीचे बताए हुए प्रयोग करते समय साधक जितना हो सके उतना स्व-सम्मोहित होने की कोशिश करे। ऐसा होने से ही वह अच्छी बातों का अनुभव कर पाएगा। जागृत मन सूचनाओं का पालन नहीं कर सकता। क्योंकि उसकी तर्कशक्ति जागृत होने के कारण व्यावहारिकता की दृष्टि से जो बातें असंभव लगती हों, उसकी सूचनाओं को जागृत मन टालने की कोशिश करेगा। स्वयम् सूचना से हम अपने कौन से दोषों तथा कौन-सी शारीरिक मानसिक व्याधियों को दूर कर सकते हैं, इसके बारे में आगे चर्चा करेंगे।

कार्ड-बोर्ड पर अभ्यास

सफेद कागज़ बोर्ड (कार्ड-बोर्ड) का एक ऐसा टुकड़ा लें जिसकी लम्बाई और चौड़ाई डेढ़ या दो फुट हो। उस बोर्ड के बीच में एक रुपए के बराबर आकार की गोल काली बिन्दी बनाएं। इसकी स्याही सर्वत्र समान होनी चाहिए।

इस काले चक्र के बीचों-बीच एक पीले रंग का ऐसा बिन्दु बनायें, जिसका रंग गहरा तथा चमकदार हो। जब बिन्दु का निर्माण कर लिया जाये, तब उस बोर्ड को तस्वीर के एक फ्रेम में बिना शीशे के जड़वा दें और उस फ्रेम को साधना-स्थल में अपने बैठने के स्थान से चार फुट की दूरी पर, दीवार पर इस प्रकार लटका दें कि जब आप उसके सामने बैठें तो वह बिन्दु आपकी दृष्टि के बिल्कुल सामने रहे।

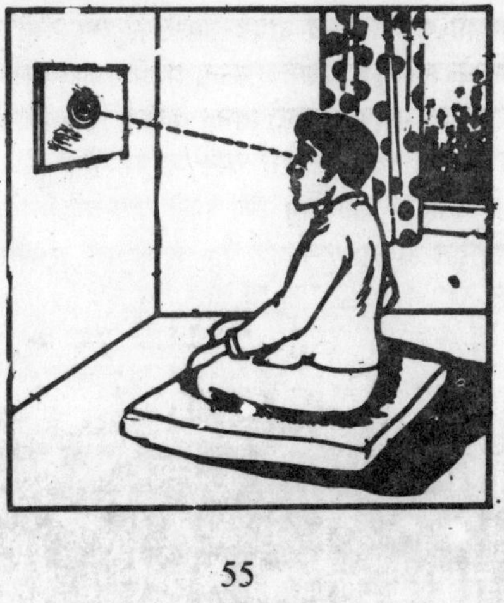

कमरे की दीवार जिस पर उपयुक्त बिन्दु के फ्रेम को टांगा जाये, चौरस तथा श्वेत् (सफेद) होनी चाहिए तथा बैठने का स्थान भी ऐसा आरामदायक होना चाहिए, जहां पालथी मारकर सुविधा एवं सुखपूर्वक बैठा जा सके। कमरे में न तो अधिक प्रकाश होना चाहिए और न अंधेरा ही। उस स्थान का सर्दी-गर्मी से मुक्त रहना भी आवश्यक है। इस प्रकार के स्थान में आसन बिछा कर पालथी मारकर बैठें तथा सामने दीवार पर टंगे हुए बोर्ड के काले चक्र के भीतर जो पीला बिन्दु है, उस पर अपनी दृष्टि जमा दें तथा टकटकी लगाकर तब तक देखते रहें, जब तक कि पलकें गिर कर बन्द न हो जायें। पलकों को अधिक से अधिक समय तक गिरने से रोकना चाहिए। इस बीच भले ही आंखों में पानी भर आए अथवा आंख की पलकों में दर्द होने लगे।

जब दृष्टि उस स्थान से फैलने अथवा उठने लगे, तब उसे ठीक करके फिर से उसी बिन्दु पर जमा देना चाहिए। दृष्टि जमाते समय अपने मन तथा मस्तिष्क को समस्त चिंताओं एवं कल्पनाओं से रहित कर लेना चाहिए। इस अवधि में जो भी अन्य विचार आए, उसे तत्काल दूर कर देना चाहिए। केवल यही संकल्प करना चाहिए कि मेरी दृष्टि की पतली नोंक उस पीले बिन्दु के पार जा रही है। उक्त अभ्यास को करते समय साधक की प्रवृति एवं ध्यान में संयम होना आवश्यक है। साधना काल में साधक का पेट न तो एकदम खाली होना चाहिए और न अधिक भरा हुआ ही रहना चाहिए। ऐसी साधना के लिए प्रात:काल अथवा सायंकाल में सूर्यास्त से पूर्व का समय श्रेष्ठ रहता है।

उक्त अभ्यास में पहले दिन जितनी देर तक दृष्टि जमाई जा सके, जमाये रहें। जब देखना बिल्कुल असह्य हो जाये तथा पलकें बन्द हो जाएं, तब साधना को उस दिन के लिए स्थगित कर दें। दूसरे दिन फिर यही क्रिया करनी चाहिए। परन्तु उस दिन यह ध्यान रखना चाहिए कि पहले दिन जितने समय तक क्रिया की गई, उससे कम समय न लगे, कुछ अधिक समय ही लगना चाहिए। इस प्रकार प्रतिदिन इस अभ्यास के समय को बढ़ाते रहना चाहिए। अभ्यास को प्रतिदिन एक निश्चित व नियमित समय पर ही आरम्भ करना चाहिए।

इस प्रकार कई दिन तक स्थिर-दृष्टि जमाने से उस काले दाग में अनेक प्रकार की आकृतियां उत्पन्न होती हुई सी दिखाई देने लगेंगी। कभी वह बड़ा दीखने लगेगा और कभी छोटा। कभी उसका रंग श्वेत हो जाएगा और कभी एकमद काला। कभी उस में बादल दिखाई देंगे और कभी तारे। कहने का तात्पर्य यह है कि उसकी दशा बदलती रहेगी। कुछ दिनों के अभ्यास के पश्चात् वह एक दिशा में स्थिर हो जायेगा, तब दृष्टि गाढ़ने पर वह उसी एक स्थिति में दिखाई देगा, जो स्थिति आपकी दृष्टि में जम चुकी होगी। परन्तु प्रतिदिन अभ्यास के समय अर्थात् दृष्टि गढ़ाते समय इस प्रकार का चिन्तन अवश्य करते रहना चाहिए कि आपकी दृष्टि उस पीत-बिन्दु के पार हो रही है। आप उसकी तह में उतरते चले जा रहे हैं।

इस प्रकार, कुछ दिनों के बाद जब उस काले दाग का हिलना-डुलना बंद हो जाए तथा पीले बिन्दु पर दृष्टि केन्द्रित होकर, उसे पार कर जाए, तब अभ्यास को पूर्ण हुआ समझ लेना चाहिए।

दर्पण पर अभ्यास

एक या डेढ़ फुट लम्बा-चौड़ा एक चौकोर तथा स्वच्छ दर्पण (कांच) लें। उसके ठीक बीचों-बीच चवन्नी के आकार का एक गोल काला अथवा सलेटी रंग का कागज़ काट कर चिपका दें। उस कागज़ के बीचों-बीच सरसों के दाने के बराबर का एक पीले रंग का बिन्दु बना दें। फिर उस दर्पण को दीवार पर टांग दें।

दर्पण से चार फुट की दूरी पर एक चौकी पर एक मुलायम तथा गुदगुदा कपड़ा बिछा कर सुखासन से इस प्रकार बैठ जाएं कि दर्पण का मध्य बिन्दु आपकी आंखों के ठीक सामने रहे।

इसके बाद अपनी दृष्टि को उस बिन्दु पर जमा दें। दृष्टि जमाते समय न तो आंखों को अधिक खींचना चाहिए और न दृष्टि को नीचे गिरने देना चाहिए। बिना पलक झपके स्थिर दृष्टि से बिन्दु की ओर देखना चाहिए। दृष्टि जमाते समय ध्यान को उस बिन्दु पर इस प्रकार केन्द्रित कर देना चाहिए कि आपको अपना प्रतिबिम्ब दर्पण में दिखाई न दे। दृष्टि जमाते समय मन ही मन इस प्रकार के संकल्प वाक्यों को दुहराते रहना चाहिए। मेरे नेत्रों की शक्ति बलवान, आकर्षक तथा प्रभावशाली हो रही है। मेरी दृष्टि का तार इस बिन्दु को पार कर रहा है। मेरी मानसिक-शक्ति अत्यन्त प्रबल है तथा मैं अपने मस्तक को ऊंचा रख सकता हूं। इस अभ्यास को पहले दिन एक मिनट, दूसरे दिन दो मिनट तथा तीसरे दिन तीन मिनट तक करना चाहिए। इस प्रकार प्रति-दिन एक-एक मिनट का समय बढ़ाते जाना चाहिए। एक मास में इस अभ्यास को बढ़ा कर तीस मिनट तक किया जा सकता है। यदि आंखों को कष्ट व दर्द होने लगे तो बीच-बीच में एक दिन के लिए अभ्यास को स्थगित भी किया जा सकता है।

इस अभ्यास को करने के बाद प्रतिदिन आंखों को ठण्डे पानी द्वारा अच्छी तरह से धो लेना चाहिए। आंखों को धोते समय मुंह में बहुत-सा ठण्डा पानी भर लेना चाहिए तथा मुंह में पानी भरे हुए ही भौंहे चलाते समय आंखों पर ठण्डे जल के हल्के छींटे मारने चाहिएं। इससे आंखों की थकान दूर होती है तथा नेत्रों की दृष्टि एवं आकर्षण-शक्ति बढ़ती है। प्रत्येक अभ्यास के बाद इस क्रिया को करना ज़रूरी समझें।

दर्पण पर विशेष अभ्यास

एक बहुत ही अच्छी क्वालिटी के स्वच्छ दर्पण में अपनी किसी एक आंख की पुतली को ध्यान से देखना आरम्भ करें। पुतली को देखते समय यह प्रयत्न करें कि आपको दर्पण में

दिखाई देने वाली अपनी आंख की पुतली के भीतर भी अपना ही प्रतिबिम्ब दिखाई दे।

प्रतिबिम्ब को देखते समय अपने मन की इच्छा एवं संकल्प-शक्ति को बढ़ायें तथा निरन्तर यह विचार दुहराते रहें कि अब मुझे दर्पण में दिखाई पड़ने वाली अपनी आंख की पुतली के प्रतिबिम्ब के भीतर अपना चेहरा भी दिखाई दे रहा है।

पूर्व अभ्यासों से दृष्टि के स्थिर हो जाने के कारण कुछ दिनों में यह अभ्यास भी सिद्ध हो जायेगा और दर्पण में प्रतिब्रिम्बित पुतली के भीतर अपने चेहरे का प्रतिबिम्ब भी दृष्टिगोचर हो उठेगा। तब इस अभ्यास में सिद्धि मिल जायेगी।

एक बार एक व्यक्ति ने एक तालाब की मछली को इतना अधिक प्रशिक्षित कर लिया था कि एक निश्चित समय पर उसके तालाब के पास आने पर वह मछली स्वतः आ जाती थी। जब कभी उसके स्थान पर कोई दूसरा व्यक्ति आकर खड़ा हो जाता तो उसकी झलक देखते ही वह गायब हो जाती थी। वह कभी उसे आवाज़ देकर नहीं बुलाता था और बुला भी नहीं सकता था, क्योंकि पानी के अन्दर उसकी आवाज पहुंच भी नहीं सकती थी। केवल अपनी अंतःचेतना से ही वह मछली उसकी उपस्थिति का आभास पा लेती थी।

कुत्तों के विषय में तो हम प्रायः देखते हैं किसी अनजान व्यक्ति को पहली बार देखकर कोई कुत्ता उसके पास पहुंच कर अपनी पूंछ हिलाने लगता है, और वह कुत्ता किसी दूसरे अपरिचित व्यक्ति पर झपट पड़ता है या बुरी तरह से भौंकने लगता है।

इन सब बातों पर गंभीरतापूर्वक विचार तथा अनुसंधान करने से ज्ञात होता है कि आदिम व्यक्तियों अथवा पशु-पक्षियों में एक ऐसी छठी ज्ञानेन्द्री होती है, जो सभ्य कहे जाने वाले बुद्धिमान व्यक्ति में नहीं होती। इसका एक कारण यह है कि उसने अपनी बुद्धिमता से ऐसे शब्दों, अंकों तथा वैज्ञानिक सूत्रों एवं साधनों जैसे ठोस प्रतीकों का आविष्कार कर लिया है जिससे उसे छठी इन्द्रिय पर निर्भर रहने की विशेष आवश्यकता नहीं होती और यह प्राकृतिक नियम है कि जिस क्षमता का प्रयोग नहीं किया जाता वह धीरे-धीरे नष्ट हो जाती है। यही कारण है कि उसने ऐसी प्राकृतिक "देन" को गंवाकर अब तर्क सम्मत विचार-शक्ति को अपना लिया है।

इस बात को अस्वीकार नहीं किया जा सकता कि मनुष्य की भांति पशु-पक्षी भी सोच-विचार करते हैं, परन्तु उनकी विचार करने की शैली मनुष्यों से सर्वथा भिन्न है। ये मनुष्य की तरह शब्दों और अंकों में नहीं सोचते। वे चित्र के रूप में सोचते हैं। किसी खाद्य पदार्थ को लेने के लिए चूहें को कितना उछलना चाहिए। किसी ढके हुए बर्तन को यदि वह अकेला नहीं खोल सकता तो उसे दूसरे चूहे की सहायता लेनी पड़ती है। किस बर्तन के नीचे उसे खाद्य-पदार्थ मिलेगा, इसकी कल्पना वह अपने ढंग से कर लेता है और उसकी यह कल्पना प्रायः सही सिद्ध होती है। इससे एक बात स्पष्ट है कि सब प्रकार के सोच-विचार करने के लिए सदा शब्दों की आवश्यकता नहीं होती, उनके बिना भी काम चल सकता है। जब कहीं आगज़नी, किसी के डूबने यां अन्य कोई इस प्रकार की आकस्मिक दुर्घटना हमारी आंखों के सामने घटती है, तो उस समय हमें क्या करना चाहिए यह हम शब्दों के माध्यम से नहीं सोचते। उसका विचार मन में ऐसी विद्युत गति से आता है कि शब्दों का जामा पहन ही नहीं सकता। शब्द ज्ञान से विचार करने की क्षमता का कोई सम्बन्ध नहीं है। विद्वान् भी सोचता है, मूर्ख भी सोचता है। कभी-कभी विद्वानों को भी अभिव्यक्ति के लिए उपयुक्त शब्द नहीं मिल पाते।

दीप ज्योति पर अभ्यास

जब तीसरा अभ्यास सिद्ध हो जाये अर्थात् दर्पण में दिखाई देने वाला, अपनी आंख की पुतली के प्रतिबिम्ब में अपने चेहरे का प्रतिबिम्ब भी दिखाई देने लगे, तब दीपक की ज्योति पर अपनी दृष्टि को स्थिर करना चाहिए। उसकी विधि इस प्रकार है :—

रात्रि के समय अपने साधना-गृह में एक घी का दीपक या मोमबत्ती जलाकर ऐसे स्थान पर रखें, जहां वायु के कारण उसकी ज्योति हिल-डुल न सके। तदुपरान्त उस ज्योति के मूल भाग पर, अर्थात् जहां से वह ज्योति उत्पन्न होती है, उस स्थान पर अपनी दृष्टि को केन्द्रित करके उसे अपनी दृष्टि से बराबर धक्का देकर बुझा देने का प्रयत्न करें।

इस प्रकार ज्योति के मूल में दृष्टि की ठोकर देने से, वह ज्योति प्रभावित होकर पीछे की ओर हटने लगेगी तथा कुछ दिनों के अभ्यास के बाद बुझ जायेगी। अन्त में, इस अभ्यास के सिद्ध हो जाने पर वह ज्योति दृष्टि का एक धक्का लगते ही बुझ जाया करेगी तथा अंधेरा हो जायेगा। दृष्टि को ज्योति के मुल में जमाते समय अपने मन में दृढ़-इच्छा-शक्ति के साथ यह विचार करना चाहिए कि "मैं इस ज्योति को अपनी दृष्टि से धक्का दे रहा हूं। और यह उस धक्के के कारण बुझ रही है।" इस संकल्प को भी निरन्तर दुहराते रहना चाहिए।

प्रारम्भ में इस संकल्प के साथ दृष्टि जमाने पर ज्योति का हिलना-डुलना आरम्भ होता है। फिर वह पीछे हटती हुई सी प्रतीत होती है और अन्त में यह स्थिति आ जाती है कि साधक जैसे ही अपने मन में विचार करता है कि मेरी दृष्टि का धक्का लगते ही यह ज्योति बुझ जायेगी तथा इसी दृढ़-संकल्प के साथ उस ज्योति पर अपनी दृष्टि गढ़ाता है, वैसे ही वह ज्योति एकदम बुझ जाती है। इस विषय पर एक घटना याद आ रही है। जोधपुर के एक आर्य समाजी डाक्टर केन्या में (नेरोबी) नौकरी करते थे। वे ज्योतिष-कर्मकाण्ड के कट्टर विरोधी थे पर हिप्नोटिज़्म के अभ्यासी थे तथा मोमबत्ती पर त्राटक किया करते थे। भूत-प्रेत के अस्तित्व में उनका विश्वास नहीं था तथा इसके विरोध में वे लेक्चर दिया करते थे। उपरोक्त अभ्यास सन् 1978 में उन्होंने मुझसे सीखा था।

एक दिन जब ईस्ट केन्या (नेरोबी) में अपने कमरे में अकेले मोमबत्ती को नेत्र-शक्ति से बुझाने में सफल हो गये तो एक अजीब घटना घटी। जैसे ही मोमबत्ती बुझी एक भद्दी गाली मारवाड़ी में उन्हें सुनाई पड़ी। उन्हें घोर आश्चर्य हुआ क्योंकि उनके आस-पड़ोस में दूर-दूर तक कोई हिन्दी जानने वाला भी नहीं रहता था। फिर मारवाड़ी भाषा में उन्हें गाली कौन देगा? उन्होंने इसे केवल एक वहम समझा। इतने में वही गाली थोड़ी तेज़ आवाज़ में उन्हें पुनः सुनाई दी। डाक्टर साहब तेज़ी से उठे। कमरे क़ी सारी खिड़कियां खोल दीं। ऑफिस से बाहर आकर गली में दूर-दूर तक देखा, कोई आदमी नहीं दिखलाई दिया। थककर वापस रिवाल्विंग चेयर पर आकर बैठे तो वही गाली पुनः सुनाई दी। मोमबत्ती के बदबूदार धुएं की दुर्गन्ध कमरे में कुछ तेज़ हो उठी थी। खिड़कियां सब खुली थीं और इस दुर्गन्ध की कोई वजह नज़र नहीं आ रही थी। डाक्टर रोमांचित हो उठे थे तथा उनका मस्तिष्क तेज गति से सक्रिय होकर कुछ सोच रहा था कि इतने में गालियों की बौछार उन्हें अपने कान के बिल्कुल पास से सुनाई देने लगी। डाक्टर परेशान हो उठे, उन्हें लगा कि उनका कान का पर्दा खराब हो गया है। उन्होंने अपने मित्र डाक्टरों को फोन करके अपने यहां बुलाया। सारी बात विस्तार से समझाई, गालियां अभी भी उन्हें सुनाई पड़ रही थीं। डाक्टरों ने कान के पर्दे का सूक्ष्म निरीक्षण किया। कहीं कोई गड़बड़ नहीं। अन्य मित्रों-सम्बन्धियों व डाक्टरों को कोई आवाज़ सुनाई नहीं दे रही थी।

उन्होंने इसे मस्तिष्क की एक उपज, वहम (Illusion) करार दे दिया। जब आधुनिकतम वैज्ञानिक उपकरण, फोटोग्राफी डाक्टर की बीमारी का कारण व उसका निदान न बता सके तो, उसे लगा कि कोई भूत-प्रेत का चक्कर होगा। वे अपने इलाज हेतु इंग्लैण्ड गये, वहां विभिन्न योगा-सेन्टर, गीता-सेन्टरों में पराविद्या के जानकारों से मिले। जानकार लोगों ने उनके कान को गंगाजल से धोया तथा कान में गीता के पाठ मन्त्र-फूंक कर सुनाये। उससे डाक्टर को गालियां सुनाई देनी तो बन्द हो गईं, पर कान इतना भारी हो गया था जैसे उस पर दस-बीस किलो का वज़न किसी ने रख दिया हो। अब डाक्टर अपने दुःख व पीड़ा की कोई भी बात किसी को सुनाता तो वह Reflect होकर उसे सुनाई पड़ती थी। डाक्टर एक मुसीबत से निकलकर दूसरी मुसीबत में फंस चुका था। लोग उसे बेवकूफ समझने लगे। उसे अपने आप पर इतना गुस्सा आ रहा था कि वह अपने दोनों कान कटवाने को तैयार हो गया। लोगों ने, हितैषी मित्रों ने उसे समझाया कि इस प्रकार के रोगों का इलाज केवल भारत में ही हो पायेगा। वहां के आध्यात्मिक गुरु एवं तपस्वी गुरुजनों की शरण में जाओ। एक वर्ष तक घनघोर कष्ट व असाध्य पीड़ा को भोगता हुआ वह डाक्टर भारत आया। अपने आर्यसमाजी पिता को साथ लेकर सीधा जोधपुर मेरे पास आया।

प्रातःकाल का समय था। मैं प्रातः सन्ध्या-पूजा पाठ से निवृत होकर बैठा था कि डाक्टर ने घंटी बजाई। डाक्टर के हाथ में एक मूल्यवान गिफ्ट था। नमस्कार करके ऑफिस में बैठा एवं अपनी जन्म-पत्रिका मेरे सामने रखी। यह मेरे लिये घोर आश्चर्य था क्योंकि माली परिवार में जन्मा वह डाक्टर एवं उसका पिता ज्योतिष-तन्त्र-मन्त्र का घोर विरोधी था। सत्यार्थ प्रकाश पूरा उन्हें कण्ठस्थ था। जो भी अपरिचित उन्हें मिलता वे सत्यार्थ-प्रकाश उसे भेंट किया करते थे। भारतीय प्रांच्यविद्याओं का विरोध करना, उनकी दैनिक दिनचर्चा का अभिन्न अंग था।

जन्म-पत्रिका में अनुकूल-प्रतिकूल दशाओं के चक्कर का तो स्पष्ट पता चल जाता है परन्तु सामने बैठा व्यक्ति भूत-प्रेत से ग्रसित है इसका स्पष्ट संकेत जन्मपत्री में नहीं मिलता। यह विषय क्षेत्र मन्त्र-तन्त्र विद्या का है। थोड़ी देर के विचार-विमर्श के बाद उसके पिता ने शर्माते हुये सारी स्थिति से मुझे अवगत कराया। मुझे एकाएक सारी बातों पर विश्वास नहीं हुआ क्योंकि भूत-प्रेत से ग्रसित व्यक्ति के जो लक्षण होते हैं, वे उस डाक्टर में दिखलाई नहीं दे रहे थे। मैंने मन ही मन गायत्री मन्त्र पढ़कर उसकी फूंक डाक्टर पर मारी, पर उसका भी कोई असर उस पर नहीं हुआ। तब मैं ऑफिस से उस डाक्टर को पूजन कक्ष में ले गया। उसने बड़े-बड़े मोजे पहने हुये थे। वे सब उतरवाये। गंगाजल से हाथ-पैर धुलवाकर, उसे पूजन कक्ष की ओर ले गया।

अभिमंत्रित गंगाजल से एक घेरा बनाकर डाक्टर को उसमें बिठाया। मैं स्वयं मेरे मन्त्रपूत आसन पर बैठा एवं इष्टदेव का स्मरण किया। तब अदृश्य शक्ति ने मुझे बताया कि एक प्रेत उसके दाहिने कान पर बैठा है, पर उसके शरीर (घर) में प्रेत नहीं है। मेरे लिये भी यह विचित्र अनुभव था। मैंने कुछ सोच समझ कर 'ब्रह्मकवच' का पूरा पाठ किया तथा गंगाजल अंजुली में लेकर पूर्ण संकल्प व आत्मविश्वास के साथ उस पवित्र जल का जोरदार छींटा दाहिने कान पर मारा। डाक्टर घेरे से उठकर बाहर की ओर भागने लगा। मैंने कसकर हाथ पकड़ लिया। उस जल के छींटे से डाक्टर का कान ज़ोरों से जलने लगा। प्रेत वहां से भाग गया, पर जलन के फफोले कान के आसपास छोड़ गया। उस मोमबत्ती पर प्रेत का वासा था। तब से मेरा निजि अनुभव है कि मोमबत्ती पर सम्मोहन नहीं करना चाहिये क्योंकि यह सम्पूर्ण अशुद्ध सामग्री से बनी होती है तथा इसका धुआं भी ज़हरीला होता है। जहां तक हो सके, प्रयोगकर्त्ता को शुद्ध गो-घृत का दीपक ही काम में लेना चाहिये।

दीपक पर अभ्यास

रात्रि के नौ बजे के बाद किसी एकान्त एवं स्वच्छ कमरे में दीपक जलाकर उसकी लौ

पर अपनी दृष्टि को केन्द्रित करें। दस मिनट तक यह क्रिया करने के उपरान्त दीपक को फूंक मारकर बुझा दें। फिर अपनी आंखें खोलकर इस प्रकार चिन्तन करें कि आपकी आंखों से निकलने वाली रोशनी कमरे में उजाला फैला रही है। प्रारम्भ में आपको कमरे की वस्तुएं धुंधली सी दिखाई देंगी, परन्तु कुछ दिनों के अभ्यास के बाद वह धुंधलापन हटता चला जायेगा और कमरे में प्रकाश बिखरा हुआ-सा दिखाई देगा। उस बेधक-दृष्टि के प्रकाश में आप किसी पुस्तक को भी पढ़ सकते हैं। जब पुस्तक पढ़ने की स्थिति उत्पन्न हो जाये, तब इस अभ्यास को भी सफल हुआ समझना चाहिए।

सूर्य पर अभ्यास

प्रातःकाल सूर्योदय के समय किसी एकान्त में बैठकर अपनी दृष्टि को सूर्य के ऊपर जमायें तथा अपने मन में यह विचार करते रहें कि आपकी दृष्टि सूर्यमण्डल के भीतर प्रवेश कर रही है तथा उसके भीतर जो कुछ है, उसे देखने में सक्षम हो गई है। शुरुआत में, इस अभ्यास को थोड़े समय तक करना चाहिए तथा बाद में समय की अवधि को धीरे-धीरे बढ़ाते जाना चाहिए। आंखों में एक बार पानी आ जाने पर उस दिन दूसरी बार इस अभ्यास को नहीं करना चाहिए।

जिस प्रकार प्रातःकाल सूर्य के ऊपर दृष्टि जमाई जाती है ठीक उसी प्रकार से रात्रि के समय चन्द्रमा के ऊपर भी दृष्टि जमानी चाहिए। चन्द्रमा के ऊपर दृष्टि जमाते समय अपने मन में यह संकल्प जगाये रखना चाहिए कि मेरी दृष्टि चन्द्रमण्डल के भीतर प्रविष्ट होकर उसके भीतर अवस्थित विभिन्न वस्तुओं को देख रही है। इस प्रकार निरन्तर दृष्टि जमाते रहने से सूर्य और चन्द्रमण्डल के भीतर विविध प्रकार की वस्तुएं दिखाई देने लगेंगी। धीरे-धीरे अभ्यास को बढ़ाते जाने पर इनके भीतर के दृश्य और अधिक स्पष्ट होते चले जायेंगे।

एक बात ध्यान रखने योग्य है कि सूर्यमण्डल पर दृष्टि गढ़ाने से नेत्रों की ज्योति कमज़ोर होती है, इसके विपरीत चन्द्रमा पर दृष्टि जमाने से नेत्रों की ज्योति बढ़ती है। अतः प्रातःकाल

सूर्य पर दृष्टि गढ़ाने से नेत्रों को जो क्षति पहुंचती है, रात्रि में चन्द्रमा पर दृष्टि गढ़ाने से उसकी पूर्ति हो जाती है। अस्तु सूर्य पर तभी दृष्टि जमानी उचित है, जब रात्रि में चन्द्रमा पर भी दृष्टि जमाने का ठीक अवसर मिलता हो। कृष्ण पक्ष में, अर्थात् उन दिनों में जब चन्द्रमा के दर्शन न हों अथवा चन्द्रमा का प्रकाश क्षीणतम रहता हो, सूर्य पर दृष्टि जमाने का अभ्यास कभी नहीं करना चाहिए।

चन्द्रमा पर विशेष प्रयोग

चांदनी रात्रि में चन्द्रमा पर दृष्टि स्थिर करने का अभ्यास करें। जब दृष्टि स्थिर हो जाये, तब आप किसी अंधेरी रात्रि में यह कल्पना करें कि इस समय भी पूर्णिमा का चन्द्र आकाश में चमक रहा है। कुछ दिनों तक दृष्टि संकल्प-शक्ति के साथ अभ्यास करने पर अंधेरी रात्रि में भी आकाश में चन्द्रमा उदय हुआ दिखाई पड़ सकता है। उस समय इस अभ्यास में भी सफलता प्राप्त हो गई''—ऐसा समझा चाहिए।

गोली पर अभ्यास

जब सूर्य और चन्द्रमा पर दृष्टि स्थिर हो जाये, तब उसे अपनी दृष्टि-शक्ति का सम्यक् परीक्षण करना चाहिए। किसी एक चिकनी मेज़ पर, एक गोली, प्लास्टिक अथवा धातुनिर्मित गोली को मेज के ऊपर इस प्रकार रखें कि उसके हिलने-डुलने में किसी प्रकार की रुकावट न पड़े। तत्पश्चात् उस गोली पर अपनी दृष्टि को गढ़ा कर, उसे आगे पीछे की ओर सरकाने-हटाने अर्थात् लुढ़काने का संकल्प करें। उस समय अपने मन में यह भावना रखें कि आपकी दृष्टि शक्ति एक महीन तार की भांति है, जिसका एक सिरा गोली से चिपका हुआ है और दूसरा सिरा आपकी आंखों से सम्बद्ध है। अतः आप जैसे ही अपनी दृष्टि-शक्ति को उस गोली पर डालते हैं, वैसे ही उस गोली का इधर-उधर हिलना-डुलना, चलना तथा लुढ़कना, आरम्भ हो जाता है।

इस प्रकार दृष्टि डालते हुए मानसिक संकल्प के आधार पर उस गोली को कभी आगे की ओर ठेलने और कभी बायीं ओर हटाने का प्रयत्न करें। चूंकि आपकी दृष्टि-शक्ति पूर्वोक्त अभ्यासों के कारण बलवती हो चुकी है। अतः इस बार वह गोली आपकी दृष्टि पड़ते ही आपकी इच्छानुसार हिल-डुल तथा सरक उठेगी। जब गोली इच्छानुसार हरकत करने लगे, तब अपनी दृष्टि-शक्ति के पहले परीक्षण को सफल समझ लेना चाहिए।

छिपकली पर दृष्टिपात का अभ्यास

जब गोली पर दृष्टि-शक्ति का प्रयोग सफल हो जाये, तब दीवार पर रेंगती हुई छिपकली अथवा गिरगिट के ऊपर अपनी दृष्टि का परीक्षण करना चाहिए। दीवार पर चिपकी हुई छिपकली अथवा पृथ्वी पर स्थित गिरगिट के ऊपर अपनी दृष्टि जमाकर, उन्हें अपनी संकल्प शक्ति के सहारे मेज की गोली की तरह ही आगे-पीछे, दायें-बायें, ठेलने का प्रयत्न करें। अथवा उन्हें मृत बनायें। पूर्वोक्त अभ्यासों की सफलता के बाद ऐसा तनिक भी कठिन नहीं होगा। जब यह परीक्षण भी सफल हो जाये, तब समझ लें कि अब आपको मैस्मेरिक दृष्टि अर्थात् "बेधक-दृष्टि" से पूर्ण सफलता प्राप्त हो गई है। इसके बाद आपको हस्त-संचालन अर्थात् स्पर्श देने की क्रिया का अभ्यास करना चाहिए। पंचतन्त्र में एक दृष्टान्त आता है जब एक ऋषि ने बगुले की ओर क्रोध से देखा तो बगुला भस्म होकर नीचे गिर पड़ा। प्राप्त प्रमाणों से यह स्पष्ट है कि ऐसे दृष्टिपात का प्रयोग प्राचीन काल से ही चलता चला आ रहा है।

इच्छित व्यक्ति पर ध्यान करने की विधि

सूर्योदय से पूर्व किसी बगीचे में अथवा एकान्त में और खुले हुए स्थान में आंखें बन्द करके बैठ जायें तथा अपने मस्तिष्क से अन्य विषयों को हटाकर आकाश पर ध्यान केन्द्रित कर दें। फिर अपने मन में यह कल्पना करें कि अपनी आंखों के भीतर भी नीला आकाश ही व्याप्त हो रहा है। इस प्रकार कुछ दिनों तक अभ्यास करने के बाद अपने मन में किसी व्यक्ति का ध्यान करें तथा कल्पना करें कि जैसे वह व्यक्ति आपके सामने ही खड़ा हुआ है। यह अभ्यास भी आंखें बन्द करके ही करना चाहिए। प्रारम्भ में कुछ कठिनाई प्रतीत होगी, परन्तु कुछ दिनों के बाद आपको इच्छित-व्यक्ति की शक्ल अपनी आंखों के सामने उपस्थित दिखाई देने लगेगी।

इसी प्रकार जब एक व्यक्ति की शक्ल दिखाई देने लगे, तब दूसरे व्यक्ति की शक्ल का ध्यान करें। फिर तीसरे, चौथे, पांचवें-इस प्रकार अनेकानेक व्यक्तियों का ध्यान करते रहें। जब इच्छा करने मात्र से ही चाहे जिस व्यक्ति की सूरत आपकी आंखों के सम्मुख प्रत्यक्ष हो उठे तब प्रयोग को सफल समझना चाहिए।

बिल्ली के बच्चे पर अभ्यास

एक सुन्दर दिखाई देने वाले पालतू बिल्ली के बच्चे को किसी एकान्त स्थान में बांधकर बैठा दें और उसके मस्तक तथा आंखों पर दृष्टि को जमाना आरम्भ करें। कुछ दिनों तक यह अभ्यास करने से उस बिल्ली के बच्चे के ऊपर बेधक दृष्टि का प्रभाव पड़ने लगेगा। आपकी दृष्टि पड़ते ही बिल्ली के बच्चे को नींद आ जाये, तब यह समझना चाहिए कि यह अभ्यास सफल हो गया है। यह अभ्यास (Practice) पालतू कुत्ते के पिल्ले पर भी कर सकते हैं।

पौधों पर अभ्यास

मिट्टी के दो छोटे-छोटे गमले लेकर, उनमें मिट्टी और खाद भरकर जौ बो दें। जब दोनों गमलों में एक-एक इन्च लम्बे पौधे उग आयें, तब उन दोनों गमलों के, जो कि पास-पास रखे हुए हों, सामने खड़े होकर प्रतिदिन सुबह-शाम दृढ़ इच्छाशक्ति के साथ यह कल्पना करें कि दाईं ओर के गमले के पौधे तेज़ी से बढ़ रहे हैं तथा बाईं ओर के गमले वाले पौधे छोटे होते जा रहे हैं। ध्यान रहे कि दोनों गमलों को यथा स्थान ही रखे रहने देना चाहिए। उन्हें इधर-उधर नहीं हटाना चाहिए। कुछ दिनों तक निरन्तर यह क्रिया करने से दायीं ओर के गमले के पौधे छोटे बने रहेंगे। जब यह बात प्रत्यक्ष सिद्ध हो जाये, तब इस अभ्यास को भी सफल समझ लेना चाहिए।

सुई पर अभ्यास

• एक बड़ी स्टील की सुई के बीच में इस प्रकार धागा पिरोयें कि धागे के पकड़ने पर सुई ठीक बीच में लटकती रहे। फिर उस धागे को सुई समेत दीवार की किसी खूंटी में इस प्रकार बांध कर लटका दें कि उसका दीवार से स्पर्श न हो। यह भी स्मरणीय है कि हवा के झोंके से सुई हिलने-डुलने भी न पाये।

इसके पश्चात् सुई से कुछ दूरी पर बैठकर इतनी धीरे-धीरे सांस लें कि उसकी वायु से भी सुई न हिले। फिर अपने दायें हाथ की पांचों उंगलियों को इकट्ठा करके उस सुई के एकदम पास ले जायें, परन्तु सुई से उनका स्पर्श न होने दें। तत्पश्चात् अपने हाथ को पीछे की ओर हटाना आरम्भ करें तथा सुई पर दृष्टि जमाये हुए यह कल्पना करें कि वह सुई आपके हाथ पीछे की ओर हटाने के साथ ही खिंचती चली आ रही है। इस प्रकार कुछ दिनों तक अभ्यास करते रहने पर सुई वास्तवं में ही हाथ के साथ ही खिंचना आरम्भ कर देगी। फिर हाथ को इधर-उधर जैसे हिलाया-डुलाया जायेगा, वैसे ही सुई भी इधर-उधर होने लगेगी। जब हाथ को सुई के समीप ले जाने मात्र से सुई का हरकत करना आरम्भ हो जाये, इस अभ्यास को भी सफल हुआ समझना चाहिए।

दृढ़ इच्छा शक्ति वाला व्यक्ति आठ-दस दिन में ही.इस साधना में सफलता प्राप्त कर लेता है। यदि इतने दिनों में सफलता न मिले तो भी चिन्तित होने की आवश्यकता नहीं है। अधिक दिन तक यह अभ्यास जारी रखने से सफलता अवश्य मिल जाती है। यह प्रयोग उपरोक्त चित्र के अनुसार किसी छोटी लकड़ी की पेन्सिल को डोरी से बांधकर भी कर सकते हैं।

नेत्रों की चमक हेतु विशेष अभ्यास

एक अंधेरे कमरे में अपने मुंह के ऊपर लाल अथवा काला कपड़ा डालकर, आंखें बन्द करके बैठ जायें तथा अपने मन में दृढ़ इच्छा-शक्ति के साथ यह कल्पना करें कि आपकी आंखों के सामने सूर्य चमक रहा है। शुरू-शुरू में आंखों को कुछ कष्ट-सा अनुभव होगा तथा दम घुटने-सा लगेगा। उस स्थित में मुंह से कपड़ा हटाकर आंखों को खोल दें तथा कुछ देर विश्राम करने के उपरान्त पुनः इसी अभ्यास को आरम्भ करें। आरम्भ में यह क्रिया पन्द्रह मिनट तक

करनी चाहिए। तत्पश्चात् धीरे-धीरे समय को बढ़ाते हुए एक-आध घण्टे तक करनी चाहिए।

निरन्तर इस अभ्यास के करने पर प्रारम्भ में कुछ काले-काले बिन्दु आंखों के सामने तैरते हुए से दिखाई देंगे। फिर वे बिन्दु प्रकाशमान हो उठेंगे। और अन्त में आंखों के सामने एक तीव्र रोशनी-सी प्रकट होने लगेगी। वह रोशनी धीरे-धीरे इतनी तीव्र होती चली जायेगी कि आपकी आंखें उसे सहन कर पाने में असमर्थ हो जायेंगी। जब ऐसी स्थिति उत्पन्न हो, उस समय मुंह से कपड़ा हटाकर आंखों को खोल देना चाहिए। प्रतिदिन अभ्यास करने के उपरान्त किसी से वार्तालाप न करके सो जाना ही उचित है।

सरसों के दाने पर अभ्यास

एक राई अथवा सरसों के दाने को अपने सामने तीन-चार हाथ की दूरी पर रखकर, उसके ऊपर अपनी दृष्टि जमाएं तथा मन में दृढ़ इच्छा-शक्ति के साथ यह कल्पना करें कि वह राई अथवा सरसों का दाना न होकर, उसका एक हरा-भरा पौधा है।

इस प्रकार कुछ दिनों तक अभ्यास करने के उपरान्त पहले उस दाने में अंकुर फूटते-से दिखाई पड़ेंगे, तत्पश्चात् वह वास्तव में राई अथवा सरसों के हरे-भरे पौधे के रूप में दृष्टिगोचर होने लगेगा। जब वह दाना दृष्टि निक्षेप करते ही पौधे के रूप में दिखाई देने लगे, उस समय इस अभ्यास को सफल हुआ समझ लेना चाहिए।

पशु-पक्षियों पर मानसिक नियंत्रण

मनुष्य का मस्तिष्क तथा प्रकृति अन्य प्राणियों को जाने-अनजाने प्रभावित करते रहते हैं। प्रत्येक व्यक्ति के स्वभाव में तथा मानसिक गुणों में कुछ न कुछ भिन्नता होती है। एक ही औषधि अनेक चिकित्सक देते हैं। एक ही औषधि से कोई रोगी जल्दी स्वस्थ हो जाता है तो दूसरा देर में स्वस्थ होता है और तीसरा बिल्कुल स्वस्थ नहीं होता यद्यपि तीनों रोगियों को रोग एक ही है, रोग की स्थिति एक जैसी है और तीनों ही रोगी अपने-अपने चिकित्सकों से अपरिचित हैं। इसका एकमात्र कारण यह है कि चिकित्सक की मानसिक शक्ति रोगी को प्रभावित करती है। चाहे इस शक्ति का ज्ञान रोगी और चिकित्सक किसी को भी न हो।

इस सम्बन्ध में दूसरा उदाहरण छोटे बच्चे का लिया जा सकता है जिसे माता-पिता दोनों ही समान भाव से प्रेम करते हैं, परन्तु कहीं बच्चा मां की अपेक्षा बाप से अधिक प्रेम करता है और कहीं बाप की अपेक्षा मां से अधिक। अनेक बार देखा जाता है कि मां बच्चे की बहुत अधिक देखभाल करती है, उसकी सुख-सुविधा का ध्यान रखती है फिर भी बच्चा बाप से अधिक स्नेह मानता है और कई बार बाप से मां की शिकायत करने में भी नहीं चूकता। इसके अतिरिक्त अनेक ऐसे बच्चे देखे जाते हैं जो बाप की शक्ल देखकर उसके सामने आने में कतराते हैं, उससे भय खाते हैं, हालांकि पिता उनसे हार्दिक प्रेम करता है। माता-पिता की इस स्थिति का बच्चे के विकास पर भी प्रभाव पड़ता है।

यह बात सुनने में कुछ अटपटी-सी लगती है कि माता-पिता की मानसिक स्थिति का बच्चे के विकास पर प्रभाव पड़ता है, परन्तु यह एक वैज्ञानिक तथ्य है। इसका तर्क-संगत आधार है। जिस व्यक्ति की उपस्थिति में बच्चा भयभीत अथवा सहमा-सहमा रहता है, उसका उस बच्चे पर बहुत बुरा प्रभाव पड़ता है। उसके तंत्रिका-तंत्र पर एक आघात-सा लगता है जिसका असर आमाशय पर होता है। आमाशय की क्रिया अस्त-व्यस्त हो जाती है जिससे उसकी पाचन शक्ति बिगड़ जाती है। स्पष्ट है कि पाचन शक्ति खराब हो जाने से बच्चे की वृद्धि रुक जाती है।

यही नियम पशु-पक्षियों के साथ लागू होता है। जंगल में स्वतन्त्र घूमने वाले पशु बन्धन में रहने वाले पशुओं की अपेक्षा कहीं अधिक स्वस्थ होते हैं, हालांकि पालतू अवस्था में उन्हें भोजन उससे कहीं अधिक अच्छा और नियमित रूप से मिलता है। पशु-पक्षियों के साथ ही नहीं, पेड़-पौधों के साथ भी ऐसा होता है। एक ही भूमि पर एक-सी सिंचाई पाकर भी कुछ पौधे एक माली की देखभाल में जल्दी फूलते-फलते हैं जबकि दूसरे पौधे दूसरे माली की देख-भाल में अधिक समय लेते हैं। इससे सिद्ध होता है कि मनुष्य का मस्तिष्क दूसरे प्राणी की गतिविधियों को प्रभावशाली ढंग से प्रभावित करता है।

उपरोक्त तथ्यों के आधार पर हम दो निष्कर्षों पर पहुंचते हैं। एक तो यह कि जो पशु-पक्षी या पेड़-पौधे शब्दों या अंकों के माध्यम से विचार नहीं करते, वे भी किसी न किसी रूप में सोचते हैं और दूसरे यह कि हम अपनी मानसिक शक्ति से उन्हें किसी न किसी रूप में प्रभावित करते हैं। परन्तु ऊपर जो बच्चे तथा कुत्ते आदि के उदाहरण दिये गये है, उनमें मनुष्य की मानसिक शक्ति ने उन्हें प्रभावित तो अवश्य किया, परन्तु उस प्रभाव के पीछे उसकी कोई अन्त:प्रेरणा या इच्छा शक्ति नहीं थी। उसने उन्हें अपनी इच्छा के अनुसार प्रभावित नहीं किया।

आपकी गुप्त शक्ति

किसी भी प्राणी को प्रभावित करने की क्षमता आपकी गुप्त मानसिक शक्ति है। इस शक्ति का सफ़ल प्रयोग करने के लिए इसका विकास करना पड़ेगा, और यह विकास होगा निरन्तर अभ्यास करने से। थोड़े ही दिनों के अभ्यास से आप यह तो समझ जायेंगे कि किसी को प्रभावित करने की क्षमता आपके अन्दर है, परन्तु मनोनुकूल सफलता प्राप्त करने के लिए नियमित रूप से निरन्तर अभ्यास करना होगा।

इसका अभ्यास करने से पूर्व अपने अन्दर से जल्दबाज़ी की समस्त भावनाओं को एकदम बाहर निकाल फेंकिये। केवल काम में ही नहीं, सोच-विचार में भी जल्दबाज़ी न हो। इसके पश्चात् केवल एक ही प्रकार से बोलने का स्वभाव बनाइए। आपके स्वर में विविधता नहीं होनी चाहिए। विचारों में भी एकरूपता लाने का प्रयत्न कीजिये। ऐसा नहीं कि किसी के बारे में एक क्षण में एक विचार बनाते हैं और दूसरे क्षण में बिल्कुल दूसरा। स्वर की एकरूपता सम्मोहन (हिप्नोटिज़्म) की निद्रा का आह्वान करती है। जिसके विषय में आप एकरूपता के साथ विचार करते हैं, वह उनींदा-सा होने लगता है, वह आराम, चैन और शिथिलता का अनुभव करता है। इस स्थिति में आ जाने पर उसका मन आपकी ओर आकर्षित होता है। वह धीरे-धीरे आपकी मानसिक शक्ति के नियंत्रण में आ जाता है। जब वह पूर्णतया आपकी मानसिक शक्ति की पकड़ में आ जाता है तो आपका उस पर पूर्ण आधिपत्य स्थापित हो जाता है। यद्यपि प्रारम्भ में ही अपनी इस क्षमता को आप भली-भांति नहीं समझ सकेंगे, परन्तु धीरे-धीरे यह बात आपके सम्मुख उजागर हो जायेगी कि ऐसी शक्ति विद्यमान है और उसका प्रयोग किया जा सकता है।

मानसिक शक्ति से पशुओं को नियंत्रित करने की विधि

जिस प्रकार मनुष्य को मानसिक शक्ति से प्रभावित किया जा सकता है, लगभग उसी प्रकार से पशुओं को भी प्रभावित किया जा सकता है। एक महत्त्वपूर्ण अन्तर यह है कि किसी पशु को प्रभावित करने के लिए उसका आमने-सामने होना आवश्यक है। दूसरे, उसका पूरा ध्यान आपकी ओर होना चाहिए। यदि वह आपकी ओर ध्यान से नहीं देख रहा है अथवा आपकी बात नहीं सुन रहा है तो उसके मन में अपने आदेशात्मक मानसिक संदेशों को आरोपित करने का प्रयत्न करना अपनी शक्ति और समय का अपव्यय करना है। इस विषय में केवल आपके पालतू कुत्ते और बिल्ली ही अपवाद हो सकते हैं क्योंकि वे आपके पास से काफी दूर होते हुए भी आपके संदेशों को दूरबोध द्वारा ग्रहण करने की क्षमता रखते हैं।

किसी भी पशु को प्रभावित करने के लिए आपको योग समान मन और कर्म का तथा आवश्यकता पड़ने के लिए आपको योग के समान मन करना होगा। यह संभव है कि पशु आपके शब्दों का अर्थ न समझे परन्तु उसमें आपके बोलने के ढंग की तथा मानसिक शक्ति एवं उन धाराओं की प्रतिक्रिया होती है जो आपके मन से निकल कर उसके मन तक पहुंचती हैं। जिस प्रकार आपके द्वारा सम्मोहित किया गया व्यक्ति उस भाषा में दिये गये आदेशों का पालन कदापि नहीं करेगा जो उसके लिए अपरिचित हैं, उसी प्रकार कोई भी पशु आपके शब्दों को सुनकर उसका पालन तब तक नहीं करेगा जब तक कि आपने उसे उचित प्रशिक्षण नहीं दिया होगा। उदाहरण के लिए आप किसी अशिक्षित व्यक्ति को अपनी जेब में हाथ डालकर आदेश दें ''सिट डाउन'' (बैठ जाओ) तो वह भाव शून्य सा आपका मुंह ताकता रहेगा, परन्तु जब आप ''सिट डाउन'' कहते हुए अपने हाथ से बैठ जाने का इशारा करेंगे तो वह फौरन बैठ जायेगा। बिल्कुल

यही बात उस पशु के साथ है जो आपकी भाषा नहीं समझता। आपकी आवाज़ सुनकर थोड़ी देर के लिए वह आपकी ओर आकर्षित तो होगा परन्तु उसका अर्थ न समझकर वह फौरन ही आपकी ओर से अपना ध्यान हटा लेगा।

इन घटनाओं के अपवाद भी हैं। मान लीजिए कोई कुत्ता आप पर आक्रमण करने के लिए दौड़कर झपटता है। उस समय आपके पास इतना समय नहीं होता कि आप ऐसे शब्दों के बारे में सोच कर उसे आदेश दे सकें जिन्हें वह समझता हो। ऐसी स्थिति में बिल्कुल शांत होकर खड़े हो जाइये। अपने मन से भय को बाहर निकाल दीजिए। यदि वह कुत्ता बिल्कुल पागल न होगा तो आपका मानसिक संदेश उसे अवश्य प्रभावित करेगा और वह एकदम ठिठ्क जाएगा। आप पर आक्रमण नहीं करेगा। यदि आप अविचलित भाव से बिना पलक मारे उसकी आंखों से आंखें मिलाकर खड़े रहेंगे तो उसका सारा साहस जवाब दे जाएगा। उस समय उसकी मानसिक स्थिति वास्तव में क्या होगी, इसका विश्लेषण तो सही-सही नहीं किया जा सकता, परन्तु यह स्पष्ट है कि यदि इस समय आप अकस्मात् झुक कर जमीन पर से कोई पत्थर का टुकड़ा उठाने लगें तो वह कूं-कूं करता हुआ पागलों की तरह से वापिस सरपट दौड़ जाएगा। यद्यपि उसने आपको वास्तव में पत्थर उठाते हुए नहीं देखा, फिर भी वह कल्पना कर लेगा कि आपके हाथ में पत्थर है और आप उसे अवश्य मारेंगे।

खतरनाक जानवरों का मुकाबला कैसे करें

अनेक बार ऐसा होता है कि आप किसी सुनसान जंगल में चले जा रहे हैं। वहां अचानक आपकी दृष्टि किसी ऐसे शेर, चीते जैसे जंगली जानवर पर पड़ जाती है जो आप ही की ओर देख रहा है और सोच रहा है कि अगले क्षण वह आपको अपना शिकार बना ले। स्पष्ट है कि इस समय आप मौत के मुंह में हैं। आपके प्राण कुछ क्षणों के मेहमान हैं। ऐसी दशा में आपको क्या करना चाहिए। यह बताने से पूर्व हम आपके सामने एक सच्ची घटना प्रस्तुत करना चाहते हैं।

लगभग 30 वर्ष पहले की बात है। एक सज्जन अजमेर से पुष्कर जा रहे थे। पुष्कर अजमेर से लगभग सात मील की दूरी पर एक सुप्रसिद्ध तीर्थ स्थान है। अजमेर और पुष्कर के बीच में एक घाटी पड़ती है जिसे पुष्कर की घाटी कहा जाता है। यहां पहाड़ों को काटकर रास्ता बनाया गया है। इस घाटी को पार करने के लिए सड़क भी बनी हुई है जिस पर होकर वाहन जाते हैं और बीच में से होकर पगडण्डी गई है जिस पर यात्री लोग प्रायः पैदल जाते हैं। इस पैदल मार्ग से रास्ता लगभग आधा रह जाता है।

संध्या का झुटपुटा होने को था। हमारे मित्र घाटी में से होकर पैदल जा रहे थे कि उन्हें रास्ते में एक चीता बैठा दिखाई दिया जो उन्हीं की ओर टकटकी बांधे देख रहा था। पहली दृष्टि पड़ते ही उनके मन में सन्नाटा खिंच गया। आगे बढ़ने पर चीते के आक्रमण की आशंका थी और लौटने पर मृत्यु निश्चित थी क्योंकि वे चाहे कितना ही तेज दौड़ते, चीते की चपेट से नहीं बच सकते थे। उन्होंने तत्काल निश्चय कर अपने मन से भय को दूर भगाया और मस्तिष्क को सब प्रकार के विचारों से खाली कर लिया और निर्भय होकर उसी चाल से अपनी चाल में कोई परिवर्तन लाए बिना चीते की ओर सीधे बढ़ते चले गए। चीता उनकी और निर्विमेष दृष्टि से देख रहा था। वे उसकी ओर टकटकी लगाए मन्द-मन्द मुस्कराते हुए बढ़ते चले जा रहे थे। उनकी दृष्टि जहां निर्भयता की घोषणा कर रही थी, वहीं मन्द-मन्द मुस्कान मैत्री का संदेश दे

रही थी। चीता उन्हें घूरता रहा। वे उसी चाल से बिना भयभीत हुए या पीछे मुड़े-खाली मस्तिष्क से आगे बढ़ते चले गये। केवल कनखियों से उसकी ओर अवश्य देखते रहे। इस प्रकार उन्होंने इस विपत्ति से छुटकारा पा लिया।

यह अचूक तरीका है जिससे खतरनाक पशुओं का मुकाबला किया जा सकता है। चाहे शेर हो या चीता या भयंकर विषधर। उसे यह आभास मत होने दीजिए कि आप उससे भयभीत हो गए हैं। अपने मानसिक विचारों द्वारा उस पर नियंत्रण स्थापित करने का प्रयत्न भी मत कीजिए। उसे केवल ऐसा आभास दीजिए कि आप ऐसे मृत व्यक्ति हैं जो चल तो सकते हैं, परन्तु सोच-समझ नहीं सकते। आपके मन में कोई भाव, विचार या भय नहीं है। यदि वह अपनी पशु-बुद्धि से आपके मस्तिष्क में उठने वाले विचारों को पढ़ना चाहे तो उसे यह देखकर हैरानी होगी कि मस्तिष्क बल्कि खाली है। आपके विचार शून्य मस्तिष्क को देखकर वह परेशान ही नहीं हो जाएगा, बल्कि स्वयं भयभीत भी हो जायेगा क्योंकि वह यह नहीं समझ पायेगा कि आपके मन में क्या है और आप क्या करना चाहते हैं। जब वह आपके विषय में किसी निष्कर्ष पर नहीं पहुंच सकेगा, तो वह आप पर आक्रमण करने का साहस नहीं कर सकेगा।

प्रशिक्षक सिंह के पिंजरे में कैसे घुस जाते हैं

यह तो सभी जानते हैं कि सर्कस में शेरों का खेल दिखाने वाले शेरों के प्रशिक्षक जिन्हें रिंग मास्टर कहा जाता है—शेरों के पिंजरे में निर्भय होकर घुस जाते हैं। जंगल का राजा कहा जाने वाला बब्बर शेर—जो आदमी को देखते ही चीर-फाड़ कर खा जाता है—पालतू कुत्ते की तरह उसके आदेशों का पालन करता है। उसके मुंह में आदमी का—रिंग मास्टर का—सिर आ जाने पर भी वह उसमें दांत गढ़ाने का साहस नहीं कर सकता। ऐसा क्यों होता है? इसका एकमात्र उत्तर है कि जब वह पिंजरे में प्रवेश करता है तो अपने को निर्भय बनाकर मन मस्तिष्क को विचारों से खाली कर लेता है।

मानसिक शक्ति को संचित और संगठित करके जब उसका प्रयोग किसी पर किया जाता है तो वह सबसे अधिक प्रभावशाली शक्ति बन जाती है। आकस्मिक संप्रेषण से वह दूसरें व्यक्तियों या प्राणियों को स्तब्ध कर देती है। जब आप उनकी ओर देखते हैं, सोचते हैं या उससे भय अनुभव करते हैं तो वे अपने आपको आपसे अधिक महत्त्वपूर्ण और बलवान समझने लगते हैं। उन्हें ऐसा प्रतीत होता है कि आपको आसानी से अपना शिकार बनाया जा सकता है। जब आप उसमें कोई रुचि प्रदर्शित नहीं करते, उन्हें कोई महत्व नहीं देते तो वे अपने आपको नगण्य समझने लगते हैं।

स्मरण रहे, यह बात उन पशुओं के साथ लागू नहीं होती जो किसी पेड़ के पीछे या आड़ में छिप कर आपके ऊपर आक्रमण करने के लिए बैठे होते हैं, क्योंकि उस समय आपको उनकी उपस्थिति का ज्ञान नहीं होता। आप अपनी मानसिक शक्ति का प्रयोग तभी कर सकते हैं जबकि वह आपके सामने हो और आप दोनों को एक-दूसरे की उपस्थिति का ज्ञान हो।

जिस समय प्रशिक्षक शेरों के पिंजरे में घुसता है तो वे उसकी ओर देखकर गुर्राते हैं और अपना विरोध प्रदर्शित करने के लिए अपने पंजों को उठाते हैं तो वह इन बातों की परवाह नहीं करता। उस समय वह अपना ध्यान अपने हाथ की कुर्सी, कोड़े और पिस्तौल पर शान्तिपूर्वक केन्द्रित रखता है। वह एकदम जंगली पशुओं को कोई आदेश नहीं देता। पहले वह बिना भयभीत और उत्तेजित हुए उनकी ओर इस प्रकार देखता है जैसे कोई व्यक्ति अपने चिरपरिचित मित्रों

से स्नेहपूर्वक मिलता है। वह उन्हें ऐसा आभास नहीं होने देता कि वह उन्हें कोई आदेश या दण्ड देने के लिए आया है। उन्हें केवल ऐसा प्रतीत होता है कि प्रशिक्षक केवल एक मित्र के नाते उनसे मिलने आया है। किसी भी भयंकर जंगली पशु को इसी प्रकार के रवैये से अपने अनुकूल बनाया जा सकता है। इतना सब कुछ करते हुए भी वह इन पशुओं के आक्रमण के विरुद्ध सतर्क रहता है, परन्तु वह अपनी इस मानसिक स्थिति को अपने शारीरिक लक्षणों को किसी भी ढंग से प्रकट नहीं होने देता। उसके इस व्यवहार से वे जंगली पशु यह समझने के लिए विवश हो जाते हैं कि उनके प्रशिक्षक के मन में नाममात्र का भी भय या परेशानी नहीं है, उनकी उपस्थिति उसे किसी भी प्रकार से प्रभावित नहीं कर रही है, और यदि उस पर आक्रमण किया जायेगा तो वह अपनी रक्षा कर सकेगा।

जंगली पशुओं के पिंजरे में प्रवेश करके उनका प्रशिक्षक धीरे-धीरे निश्चिन्त भाव से उनकी ओर बढ़ता है। उसके हाथ की कुर्सी थोड़ी ऊंची उठी हुई होती है, ताकि यदि कोई उस पर अकस्मात् आक्रमण कर दे तो वह उससे अपनी रक्षा कर सके। परन्तु अपने मस्तिष्क में वह इस विचार को दृढ़तापूर्वक संजोए रखता है कि कोई पशु उस पर आक्रमण करने का साहस नहीं कर सकेगा। इतना होने पर भी यदि कोई पशु आक्रमण कर ही दे तो वह अपनी कुर्सी की सहायता से उसका निवारण कर देता है और फिर उस विचार को अपने मस्तिष्क से निकाल फेंकता है। उस घटना को बिल्कुल भूल जाता है। अपनी आंखों या मस्तिष्क में बेचैनी या भय के कोई चिन्ह नहीं रहने देता। चाहे शेर कितनी ही ज़ोर से गरजे या गुर्राए, वह बिल्कुल चिन्ता नहीं करता है और उत्तेजित तो किसी भी दशा में नहीं होता।

किसी पशु (बिल्ली, कुत्ता, बकरी अथवा गाय) पर अपनी बेधक दृष्टि का प्रभाव डालने का अभ्यास इस प्रकार करें जो पशु किसी दूसरी ओर मुंह किये हुए खड़ा है, उस पर अपनी दृढ़ इच्छाशक्ति के साथ बेधक-दृष्टि डालते हुए यह कल्पना करें कि वह पशु आपकी ओर देख रहा है। अथवा यदि वह बैठा हुआ है तो उठकर आपकी ओर आ रहा है। निरन्तर अभ्यास करने से इस साधना में भी सफलता प्राप्त हो जाती है तथा दृष्टि-निक्षेप करने मात्र से ही वह पशु आपकी ओर देखने लगेगा अथवा यदि बैठा हुआ होगा तो अपने स्थान से उठकर आपके समीप आ जायेगा। जब इसमें सफलता प्राप्त हो जाये तब उस पशु को अपनी इच्छानुसार उठाने-बैठाने, चलाने आदि के प्रयोग करने चाहिएं। जब ये सभी कार्य होने लगें, तब इस अभ्यास को पूर्ण हुआ समझना चाहिए।

सम्मोहन की दृष्टि से पशुओं में सर्वप्रथम गाय के ऊपर अभ्यास करना अच्छा रहता है। क्योंकि गाय सीधा व सरल जानवर है। उसके पश्चात् क्रमशः बकरी, कुत्ता, तथा बिल्ली पर अभ्यास करना चाहिए। जब इन चारों पशुओं पर अभ्यास सिद्ध हो जाये, तब अन्य पशुओं पर भी यह अभ्यास किया जा सकता है। यहां तक कि हाथी तथा सिंह, बाघ आदि पर भी इस अभ्यास को बेझिझक प्रयोग में लाया जा सकता है। जब स्थिर बैठे हुए पशुओं पर अभ्यास सिद्ध हो जाये, तब चलने-फिरने वाले अथवा हिरण आदि दौड़ लगाने वाले पशुओं पर इसी अभ्यास को करना चाहिए। ऐसे सम्मोहन प्रयोग सबसे पहले सीधे व सरल जानवरों पर करने चाहिएं, उसके बाद चालाक जानवर बिल्ली, कुत्ते इत्यादि पर तत्पश्चात् हिंसक जानवर शेर, चीते, हाथी, भालू इत्यादि पर सम्मोहन का प्रयोग करना चाहिये।

पक्षी पर सम्मोहन

जानवरों पर सम्मोहन में सफलता प्राप्त होने पर पक्षी पर सम्मोहन का अभ्यास करना चाहिए। आकाश में उड़ते हुए किसी पक्षी पर अथवा पृथ्वी पर दौड़ते हुए किसी पशु पर अपनी बेधक-दृष्टि डालते हुए यह चिन्तन करो कि उड़ता हुआ पक्षी नीचे उतर आये अथवा भागता हुआ पशु जहां हो, वहीं ठहर जाये।

कुछ दिनों तक निरन्तर यह क्रिया करने से पशु-पक्षियों का जहां का तहां ठहर जाना आरम्भ हो जायेगा। तब ''इस साधना में भी सफलता प्राप्त हो गई''—ऐसा समझना चाहिए। पर यह बात किसी को प्रकट नहीं करनी चाहिये।

चुम्बक पर सम्मोहन

काले रंग के एक चुम्बक की छड़ को पृथ्वी से तीन फुट की ऊंचाई पर छत के सहारे लटका दें। तत्पश्चात् उसके सामने खड़े होकर, उसके ऊपर दृष्टि गढ़ा दें, साथ ही अपने मस्तक को गोलाकार घुमाते जायें, परन्तु मस्तक को घुमाते समय यह ध्यान रखें कि आपकी दृष्टि उस चुम्बक के टुकड़े से क्षण भर को भी हटने न पाये। नित्यप्रति 10 मिनट तक इस अभ्यास को करें। बीस-पच्चीस दिन तक नियमित रूप से इस अभ्यास को करते रहने पर आंखों की चुम्बकीय शक्ति अत्यधिक बढ़ जाती है। चूंकि मैस्मेरिज्म के साधक को तीव्र 'बेधक-दृष्टि' शक्ति-सम्पन्न होना अत्यावश्यक है, अतः उस शक्ति को बढ़ाने में पूर्व कथित सभी अभ्यास अत्यन्त सहायक होते हैं। जिन्हें क्रमशः करना चाहिये।

सम्मोहन सीखने के इच्छुकों के लिए यह अत्यन्त आवश्यक है कि वे जिस समय जिस अभ्यास को भी कर रहे हों, उस समय मन में दूसरे विचारों को न आने दें। क्योंकि चित्त की एकाग्रता ही अभ्यास की सफलता की कुंजी है। प्रत्येक अभ्यास को करते समय अपने मन में यह संकल्प निरन्तर दुहराते रहना चाहिए कि मैं जिस अभ्यास को कर रहा हूं, उसमें मुझे सफलता अवश्य प्राप्त होगी। आरम्भ में सफलता न मिलने पर अभ्यास को बीच में ही नहीं छोड़ देना चाहिए और न किसी प्रकार के अधैर्य का परिचय ही देना चाहिए। बल्कि और भी अधिक दृढ़ आस्था तथा विश्वास के साथ उस अभ्यास को चालू ही रखना चाहिए। ऐसा करने पर सफलता चाहे देर में ही सही परन्तु प्राप्त अवश्य होगी। यह भी आवश्यक है कि जिस अभ्यास को जिस समय करें, नित्यप्रति उसी समय पर ही उस अभ्यास को करना चाहिये।

दृष्टि-साधना प्रयोग

साधक द्वारा बिना पलक झपकाये किसी एक वस्तु की ओर बहुत देर तक एकटक देखते रहने का अभ्यास करना—"दृष्टि-साधना" कहा जाता है। हमारे देश के तंत्र-शास्त्र में दृष्टि-साधना की और भी अनेक युक्तियां हैं। उनका प्रयोग अगर मंत्र-शास्त्र के साथ किया जाये तो वे और अधिक लाभदायक हो सकती हैं। "**हठयोग**" और "**त्राटकयोग**" आदि योग-साधना के ग्रन्थों में उल्लिंखित है कि इस दृष्टि-साधना और मंत्र-शक्ति के द्वारा आंखों की मोहिनी-शक्ति पायी जा सकती है। प्रमाण-स्वरूप योगाम्बुधि का निम्नलिखित श्लोक उद्धृत है—

निमेषोन्मेषं त्यक्त्वा सूक्ष्म लक्ष्यं निरीक्षयेत्।
यावद्श्रूणि पतंति त्राटक प्रोच्यते बुधैः॥
एवमभ्यासयोगेन शांभवी जायते ध्रुवम्।
नेत्ररोगा विनश्यंति दिव्यदृष्टिः प्रजायते॥

हिन्दू धर्म हर प्रकार से आध्यात्मिक नींव पर खड़ा है। लेकिन आध्यात्मिक विद्या को हम लोगों ने भुला दिया है। पाश्चात्य शिक्षा के प्रभाव से हम जड़ (नश्वर) पदार्थों की चर्चा में ही हमेशा लगे रहते हैं, इसी से हमारी आध्यात्मिक बुद्धि भी जड़ पदार्थों की तरह स्थूल हो गयी है। यही कारण है कि अनेक लोग मंत्र-शक्ति को एक कुसंस्कार के अलावा और कुछ नहीं समझते। लेकिन जिनके दिखलाये रास्ते पर चलकर हम लोग इन बातों का मजाक उड़ाते हैं, वे पाश्चात्य विद्वान् भी अब इस बात पर विश्वास करने लगे हैं। सच्चाई छिप नहीं सकती। पाश्चात्य विद्वान् भी इस बात पर विश्वास कर स्वीकार करते हैं कि विशेष विधि से उच्चारण किये हुये प्रमुख शब्दों के द्वारा खास-खास काम हो सकते हैं। यूरोप और अमेरिका में इसके लिये बहुत सी आध्यात्मिक अनुसंधान समितियां स्थापित हुई हैं। मन्त्रों की ध्वनि एवं शब्द-शक्ति के बारे में देश-विदेश में बहुत काम हुआ है।

विचार सम्प्रेषण : एक वैज्ञानिक सत्य

> ***टेलीपेथी वास्तव में एक संज्ञान है, जो देशकाल वातावरण के दबाव में उभर आता है और मनुष्य को भविष्य की घटनाओं का बोध हो जाता है।***

"टेलीपेथी" आज एक वैज्ञानिक सत्य के रूप में स्थापित हो चुका है। साधना रहस्य का यह आयाम मनुष्य की आभ्यांतर शक्ति से संबंधित है। इसके निरंतर अभ्यास से मनुष्य बिना किसी वैज्ञानिक उपकरण या साधन के अपने विचारों और भावों को दूसरों तक सम्प्रेषित कर सकता है साथ ही किसी के भी अंतस्तल में पैठकर वह उसके गुप्त प्रभावों को भी जान सकता है। वस्तुतः टेलीपेथी पूर्वाभास का ही एक रूप है।

टेलीपेथी के द्वारा हम अपने घनिष्ठ प्रियजनों के बीच आंतरिक एकात्मकता स्थापित कर सकते हैं। प्रकृति ने प्रत्येक मनुष्य के भीतर एक ऐसी शक्ति प्रच्छन्न कर दी है कि उसके द्वारा कोई भी विलक्षण कृत्य कर सकता है। यह शक्ति-जाने अनजाने सभी को प्रभावित करती है और अपने अस्तित्व को बोध कराती रहती है। किसी अनजान शहर पहुंचकर हम भयभीत होते हैं कि क्या होगा? ऐसे क्षणों में तहे-दिल से हम अपने किसी घनिष्ठ मित्र को स्मरण करते हैं, जिसके वहां उपस्थित होने की कोई संभावना नहीं होती। हमें आश्चर्य तो तब होता है जब उस अनजान शहर में हमारा वह मित्र हमें नज़र आ जाता है और हमारी अपेक्षित सहायता करता है। इसे टेलीपेथी का एक जीवंत उदाहरण कहा जा सकता है।

प्राचीन ऋषि-मुनियों को यह विद्या सहज ही सिद्ध थी। समाधि की अवस्था में वे ब्रह्माण्ड के किसी भी कोने की कोई भी सूचना ला सकते थे तथा ब्रह्माण्ड के किसी भी कोने में अपनी सूचना सम्प्रेषित कर सकते थे। खेद का विषय है कि आधुनिक भारत अपनी इस पुरातन विद्या को विस्मृत कर चुका है, जबकि पाश्चात्य देशों में इसके विविध आयांमों का विकास किया जा रहा है। यहां प्रारंभिक साधना के रूप में दो अलग-अलग कमरों में बैठे लोग अपने विचारों को परस्पर सम्प्रेषित करने का अभ्यास करते हैं। साधना की उच्चावस्था में वे एक-दूसरे के विचारों को सही-सही ढंग से पकड़ने में सफल हो जाते हैं। मनोविज्ञान से संबंधित होने के कारण टेलीपेथी में ऐसा माना जाता है कि "बेतार के तार" की तरह मनस तत्व संपूर्ण ब्रह्माण्ड में फैला होता है। कोई साधक अपने भावों को दूरस्थ बैठे व्यक्ति तक सम्प्रेषित करना चाहता है, तब क्या होता है? उसके मन से भावों की एक तरंग उठती है और दूसरे वांछित मनुष्य के मानस क्षेत्र में वह प्रविष्ट हो जाती है। यह ठीक उसी प्रकार से होता है जैसे कोई भ्रमर एक पुष्प के सौरभ को लेकर उड़ता है और दूसरे पुष्प में उसे बिखेर देता है।

पाश्चात्य देशों से टेलीपेथी से संबंधित अनेक उदाहरणों का संग्रह "कानिस्टल वाटर एपीसोड" नामक शोध प्रबंध में किया गया है तथा उनका परीक्षण करते हुए यह निष्कर्ष किया गया है कि मनुष्य की अतींद्रिय क्षमताओं के विकास की यह फलश्रुति है।

1980 के प्रातः की घटना है। नार्थ इंग्लैंड के कास्टिन वाटर शहर में श्री आर्थर जॉन सेवर्न अपनी पत्नी के साथ रहते थे। उन्हें नौका विहार का बड़ा शौक था। प्रतिदिन प्रातःकाल वे

नियमानुसार नौका विहार के लिए जाया करते थे। उस रोज प्रातःकाल श्रीमती जॉन सेवर्न की नींद अचानक ही खुल गयी। उन्हें ऐसा महसूस हुआ, जैसे किसी ने उसके जबड़े पर तीव्र प्रहार किया हो, जिससे उनका मुख रक्त-रंजित हो उठा है। रुमाल से मुंह-पोछने पर न तो कहीं रक्त का कोई कतरा मिला, न ही दर्पण देखने पर प्रहार का कोई चिन्ह दिखा। उस समय उनके पति श्री आर्थर जॉन सेवर्न नौका विहार के लिए जा चुके थे। श्रीमती जॉन सेवर्न ने नाश्ते की टेबल सजाई और अपने पति का इंतजार करने लगी। थोड़ी देर में श्री आर्थर जॉन सेवर्न नौका विहार से लौटे और नाश्ता करने बैठ गये। वे बार-बार अपनी पत्नी के रुमाल को मुंह से लगाने लगे। जैसे कोई अपनी पीड़ा सहलाने के लिए करता है। श्रीमती जॉन सेवर्न ने मनोविनोद में पूछा—"क्या बात है, आज मुझ पर तुम्हारा इतना प्यार कैसे उमड़ रहा है जो मेरे रुमाल का बार-बार चुंबन ले रहे हो।"

उस समय श्री आर्थर जॉन सेवर्न ने जो कहानी सुनाई, उसे सुनकर श्रीमती जॉन सेवर्न भौंचक्की रह गयीं और यह मानने के लिए विवश हो गयीं कि कोई अतिंद्रिय शक्ति अवश्य है जिसने समय पर उनके पति की सहायता की और एक भीषण मुसीबत से उनके पति के प्राणों की रक्षा हो गयी।

श्री आर्थर जॉन सेवर्न ने बताया—"आज नौका-विहार के समय मैं एक भारी आफत में फंस गया था। आज मुझे जैसे नव-जीवन प्राप्त हुआ है। आज नौका विहार के समय अचानक भयावह चक्रवाती तूफान उठा। उत्ताल तरंगाघातों से हमारी नौका असंतुलित होकर डगमगाने लगी थी। मैं हवा में उछलकर नौका में बैठे एक कृषक पर गिर पड़ा था। इस पर क्रोधित होकर उसने मेरे जबड़े पर एक मुक्का जड़ दिया। मेरा मुख लहु-लुहान हो उठा। उस समय मैंने मन ही मन तुम्हें सहायता के लिए पुकारा था। तूफान थमने पर अब मैं घर लौटा हूं।"

श्रीमती जॉन सेवर्न यह सुनकर चकित रह गयीं और यह सोचने के लिए विवश हो गयीं कि जिन क्षणों में नौका पर सवार कृषक ने उनके पति के जबड़े पर प्रहार किया होगा, उन्हीं क्षणों में उनकी नींद टूटी और उन्होंने यह महसूस किया कि उनके जबड़े पर किसी ने प्रहार किया है और उनका मुख रक्त-रंजित हो उठा है।

पायलट बाबा के नाम से विख्यात भारतीय योगी ने अपने जीवन के संस्मरणों का वर्णन करते हुए लिखा है "मैं तब संन्यासी नहीं बना था और भारतीय-वायु सेना में नौकरी करता था। उस रोज मौसम खराब था और वातावरण में चारों तरफ धुंध छाई थी। मैं अभ्यास के लिए अपना जहाज लेकर उड़ चला। धुंध के कारण मुझे पता ही नहीं चला कि मेरा जहाज़ पाकिस्तान की सीमा अतिक्रमित करने वाला है। उस समय मुझे लगा, जैसे कोई मेरे कानों में फुसफुसा कर कह रहा हो—"लौट जाओ। आगे खतरा है। तुम पाकिस्तान की सीमा में पहुंच गये हो।" ऐसा अनुभव कई बार हुआ, किन्तु मैंने ध्यान नहीं दिया। फिर क्या देखा—सामने पर्वत है और मेरा जहाज़ उससे टकराने वाला है। उन्हीं रोमांचक क्षणों में ड्राइविंग सीट की खिड़की में मैं साफ देख रहा था, सामने एक दिव्य विभूति प्रकट हुई। जैसे हिमालय की कंदरा से निकलकर कोई सिद्ध तपस्वी वहां प्रकट हो गया हो। उसने कुछ संकेत किया तो मेरा जहाज़ अंधर हवा में रुक गया। वह तपस्वी हवा में जैसे उड़ते हुए जहाज़ तक पहुंचा फिर ड्राइविंग कक्ष का द्वार खोलकर मुझे बाहर खींच लिया। दोनों हाथों से मुझे थामे वह तपस्वी आकाश से नीचे उतरा और उसने मुझे धरती पर स्थिर कर दिया। उसी समय भयानक विस्फोट हुआ। मेरा जहाज पर्वत से टकराकर चकनाचूर हो गया था। मैं धरती पर सुरक्षित खड़ा था और वे तपस्वी कहीं अदृश्य हो गये थे।"

कहा जाता है कि वे तपस्वी कोई और नहीं पायलट बाबा के सद्‌गुरु थे जिन्होंने विपत्ति के उन क्षणों में प्रकट होकर पायलट बाबा के प्राणों की रक्षा की थी। उस घटना के बाद से ही पायलट बाबा ने भारतीय वायु सेना की नौकरी से त्याग-पत्र दे दिया था और संन्यास के पथ पर अग्रसर हो गये थे। बाबा को जीवन की निसारता का बोध हो गया था और अब वे परम तत्व को प्राप्त करना चाहते हैं। बतलाते हैं उक्त घटना के बाद सद्‌गुरु ने पायलट बाबा को तत्काल दीक्षा नहीं दी, बल्कि उनके अदृश्य होने के बाद पायलट बाबा वर्षों हिमालय परिक्षेत्र में उन्हें खोजते रहे। जब भी वे रास्ता भटक जाते तो कोई उनके कानों में स्पष्ट शब्दों में कहता था—"नहीं, इधर से नहीं वत्स, उस रास्ते से चलो।" यह अनुभूति निरंतर बाबा के साथ तब तक रही, जब तक कि उन्होंने सद्‌गुरु को स्थूलतः प्राप्त न कर लिया।

प्रसिद्ध फ्रांसीसी विद्वान कैमायल प्लैमेरियन ने अपने ग्रंथ "लिनकोनू" में लिखा है कि तीव्र संवेदना के क्षणों में आनेवाली विपत्ति की जो पूर्व सूचना मिलती है, वह टेलीपेथी है। इसे एक उदाहरण के द्वारा समझाया गया है। पेरिस में एक गृहिणी श्रीमती बेंजाइन ने अपनी मित्र-मंडली को प्रीतिभोज के लिए आमंत्रित किया था। उस दिन वातावरण शांत और मौसम स्वच्छ था। अचानक आंधी के झोंकों में खिड़की के पट खुलने और बंद होने लगे। श्रीमती बेंजाइन के पति शिकार के लिए गये हुए थे। हवा के झोंकों के साथ ही श्रीमती बेंजाइन का हृदय तीव्र गति से धड़कने लगा। फिर उन्हें ऐसा महसूस हुआ जैसे कुछ लोग आकाश में एक ताबूत को उठाये चले आ रहे हैं। श्रीमती बेंजाइन ने किसी भावी अनिष्ट की आशंका में पार्टी स्थगित कर दी। सचमुच, कुछ समय के उपरांत कुछ लोग श्री बेंजाइन का शव उठाए हुए वहां प्रविष्ट हुए। श्री बेंनजाइन की किसी ने गोली मारकर हत्या कर दी थी।

"लिनकोनू" ग्रंथ में एक अन्य उदाहरण फ्रांस की थलसेना में कार्यरत कैप्टन सेनेगल के जीवन से संबंधित है। 1886 की एक रात्रि की घटना है। कैप्टन सेनेगल अपने शयन-कक्ष में निद्रा निमग्न थे। अचानक उन्हें महसूस हुआ कि कोई उनकी छाती पर सवार हो गया है। भयभीत होकर कैप्टन सेनेगल ने अपनी आंखें खोल दी है। वे बिस्तर पर उठ बैठे। देखा सामने उनकी दादी मां खड़ी है और कह रही है—"बेटे! मैं तुझे अलविदा कहने आई हूं। अब तू मुझे कभी देख नहीं सकेगा।" कैप्टन सेनेगल बिस्तर से नीचे उतरकर जैसे ही अपनी दादी मां की ओर आगे बढ़े, वे अदृश्य हो गयीं। कैप्टन सेनेगल फिर सो नहीं पाये। भांति-भांति की कुशंकाओं ने उनके हृदय को आंदोलित कर रखा था। किसी तरह रात बीती। प्रातः होते ही कैप्टन सेनेगल को एक टेलीग्राम मिला, जिसमें उनकी दादी की मौत की सूचना दी गयी थी। इस उदाहरण से यह स्पष्ट होता है कि जिस समय कैप्टन सेनेगल की दादी की मौत हुई, ठीक उसी समय सूक्ष्म रूप में वे कैप्टन सेनेगल को अलविदा कहने आई थी।

"बीयांड टेलीपेथी" नामक ग्रंथ के लेखक एंट्रिजा पुहेरिव ने बोस्टन शहर के एक वेल्डिंग करने वाले कर्मचारी जैक सुलेवन के जीवन की एक अत्यंत आश्चर्यजनक घटना का उल्लेख किया है। एक बार जैक सुलेवन वाशिंगटन शहर की एक सड़क पर काम कर रहा था। वहां उसका कोई अन्य सहायक उस समय नहीं था। काम करते हुए दुर्भाग्यवश जैक सुलेवन के पैर फिसले और कीचड़ की एक नाली में गिरकर वह भीतर धसने लगा। जीवन और मृत्यु से जूझते हुए उस समय जैक सुलेवन को अपने मित्र मिट्टेकर का स्मरण हो आया, जिन्होंने अनेक संकटों पर उसकी सहायता की थी। सचमुच, यह एक विचित्र सत्य है कि जिन क्षणों में जैक सुलेवन सहायता के लिए अपने मित्र को याद कर रहा था, उन्हीं क्षणों में मिट्टेकर के हृदय में ऐसी

तीव्र हलचल हुई कि वह अनजाने भाव से उसी सड़क की ओर चल पड़ा, जहां उसका मित्र नाली में लगभग डूब चुका था। उसके दोनों हाथ कीचड़ से ऊपर उठे थे। मिट्टेकर ने तत्काल दौड़कर अचेतनावस्था में अपने मित्र जैक सुलेवन को नाली के कीचड़ से बाहर निकाला और इस प्रकार उसके प्राणों की रक्षा की।

उपर्युक्त उदाहरणों से यह निश्चित होता है कि टेलीपेथी एक सशक्त वैज्ञानिक विद्या है, जिसके द्वारा हम भविष्य की बातें जान सकते हैं। विपत्तियों के बारे में जानकर हम उनसे बचने के उपाय कर सकते हैं। टेलीपेथी के द्वारा केवल विपत्तियों की पूर्व जानकारी मिलती है—ऐसा कहना एकांगी मत होगा। हमें जीवन के मांगलिक कार्यों की भी पूर्व सूचना टेलीपेथी के द्वारा मिल जाती है। कभी ऐसी सूचनाएं तीव्रतर संवेदनाओं के द्वारा होती हैं तो कभी स्वप्नों के माध्यम से पूर्वाभास हो जाता है। सामान्यत: यदि हम अपने पितरों को स्वप्न में देखें अथवा जागृत अवस्था में भी यदि छायाभास हो तो परिवार में कोई मांगलिक कार्य संपन्न होता है ऐसा समझना चाहिए।

टेलीपेथी वास्तव में एक संज्ञान है जो देशकाल वातावरण के दवाब में उभर जाता है और मनुष्य को भविष्य की घटनाओं का बोध हो जाता है। इस रहस्यपूर्ण विद्या के विकास के लिए निरंतर अभ्यास की आवश्यकता होती है। किसी स्थान पर सुखासन में बैठकर या आराम से लेटकर अपने विचारों और भावों को आत्म केंद्रित करना चाहिए। जब ऐसा अनुभव हो कि मेरे मस्तिष्क में कोई विचार नहीं है या हृदय भावों से शून्य हो गया है, तब किसी एक निश्चित विचार को मस्तिष्क में पैदा करना चाहिए। ऐसी भावना होनी चाहिए कि जो विचार पैदा हुआ है वह वायु-तरंगों में तैरता हुआ एक निश्चित व्यक्ति तक पहुंच रहा है। विचार-सम्प्रेषण की इस मानसिक विधि में कुछ अभ्यास के अनंतर आप देखेंगे कि जिस व्यक्ति को आप जो विचार सम्प्रेषित कर रहे हैं, वह उन्हें ग्रहण कर रहा है और अपनी प्रतिक्रिया भी व्यक्त कर रहा है।

"आत्म सम्मोहन" टेलीपेथी को विकसित करने का सशक्त माध्यम हो सकता है। आत्म सम्मोहन की अवस्था में यदि आप स्वयं को निर्देशित कर सकते हैं तो दूसरों को भी निर्देशित कर सकते हैं। इसके द्वारा आप किसी बुरे मनुष्य के आचरण में सुधार कर सकते हैं। विश्व में ज्ञान युग का प्रवर्तन करनेवाले अंतर्राष्ट्रीय ख्याति प्राप्त महर्षि महेश योगी का दावा है कि एक स्थान पर बैठकर कुछ लोग जब "भावातीत ध्यान" करते हैं, अपने भीतर सतोगुण का विकास करते हैं तो उस स्थान के चतुर्दिक शुद्ध भावनाओं का प्रवाहण होने लगता है। इसका परिणाम यह होता है कि उस सामाजिक परिवेश से बुराइयां खत्म होती हैं। हिंसा, उन्माद, लोभ, घृणा, जैसे भाव धीरे-धीरे विलुप्त होने लगते हैं। और सामान्य जनता के मन में आपसी भाई चारे, सहिष्णुता, मैत्री और प्रेम के भावों का संचार होने लगता है।

महर्षि महेश योगी जिसे "भावातीत ध्यान" कहते हैं, वह वस्तुत: आत्म सम्मोहन अथवा टेलीपेथी के अभ्यास का एक उन्नत क्रम प्रतीत होता है। इस ध्यान पद्धति में मनुष्य का मन समस्त गुणों से परे चला जाता है। तब आत्म चैतन्य स्वत: झलकने लगता है। आत्म चैतन्य की अवस्था में योगी समाज को जैसे निर्देश देगा, उसका अनुपालन होगा।

टेलीपेथी से बुरों को यदि सुधारा जा सकता है तो अच्छों को बिगाड़ा भी जा सकता है। आत्म-सम्मोहन की अवस्था में यदि आप लगातार किसी को बद्दुआ देंगे तो संबंधित व्यक्ति का अपकार भी हो सकता है।

अभिचारिक कर्म कांड में होता क्या है? हम अपनी तीव्र घृणा और हिंसा की भावनाओं को अपने शत्रु पर प्रक्षेपित करते हैं और उसका अपकार करने में सफल हो जाते हैं। जादु, टोना,

टोटका सबका यही रहस्य है। आप इसे आदिम मानव का अंध-विश्वास कह सकते हैं। अंध-विश्वास तो है ही यह सब! किन्तु गहराई से विवेचना करें तो अंध-विश्वासों के पीछे जो दृढ़ता का भाव होता है, यह भाव ही अंध-विश्वासों को फलीभूत करता है वर्ना मारण-तंत्र में नींबू को काट देने मात्र से अथवा मिट्टी की मूर्ति को पिन आदि चुभोने से संबंधित शत्रु की हिंसा नहीं होती, किसी की नज़र पड़ने मात्र से कोई बच्चा रोने न लगता या ज्वर से पीड़ित न होता। ऐसा होता है विचारों के सम्प्रेषण से अर्थात् विचार सम्प्रेषण की भी एक शक्ति होती है।

जो भी कल्पना अथवा विचार हमारे अर्न्तमन में प्रवेश करता है, वह सच निकलता है। यह सिद्धान्त है, और इसी सिद्धान्त की नींव पर स्वयं-सूचना की इमारत खड़ी होती है। मनुष्य के जागृत तथा अर्न्तमन पर बाह्य सृष्टि में पाई जानेवाली वस्तुओं तथा घटने वाली घटनाओं का क्या-क्या असर हो जाता है। विचारों का यह सम्प्रेषण यदि स्पर्श में बदल जाता है तो एक चमत्कार घटित हो जाता है। स्पर्श शक्ति द्वारा साधक माध्यम के शरीर में चुम्बकीय-तरंगों को प्रवाहित कर देता है। स्पर्श-चिकित्सा को अंग्रेजी में (Heeling touch) पासिंग (Passing) कहते हैं, जिसका सम्मोहन क्षेत्र में बड़ा महत्व है।

चीनी डा. माकटिंग सुम और टैलीपेथी चिकित्सा

किसी भी डाक्टरी इलाज के लिए मरीज़ और डाक्टर का एक-दूसरे के सामने होना ज़रूरी है। पर एक माकटिंग सुम नामक चीनी डाक्टर ऐसे भी हैं जो कुआलालाम्पुर स्थित अपने घर से ही इंग्लैंड, नाइजीरिया, आस्ट्रेलिया आदि सुदूर देशों के रोगियों की चिकित्सा "बोध-संवहन" पद्धति से करते हैं। वह अपनी मस्तिष्कीय विचार-ऊर्जा से मीलों दूर के रोगियों की काया के तंतुओं को स्पंदित कर उनमें नयी ऊर्जा भर देते हैं। कैसे करते हैं वह इलाज यह, अपने-आप में एक पहेली ही है।

चिकित्सा की दुनिया के कितने ही जादुई चमत्कारों से आपका साबका पड़ा होगा। मुमकिन है, आपने ऐसे डाक्टरी करिश्मे देखे हों, जब डाक्टरी कमाल ने मुर्दा होते जिस्म में ज़िंदगी की धड़कनें भर दी हों या कि "डूबते दिल" को सहारा देकर उबारा हो। डाक्टरी कमाल के इन सारे मामलों में रोगी और डाक्टर का रू-बरू होना लाजिमी होता है लेकिन यहां आपकी मुलाकात एक ऐसे डाक्टर से करायी जा रही है, जिन्होंने मरीज़ों से रू-बरू होना तो दूर रहा, उनकी कभी सूरत तक नहीं देखी।

हज़ारों मील दूर बैठे अपने रोगियों का इलाज करने वाले ऐसे डाक्टर हैं 75 वर्षीय, दुबले-पतले चीनी डाक्टर माकटिंग सुम, जो पिछले 40 वर्षों से बोधसंवहन के ज़रिये अपने रोगियों का इलाज करते आये हैं। कुआलालाम्पुर "मलेशिया" स्थित अपने घर से ही वह इंग्लैंड, नाइजीरिया, आस्ट्रेलिया, फ्रांस आदि सुदूर देशों के रोगियों की चिकित्सा करते हैं। डाक्टर सुम रात के 12 बजे अपने बिस्तर से उठ जाते हैं और मुंह-हाथ धोकर तरो-ताजा होकर जा बैठते हैं एक दूसरे कमरे में अपनी पुरानी मेज के पीछे। वहीं से वह बैठे-बैठे अपने रोगियों का इलाज करते हैं। 12 बजे से 2-3 बजे तक उनकी यह विचित्र चिकित्सा-प्रक्रिया चलती रहती है।

आप जानना चाहेंगे कि भला इतनी अधिक दूरी से वह कैसे इलाज करते हैं—दूरानुभूति। जी हां, वह दूरानुभूति के माध्यम से अपने मरीज़ों का सफल इलाज करते हैं। इस अद्‌भुत चिकित्सा-पद्धति के बारे में डाक्टर सुम का कहना है—"उस समय मेरा मन पूरी तरह शांत रहता है। मैं 15 मिनट तक अपने एक रोगी का नाम मन में बार-बार दुहराकर, उसके स्वस्थ होने की प्रार्थना करता हूं। इन 15 मिनटों में इस प्रार्थना के अलावा कोई और विचार मेरे मन में नहीं होता। बस यही इलाज का तरीका है। 10 रोगियों के स्वास्थ्य-लाभ की कामना करके मैं 3-4 बजे तक सो जाता हूं।"

डाक्टर सुम का मानना है कि तीव्र ध्यान केन्द्रण की अवस्था में उनकी "मस्तिष्कीय विचार-ऊर्जा" मीलों दूर के रोगियों की काया के तंतुओं को स्पन्दित करके उन्हें नयी ऊर्जा से भर देती है। फलस्वरूप रोगी के मृत ऊतक (Cell) पुर्नजीवन प्राप्त कर लेते हैं और वर्षों से कष्ट झेलता

मरीज स्वास्थ्य-लाभ कर लेता है। यकीन मानिए, डाक्टर सुम की अद्‌भुत और विलक्षण चिकित्सा-पद्धति से सैकड़ों की तादाद में मरीज़ स्वस्थ हुए हैं और उन्होंने डाक्टर सुम की बदौलत नयी ज़िंदगी की रोशनी देखी है। डा. सुम की एक मरीज़ श्रीमती लूसी ब्राउन (डर्बीशायर, इंग्लैंड) ने उन्हें लिखा था—"आपने मेरे रोगों का सफलतापूर्वक इलाज करके मुझे वह सुख प्रदान किया है, जिसकी अनुभूति मुझे अपने जीवन में कभी नहीं हुई थी। मैं अब पूरी तरह से स्वस्थ हूं।"

एक तरह से देखा जाये तो सुम महाशय डाक्टर हैं भी नहीं, क्योंकि उन्होंने डाक्टरी की कभी कोई औपचारिक शिक्षा प्राप्त नहीं की। कम से कम उनके कमरे में दीवारों पर टंगी डिग्री, डिप्लोमा सर्टीफिकेटों को देखकर तो ऐसा नहीं लगता। उनके कमरे में टंगा हुआ एक डिप्लोमा तो अमरीकन कॉलेज ऑफ मिनोथेरेपी का है और दूसरा सीटेल (अमरीका) टैम्पल बार कॉलेज का है, जहां से उन्होंने सन् 1939 में कानून में डाक्टरेट की थी। यह दीगर बात है कि बाद के वर्षों में उन्होंने यूरोपियन फैडरेशन ऑफ नेचुरोपैथ्स (लंदन) और इंटरनेशनल फेडरेशन ऑफ साइकोलाजिस्ट्स एवं हिप्नोथेरापिस्ट्स (लंदन) की परीक्षाएं पास करके दक्षता प्रमाण-पत्र ज़रूर हासिल कर लिए हैं।

ज़ाहिर है, डाक्टरी की उन्होंने कोई औपचारिक शिक्षा नहीं ली और न कभी कोई प्रशिक्षण ही। इस बारे में उनका कहना है—"मैंने चिकित्सा की शिक्षा प्राप्त नहीं की है, मैं सम्मोहन-चिकित्सा में भी पारंगत नहीं हूं। पर मैं पूरा प्रयास करता हूं कि "बोध-संवहन" की विधि से अपने रोगियों की चिकित्सा कर सकूं। मेरे पास ज़्यादातर ऐसे ही केस आते हैं, जिनका कोई डाक्टर इलाज नहीं कर पाता। मैं एक समय में 10 रोगियों से अधिक का इलाज नहीं कर सकता हूं।"

बोध-संवहन के ज़रिये डाक्टर सुम ने सन् 1965 से इलाज शुरू किया। उनकी पहली मरीज़ थी आस्ट्रेलिया की एक निर्धन महिला, जो कैंसर से पीड़ित थी। डाक्टरों का कहना था कि उसकी हड्डियों में कैंसर के प्रारंभिक चिह्न प्रकट हो गये थे। उसके इलाज में काफी खर्च की ज़रूरत थी, जिसका प्रबंध करना उसके बूते की बात नहीं थी। इसलिए उसने डाक्टर सुम को एक चिट्ठी लिखी और अपना इलाज करने की प्रार्थना की।

इस तरह शुरू हुई डाक्टर सुम की जादुई चिकित्सा, जिसका सुपरिणाम भी शीघ्र ही सामने आया। दो महीने की चिकित्सा के बाद रोगी महिला के बेटे रॉफ मेरार ने डाक्टर सुम को अपनी प्रसन्नता व्यक्त करते हुए लिखा—"अब मां की हालत में बड़ा सुधार हो गया है। अब वह अपने को पहले से अधिक स्वस्थ अनुभव करती हैं। कैंसर के प्रारंभिक लक्षण भी गायब हो गये हैं।" पत्र के अंत में उसने डाक्टर सुम से प्रार्थना की थी "वह इलाज जारी रखें, ताकि उसकी मां पूर्ण रूप से स्वस्थ हो सके।"

अपनी अनोखी चिकित्सा की पहली कामयाबी से डाक्टर सुम को "आस्था चिकित्सा" में विश्वास हो गया और फिर उन्होंने कई लाइलाज केस लिए और उनका सफल इलाज किया। उनकी एक अन्य मरीज़ श्रीमती मारग्रेट सा (ऐसेन, नाइजीरिया) ने उन्हें लिखा—"आपके बोध-संवहन के इलाज से मेरा गठिया और स्नायविक तनाव एकदम दूर हो गया है। अब मैं अपने को एकदम स्वस्थ अनुभव करने लग गयी हूं।"

डाक्टर सुम कभी भी अपने मरीज़ से प्रत्यक्ष भेंट नहीं करते और न ही इसके बदले फीस या कोई भेंट ही स्वीकार करते हैं। उनकी धारणा है कि यह अद्‌भुत क्षमता एक कुदरती करिश्मा है और प्रभु की इस असीम अनुकंपा का इस्तेमाल मानव-सेवा में ही किया जाना चाहिए।

जिस मरीज़ का केस डा. सुम अपने हाथ में लेते हैं, पहले उसके पास एक "साइको-रे बैज" (मानसिक किरण बिल्ला) भेजते हैं और उसे पत्र से सूचित करते हैं कि किस दिन और किस समय वे उसके इलाज के लिए प्रार्थना करने वाले हैं। उस निश्चित समय पर रोगी को "साइको-रे बैज" अपने पास ही रखना होता है। और अपने स्वास्थ्य-लाभ की कामना भी ईश्वर से करनी होती है। उसी समय में डाक्टर सुम की "विचार-ऊर्जा" उसे स्पंदित करती है और धीरे-धीरे 2-4 बैठकों में मरीज़ को प्रत्यक्ष लाभ होने लगता है और एक दिन रोग सदा के लिए गायब हो जाता है। ज़िंदगी की उम्मीद छोड़ बैठे हज़ारों मरीज़ों को डाक्टर सुम ने अपनी विलक्षण शक्ति से नयी ज़िंदगी दी है और वे सब डाक्टर सुम का यशोगान करते हुए अमनचैन से जी रहे हैं। कैसे अपना कमाल दिखाती है बोध-संवन की यह क्रिया? वैज्ञानिक इसे समझ नहीं पाये हैं पर इसके प्रभाव को स्वीकार करते हैं।

मृत पत्नी का प्रकट होकर बात करना

लुधियाना के निवासी आर्य समाजी विचारों के एक सज्जन पूर्वी अफ्रीका की राजधानी नैरोबी नगर में जाकर बस गये और व्यापार द्वारा अपार सम्पत्ति के मालिक हो गये। उनकी प्रिय पत्नी अपने सगे-सम्बन्धियों से मिलने पंजाब आयी तो उसको भयानक हृदय-रोग का आक्रमण हो गया। सूचना मिलने पर उसके पति व्यक्तिगत हवाई-जहाज लेकर उसको एक डाक्टर के निरीक्षण में नौरोवी ले गए। अपने परिवार वालों के अतिरिक्त दो नर्सों द्वारा उसकी कई मास बड़े प्रेम से सेवा-शुश्रूषा होती रही। रोग घातक होने से उस महिला की मृत्यु हो गई।

यह महिला सनातन धर्मी थी। उसने अपने पति से प्रार्थना की थी कि—''मृत्यु के पश्चात् उसकी अस्थियां श्रीगंगा मैया में विसर्जित की जायें और उसकी गति सनातन-धर्म की विधि के अनुसार करा दी जाये।'' उसके पति ने आर्य-समाजी होते हुए भी उसकी इच्छा को पूर्ण करने का वचन दे दिया था।

पत्नी की मृत्यु के पश्चात् नैरोबी से वे भारत आये, अस्थि-विसर्जन तथा अन्य उचित कर्मकाण्ड पूरे विधि विधान से कराये गये। यहां तक कि गया में जाकर पत्नी की सद्गति के लिये श्राद्ध भी करा दिया और फिर वे अपने देश चले गये।

कुछ समय पश्चात् उनको एक अविज्ञात रोग हो गया और नैरोबी के डाक्टरों ने उनको रोग के निदान तथा उपचार के लिये लन्दन जाने का परामर्श दिया। वे वायुयान द्वारा वहां पहुंचे और विशेषज्ञों द्वारा जांच करायी तो उन्होंने निर्णय दिया कि जिस घातक रोग का संदेह था, वह नहीं है। यह कष्ट शीघ्र-साध्य है।

रात्रि को वे अपने होटल के कक्ष में, जिसके किवाड़ उन्होंने बंद कर लिये थे, सोने जा रहे थे। प्रकाश बंद करके लेटे ही थे कि उनको ऐसा लगा कि कोई अन्य व्यक्ति भी उस कक्ष में है। उन्होंने प्रकाश किया तो अपनी मृत-पत्नी को सशरीर विद्यमान देखकर वे ठिठक गये और कुछ बोल न पाये। उनकी पत्नी बोली कि—''आपके डाक्टरों के निदान से मेरे मन को शान्ति मिली है।'' उसने बताया कि—''मेरी इच्छा के अनुसार जो कर्मकाण्ड आपने मेरे लिये कराये थे, मुझे ज्ञात है और जो स्वर्ण की अंगूठी आपने दक्षिणा में दी थी, वह भी मैंने देखी थी। मैं आपके इन कर्मों से परम संतुष्ट हूं और मैं यहां आपके साथ ही आयी हूं। अमेरिका में पिछले दिनों मोटर-दुर्घटना से मैंने ही अपने दूसरे पुत्र के जीवन की रक्षा की थी।'' और भी कई रहस्य की बातें बतलायीं, जो उनकी पत्नी के अतिरिक्त किसी को ज्ञात न थीं। पति से जब वह विदा मांगने लगी तो पति ने उसे गले से लगाया। उस समय उसका शरीर वैसा ही था, जैसा जीवन में था। फिर वह वहीं अर्न्तध्यान हो गयी। इन सज्जन की स्वयं लिखत पुस्तक ''रूहों की दुनिया'' उर्दू भाषा में है। यह वृत्तान्त उसी पर आधारित है।

बम्बई की ललिता बाई आजगांवकर

बम्बई नगर निवासी डाक्टर श्री अजगांवकर की धर्म पत्नी ललिताबाई सनातन-धर्मावलम्बी थीं। वे प्रतिमास पूर्णिमा का व्रत रखकर उपवास किया करती थीं। यह क्रम वर्षों से चला आ रहा था। कर्मवश उनको कैंसर का रोग हो गया। व्रत का क्रम रोगी-दशा में भी चलता रहा। अन्त में उनकी मृत्यु भी पूर्णिमा के दिन ही हुई।

ललिताबाई के भ्राता श्री सामन्त जी भी बम्बई में रहते थे। इन बहन-भाई में बड़ा प्रेम था। मृत्यु तथा दाह-संस्कार के दूसरे दिन, ललिताबाई श्रीसामन्त के समक्ष सशरीर प्रकट हुईं। इस असम्भव घटना को देखकर भाई ठिठक गया। उसने यह देखने के लिये कि वह स्वप्न तो नहीं देख रहा, अपने शरीर की चुटकी काटी। जब उसने अपने-आपको पूर्णरूप से सजग तथा चेतन पाया तो उसने अपनी प्रिय बहिन का स्वागत किया और हाथ पकड़कर पलंग पर बैठा लिया। उसका हाथ जीवित मनुष्य की भांति ऊष्ण था। ललिताबाई ने कहा—"कल मेरा पूर्णिमा का उपवास था। मृत्यु हो जाने के कारण मैं पारण नहीं कर पायी। अब तुम मुझे एक कॉफी का कप बना दो तो मैं पारण कर लूं।" उसका भाई घर में उस समय अकेला ही था। उसको पता नहीं था कि दूध कहां रखा है। ललिताबाई ने बता दिया। कॉफी तैयार करके जब कप ललिताबाई के हाथ में दिया तो उसने देखकर अपने भाई को लौटा दिया और उससे कहा कि—"इसको तुम पी लो। तुम्हारे पीने से ही पारण हो जायेगा।" भाई के कॉफी पीने के पश्चात् बहिन अन्तर्ध्यान हो गयी। इस सशरीर प्राकट्य के पश्चात् जो कुछ हुआ, वह इससे भी अधिक विचित्र है, जिसके लिखने के लोभ को मैं संवरण नहीं कर सकता।

श्रीसामन्त जी की पत्नी के कोई संतान नहीं थी, यद्यपि उसकी आयु चालीस वर्ष की हो गयी थी। डाक्टर करगाडे ने कई बार परीक्षा करके यह निर्णय किया था कि इस महिला की बच्चे दानी इतनी संकुचित है कि उसमें गर्भ रह ही नहीं सकता। मृत्यु के पूर्व भी भाई के निःसंतान होने का ललिताबाई को दुःख था। मृत्यु के पश्चात् उसने स्वप्न में आकर अपने भाई से कहा कि—"मैं प्रभु से भाभी को संतान योग्य बना देने के लिये प्रार्थना किया करती हूं।" फिर जब एक मास उसका मासिक्र धर्म रुक गया तो ललिता ने भाई से अनुरोध किया—"वह भाभी की एक बार फिर डाक्टर से परीक्षा कराए।"

इस बार डाक्टर महोदय यह देखकर आश्चर्य में पड़ गये कि केवल यही नहीं हुआ कि अत्यन्त संकुचित बच्चे दानी का परिमाण साधारण हो गया है, अपितु उसमें गर्भ भी स्थापित हो चुका है। यह विज्ञान की दृष्टि से चमत्कारी घटना थी। ललिताबाई ने फिर अपने भाई को सूचना दी कि—"वे स्वयं ही भाभी के गर्भ से जन्म लेंगी।" उचित समय पर वैसा ही हुआ। डाक्टर भट्ट, जिन्होंने अपनी पुस्तक में इस विचित्र घटना का उल्लेख किया है, लिखते हैं कि—"इन सभी बातों की सत्यता इस कन्या के माता-पिता ने स्वयं प्रमाणित की थी और कन्या को भी, जिसका नाम ललिताबाई ही रखा गया, देखा था।"

टेलीफोन से सम्मोहित करना

किसी व्यक्ति को सम्मोहित करके पूरे जोर और आत्म विश्वास के साथ हुक्म देना चाहिये कि—"जिस वक्त में टेलीफोन से हुक्म दूं कि—'सो जाओ...सो जाओ—उसी वक्त तुम सो जाओगे। तुम चाहे जिस जगह, चाहे जिस हालत में होओ, मेरा हुक्म पाते ही तुम सो जाओगे...निश्चय ही सो जाओगे।'" माध्यम जब जगेगा तो सम्मोहित अवस्था के इस आदेश को एकदम ही भूल जायेगा फिर टेलीफोन पर सम्मोहक (साधक) का आदेश पाकर वह तुरन्त ही सो जायेगा। टेलीफोन पर इस तरह आदेश देना होगा—"हैलो! आप क्या...बाबू हैं? अच्छा मैं वही सम्मोहक हूं...मैं हुक्म देता हूं, सो जाओ...तुम सो जाओ...सोओ...सोओ...सोओ..." उसी वक्त वह सो जायेगा। अथवा किसी पात्र को पोस्ट हिप्नोटिज्म करके उसे कहा जाये कि जब भी तुम्हें टेलीफोन करूंगा तो टेलीफोन समाप्त होते ही दस मिनट के भीतर-भीतर तुम्हें नींद आ जायेगी। ऐसे प्रयोग दो-तीन बार हमने किये और सफलता मिली।

टेलीफोन पर विचार सम्प्रेषण के अभ्यास हेतु आप किसी मित्र का टेलीफोन नम्बर मन में दोहरावें एवं उसका चेहरा मन-मस्तिष्क में अंकित करके, उसको आदेश दें कि तुम उठकर चाय पीओ, पानी पिओ, सिगरेट पीओ या पान खाओ। ऐसे आदेश पांच-सात बार देकर उसके तुरन्त बाद उस मित्र को फोन करो और पूछो दो मिनट पहले उसने क्या-क्या किया। यदि उसने दो मिनट पहले वैसा ही किया जैसा कि आपने सोचा तो समझ लें प्रयोग सही है। यदि प्रारम्भ में पांच-सात बार आपको सफलता न मिले तो चिन्ता न करें। बार-बार दृढ़ इच्छा-शक्ति के साथ संकल्प दोहराते रहें तो सफलता अवश्य मिलेगी।

माध्यम को चिट्ठी से मोहित करना

एक सादे कार्ड पर बड़े-बड़े और साफ "अक्षरों" में "सोओ" या "स्लिप" शब्द लिखना होगा। उसके बाद पात्र को सम्मोहित करके यह आदेश देना होगा—"तुम पूरे तौर से मेरे वश में हो गए हो, यह जो एक सादा कार्ड मैं तुम्हारे हाथ में दे रहा हूं, देखो, इस पर "सोओ" शब्द लिखा हुआ है। मैं जिस वक्त तुम्हें यह "सोओ" लिखा हुआ कार्ड दिखलाऊंगा, तुम उसी वक्त आगा-पीछा सोचे बिना सो जाओगे। तुम चाहे जहां, जिस भी हालत में क्यों न होओ, इस कार्ड को देखते ही तुम सो जाओगे...ज़रूर सो जाओगे।" ऐसा कहकर कार्ड को छिपा लेना होगा और पात्र को जगा देना होगा। इसके बाद जब भी उस पात्र को वह कार्ड दिखलाया जायेगा, वह उसी समय सो जायेगा। कुछ लोगों का कहना है कि इस कार्ड को लिफाफे में भरकर पात्र के हाथ में देकर उसे खोलने को कहना चाहिए। पात्र उसे खोलकर देखते ही गहरी नींद में सो जायेगा।

स्पर्श-शक्ति व साधना

स्पर्श देने की क्रियायें

'बेधक-दृष्टि' की शक्ति बढ़ाने वाले अभ्यासों के विषय में बताया जा चुका है। अब हम 'स्पर्श' देने की क्रिया का उल्लेख करेंगे। मनुष्य की हथेली की उंगलियों के पोरुओं (सिरों) से इस प्रकार की विद्युत शक्ति निकला करती है। उस शक्ति द्वारा किसी भी जड़-चेतन वस्तु को प्रभावित करके उसे सम्मोहित किया जा सकता है। यह क्रिया "स्पर्श" के द्वारा सम्पन्न होती है।

स्पर्श देने में सफलता प्राप्त करने के लिए सर्वप्रथम किसी निर्जीव-वस्तु पर अभ्यास करना चाहिए। जब उसमें सफलता मिल जाये, तब किसी स्त्री-पुरुष आदि सजीव प्राणी पर "स्पर्श" का प्रयोग करना चाहिए। कुछ लोग इसे पास (Pass) भी कहते हैं।

स्पर्श देने का अभ्यास

किसी एकान्त, शान्त एवं स्वच्छ कमरे में पलंग के ऊपर एक तीन हाथ लम्बा बड़ा तकिया रखें तथा उस तकिये को मनुष्य का शरीर मान कर, सर्व प्रथम उसी पर "स्पर्श" देने का अभ्यास करें। इसकी विधि इस प्रकार है।

सर्वप्रथम अपने दोनों हाथों की हथेलियों को परस्पर इतना रगड़ें कि वह गरम हो जायें। फिर ज़ोर से मुट्ठियां बन्द करके खोल दें। तत्पश्चात् हथेलियों को इस प्रकार फैलायें कि सभी उंगलियां तो आपस में मिली रहें, परन्तु अंगूठा उन सबसे अलग बना रहे।

इस प्रकार खुले हाथों से हथेलियों को धीरे-धीरे तकिये से चार इन्च की दूरी पर रखते हुए, एक सिरे से दूसरे सिरे तक ले जाकर बाहर हाथ झटक दें। हाथों को इस प्रकार झटकें, जैसे आपके हाथों से कोई गन्दी वस्तु लग गई हो और आप उसे हटाने के लिए अपने हाथों को झटक रहे हों। इस प्रकार तकिये पर एक बार हाथ फेरने में कम से कम तीन मिनट का समय लगना चाहिए अर्थात् "स्पर्श" देने की क्रिया को बहुत ही धीरे-धीरे करना चाहिए।

दूसरी बार हाथ फेरते समय, हाथों को झटकने के बाद दोनों मुट्ठियों को तुरन्त बन्द कर लेना चाहिए तथा उन बन्द मुट्ठियों को तकिये के ऊपरी सिरे पर ले जाकर ही खोलना चाहिए। तत्पश्चात् दूसरी बार "स्पर्श" करना चाहिए। यह स्मरणीय है कि पास (Pass) को हमेशा ऊपर से नीचे की ओर ही देना चाहिए, हर बार नीचे से हाथ को ऊपर ले जाते समय मुट्ठियां बन्द कर लेनी चाहिए।

इस प्रकार कुछ दिनों तक "स्पर्श" का अभ्यास करते रहने पर उंगलियों में से एक प्रकार की सनसनी-सी प्रतीत होने लगती है तथा यह अनुभव होता है, जैसे उंगलियों से बिजली की सूक्ष्म-शक्ति निकल रही हो। जब तकिये पर "स्पर्श" देने की क्रिया करते समय उपयुक्त अनुभव होने लगे, तब यह समझना चाहिए कि यह अभ्यास सिद्ध हो गया है।

तकिये की तरह ही पुरुष अथवा स्त्री के ऊपर भी "स्पर्श" दिया जाता है। "स्पर्श" देते समय हाथों को प्राय: चार इन्च की दूरी पर ही रखा जाता है। परन्तु कभी-कभी किसी रोगी को विशेष रूप से प्रभावित करने के लिए "स्पर्श" इतने समीप से भी दिया जता है कि उंगलियां और अधिक कम दूरी पर रहती हैं। अथवा शरीर को स्पर्श करती हुई चलती हैं।

सामान्यत: "स्पर्श" देने की क्रिया पुरुष के दाईं ओर तथा स्त्री के बायीं ओर की जाती है। परन्तु किसी अंग विशेष पर प्रभाव डालने के लिए उस विशिष्ट अंग पर भी "स्पर्श" दिया जाता है। सामान्य रूप में एक "स्पर्श" (Pass) देने में तीन मिनट का समय लगान. चाहिए, परन्तु कभी-कभी आवश्यकतानुसार इससे कम और अधिक समय भी लगाया जाता है। "स्पर्श" देने के बाद अपने हाथों को शीतल जल से धो लेना आवश्यक है।

स्पर्श देने के तरीके

"स्पर्श" देने के तरीके अनेक प्रकार के हैं। उनमें से कुछ चुनिन्दा तरीकों का वर्णन यहां किया जाता है। शेष तरीके साधकों को आगे चलकर अभ्यास करने पर मालूम हो जाते हैं यहां तक कि कुछ साधक अपने लिए किन्हीं विशेष तरीकों का भी आविष्कार कर लेते हैं और उसी के अनुसार कार्य-साधना करते हैं।

विद्वान् भी अब इस पर विश्वास करने लगे हैं। सच्चाई छिपी नहीं रह सकती। पाश्चात्य विद्वान् भी इस बात को स्वीकार करते हैं कि विशेष विधि से उच्चारण किये हुए प्रमुख शब्दों के द्वारा खास-खास काम हो सकते हैं। यूरोप और अमेरिका में इसके लिए बहुत-सी आध्यात्मिक अनुसंधान-समितियां स्थापित हुई हैं। मन्त्रों की ध्वनि एवं शब्द-शक्ति अपने आप में प्रमाणित हैं।

स्पर्श साधना प्रयोग

सम्मोहन-शक्ति की तीन खास युक्तियां हैं—दृष्टि, स्पर्श और इच्छा। सम्मोहन द्वारा आंखों की शक्ति बढ़ा लेने पर स्पर्श के द्वारा विद्युत-शक्ति संचारित करने का तरीका सीखना चाहिए। जिस आदमी को सम्मोहित करना होता है, सम्मोहन करने वाला उसके शरीर पर कुछ खास तरीकों से हाथ फेरता है। उस हाथ फेरने को स्पर्श करना कहते हैं।

डाक्टर फ्रेडरिक ऐंटन मेस्मर अपने रोगियों को इस पास के द्वारा सहज ही वश में कर लेते थे। इसे वे 'मैग्नेटिक स्पर्श' (Magnetic Pass) कहते थे, लेकिन वियना के इस डाक्टर के बहुत पहले ही हमारे देश में इस "स्पर्श" करने या हाथ फेरने का प्रचलन था। आजकल भी सांप का जहर उतारने वाले जो तरह-तरह से हाथ चलाते-फिराते हैं, उसे ही "स्पर्श" करना कहते हैं। फकीर साधु लोग जो झाड़-फूंक करते हैं, उसमें भी स्पर्श करने का ही तरीका अपनाया जाता है। किसी व्यक्ति को सम्मोहित करने के लिये सम्मोहनकर्त्ता अपने हाथ की उंगलियों को कुछ अलग-अलग फैलाकर कंपाते हुए उसके शरीर पर फेरता है, इसी को "स्पर्श" करना कहते हैं। स्पर्श करते समय उंगलियां कड़ी और कुछ अलग-अलग करके हाथ फेरना चाहिए। इससे हाथ से विद्युत-शक्ति निकलकर सम्मोहित किये जाने वाले पात्र के शरीर में प्रवेश करती है। प्रत्येक व्यक्ति के शरीर में यह विद्युत-शक्ति विद्यमान है और विशेष विधियों से हाथ फेरने से वह उंगलियों के अगले हिस्से से निकलती है। कुछ लोग इस विद्युत-प्रवाह को "ऊष्मा" कहते हैं। मनुष्य शरीर के इस विद्युत-प्रवाह को दूसरे में प्रवेश कराया जाता है। यह प्रवाह जब पात्र के शरीर में प्रवेश करने लगता है तो उसे अपने शरीर में एक प्रकार की सुरसुराहट या झनझनाहट का अनुभव होता है।

शक्ति संचारक स्पर्श (पर-सम्मोहन विधि)

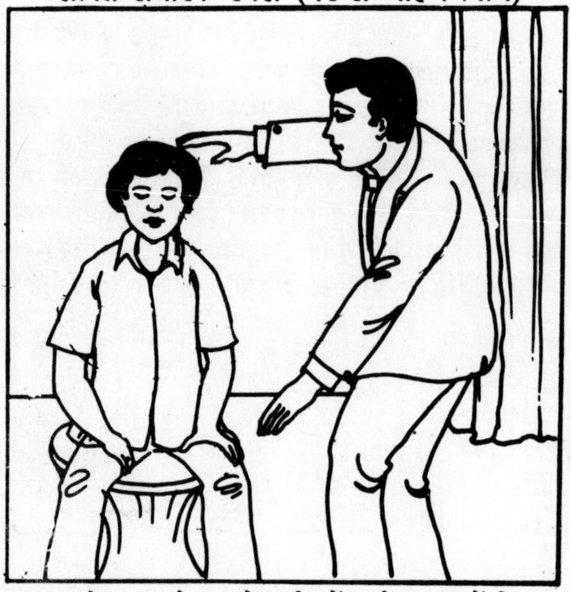

इस स्पर्श द्वारा सम्मोहक अपने पात्र के शरीर में पर्याप्त मात्रा में विद्युत-शक्ति संचारित कर सकता है। पात्र के पास खड़े होकर लटकते हुए हाथ को धीरे-धीरे उठाकर, शरीर के जिस

हिस्से में शक्ति संचारित करने की इच्छा हो, वहां तक ले जाना चाहिये। उसके बाद दृढ़ इच्छा करनी चाहिये कि—"मेरे शरीर की विद्युत इस हिस्से के द्वारा पात्र के शरीर में प्रवेश करे।" शरीर के जिस हिस्से से विद्युत को प्रवेश कराने की इच्छा हो, सम्मोहक को अपना हाथ उससे कुछ ऊपर रखना चाहिये, क्योंकि विद्युत की गति स्वभावतः नीचे की ओर होती है। पृथ्वी की यह विशेषता है, इसलिए वह हमेशा इसे अपने पास खींच लेना चाहती है। सम्मोहक खड़ा हो और पात्र बैठा रहे, यानी सम्मोहक अगर ऊंची जगह से पात्र को सम्मोहित करना चाहे तो उसके सिर पर स्पर्श देने में ही सुविधा रहती है। पात्र के सिर पर जो शक्ति संचारक स्पर्श किया जाता है, उसे "हेड-स्पर्श" कहते हैं। ऐसी हालत में हाथ की उंगलियां ठीक सीधी न रखकर कुछ तिरछी रखनी चाहिये। इस तरह पात्र को "हेड-स्पर्श" देने के समय सम्मोहक अगर उसकी आंखों की ओर, और पीछे की ओर रहे तो उसे ठीक पात्र की गर्दन पर सम्मोहक दृष्टि डालनी चाहिये। इस तरह प्रतिदिन कुछ मिनट नियमित रूप से अभ्यास करने पर, थोड़े ही दिन में इसका अच्छा अभ्यास हो जायेगा। इस स्पर्श के द्वारा सम्मोहक अपने पात्र को सहज ही नींद में सुला सकता है।

खींचने वाला स्पर्श (पर-सम्मोहन विधि)

इस स्पर्श के द्वारा सम्मोहक सहज ही अपने माध्यम को नींद में सुलाकर उसे अपनी ओर खींच सकता है। इसमें अपनी ओर खींच सकने की शक्ति होने की वजह से ही इसे "खींचनेवाला

स्पर्श'' कहते हैं। पात्र के सामने खड़े होकर, उसकी ओर तीव्र मोहिनी दृष्टि से देखते हुए मन ही मन उसे हुक्म देना पड़ेगा कि—''मेरी ओर झुक जाओ।'' इस प्रकार एक मिनट तक सोचते रहकर हाथ को धीरे-धीरे उसके सामने से अपने कंधे तक उठाना होगा। पहले स्थिर दृष्टि से देखते हुए सीधे तनकर खड़े हो। इसके बाद दायां हाथ पात्र के माथे तक उठाकर एक मामूली, कुछ इंचों तक नीचे जानेवाला स्पर्श देना होगा। इसके बाद हाथ को अपने शरीर की ओर खींच लेना होगा। दाएं हाथ को इस तरह अपने कंधे तक खींचकर, दूसरी बार बाएं हाथ से भी ऐसा ही करना होगा। कुछ देर तक इसी प्रकार दोनों हाथों का स्पर्श देने के बाद दिखाई देगा कि पात्र धीरे-धीरे सम्मोहक की ओर झुकता आ रहा है। ऐसा होने पर सम्मोहक स्वयं पीछे की ओर थोड़ा मुड़कर स्पर्श देता रहेगा। इससे माध्यम सम्मोहित होकर आगे की ओर झुकता जायेगा। पहले ज़माने में कापालिक लोग इसी खींचने वाले स्पर्श के द्वारा लोगों को सम्मोहित करते थे।

धकेलने वाला स्पर्श (पर-सम्मोहन विधि)

ऊपर लिखे खींचने वाले स्पर्श से पात्र सामने की ओर खिंच जाता है, लेकिन इससे पीछे की ओर झुकता है। इसमें भी पात्र की आंखों की ओर देखते हुए मन ही मन उसे हुक्म दिया जायेगा कि पीछे की ओर झुक जाओ। तत्पश्चात् हाथ से उसके शरीर पर स्पर्श देना होगा। इस स्पर्श में हाथ को ठीक उसी तरह रखना होता है, जैसे सम्मोहक के सिर की ऊंचाई पर खड़े किसी देवता के पैरों पर एक अंजलि फूल चढ़ाने के लिये किया जाता है। इस स्पर्श को देते समय मन में खूब दृढ़ इच्छा होनी चाहिए कि—''मैं तुम्हें अवश्य ही पीछे धकेल दूंगा।'' मन में किसी तरह की आशंका नहीं होनी चाहिये। इस प्रकार कई बार ''धकेलने वाला स्पर्श'' देने पर पात्र जब पीछे की ओर झुकने लगे तो सम्मोहक को भी थोड़ा-थोड़ा आगे की ओर झुक जाना चाहिए। विदेशों के पंडित इस स्पर्श को सीखने की सिफारिश करते हैं, लेकिन मेरा ख्याल है कि इसको सीखे बिना काम नहीं चल सकता है, क्योंकि पात्र को पीछे की ओर झुकाने के लिये उसके पीछे जाकर गर्दन पर स्थिर दृष्टि डालकर ''खींचनेवाला स्पर्श'' देने से बड़ा अच्छा फल निकलता है। अतः इस स्पर्श को भी सीख लेना चाहिए। इसका अभ्यास भी ठीक से कर लेना चाहिये।

उठानेवाला स्पर्श (पर-सम्मोहन विधि)

इस स्पर्श के द्वारा सम्मोहक अपने माध्यम का शरीर निश्चेष्ट करके उसका चाहे जो अंग ऊपर उठा सकता है। मान लीजिये कि एक पात्र सम्मोहित अवस्था में कुर्सी पर बैठा हुआ है। अब उसके हाथ को सम्मोहक के हाथ के साथ हिलाना-डुलाना है। ऐसा कराने के लिये सम्मोहक पात्र के पीछे जाकर दाहिने हाथ से "हेड स्पर्श" देगा और बायां हाथ पात्र के खूब नज़दीक ले जाकर उसे हुक्म देगा कि—"तुम्हारा हाथ मेरे हाथ के साथ उठे और गिरे।" ऐसी दृढ़ इच्छा करके सम्मोहक अपने हाथ को पात्र के हाथ के काफी समीप यानी चौथाई इंच की दूरी पर ले जाकर उठायें-गिरायेगा। कुछ देर बाद देखने में आयेगा कि सम्मोहक के हाथ के साथ ही साथ पात्र का हाथ भी उठ-गिर रहा है। यह काम बड़ा सहज और दिलचस्प है। सीखने वाले को सर्वप्रथम पात्र के हाथ के साथ अपना हाथ छुआकर और माथे के साथ बायां हाथ छुआकर जबानी हुक्म देना चाहिये। इससे सीखने में पर्याप्त सुविधा रहती है।

अद्भुत चमत्कारी स्पर्श (पर-सम्मोहन विधि)

यह स्पर्श (Pass) बड़ा ही विचित्र है। माध्यम के सामने या पीछे की ओर सीधा खड़ा होकर दोनों हाथों को सीधा फैलाकर रखना होगा। उसके बाद धीरे-धीरे हाथों को नीचे की ओर लटकाकर खड़ा होना पड़ेगा। इसी तरह हाथ को बार-बार फैलाना और लटकाना होगा। ऐसा करने से माध्यम का शरीर झनझनाने लगेगा और थोड़ी ही देर में वह सो जायेगा। तब पात्र से

मनचाहा कार्य कराया जा सकता है। जैसे, पात्र के हाथ में एक ढेला दे दिया जाये तो उसे वह बताशा समझेगा। कागज़ टुकड़े-टुकड़े करके उसके शरीर पर फेंका जायेगा तो उसे वह ढेला समझेगा। इसी तरह अपना नाम भूलकर ऊट-पटांग नाम बतायेगा।

इस विचित्र स्पर्श के द्वारा एक से अधिक व्यक्ति को भी सम्मोहित किया जा सकता है। जितने ज़्यादा आदमी हों, दोनों हाथों को उतना ही ज़्यादा फैलाना चाहिये। इस सम्मोहन के लिए पात्रों को एक कतार में अर्धचंद्राकार खड़ा कराना चाहिए और उन्हें सम्मोहक की आंखों की ओर देखने को कहना चाहिये। यह स्पर्श सीखना बड़ा जरूरी है।

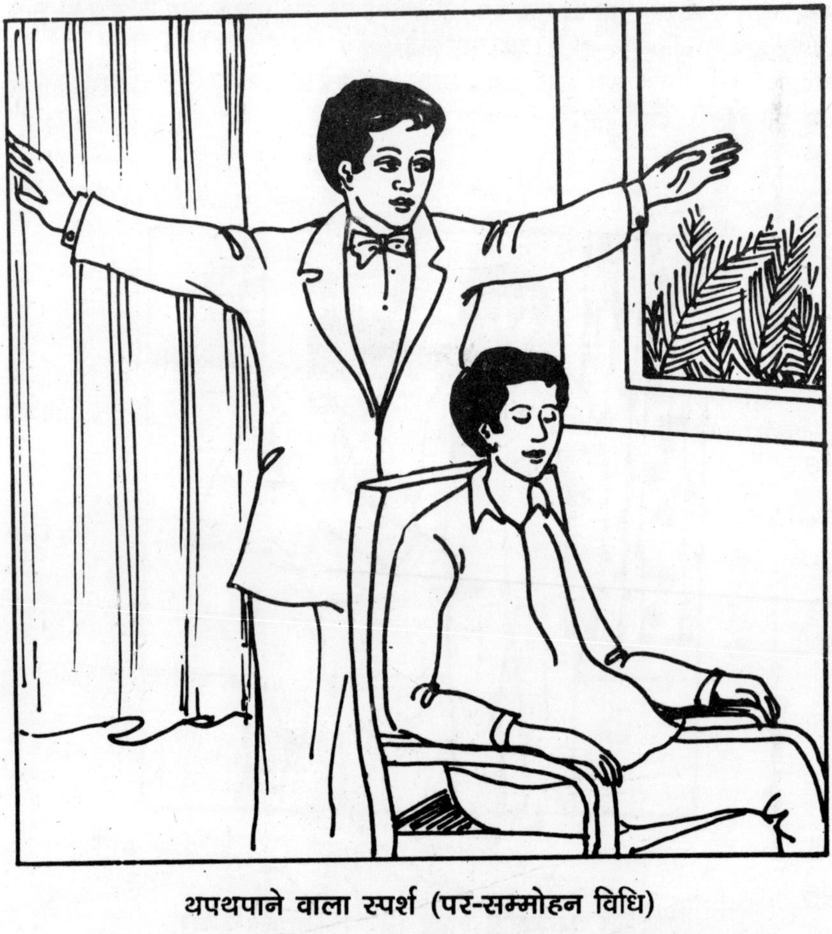

थपथपाने वाला स्पर्श (पर-सम्मोहन विधि)

इस स्पर्श (Pass) में सम्मोहक माध्यम का शरीर छूता है और फिर छोड़ देता है। पात्र को एक आराम-कुर्सी पर बैठाकर उसके ललाट से लेकर पीछे से धीरे-धीरे थपथपाया जाता है। इसमें धीरे-धीरे, कुछ-कुछ समय का बराबर अंतर देकर थपथपाते हुए पात्र को सुला दिया जाता है। वास्तव में यह न तो स्पर्शयुक्त स्पर्श है और न स्पर्शहीन ही। अतः यह विशिष्ट तेज़ी का स्पर्श (Pass) है।

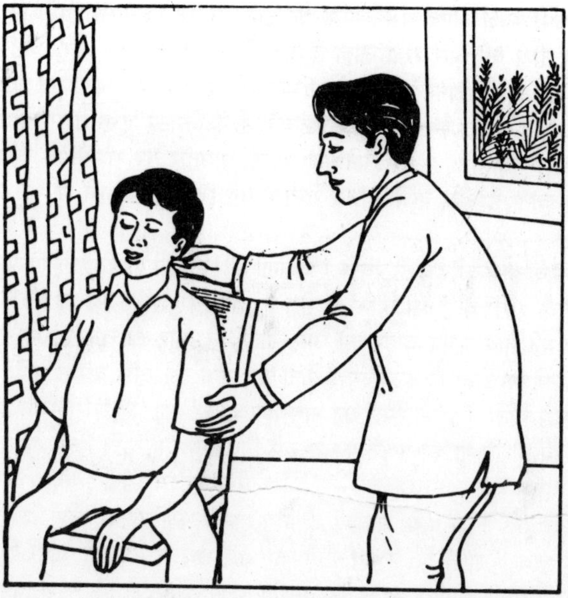

उपरोक्त बताये गये ये छः प्रकार के स्पर्शयुक्त नीचे जाने वाले स्पर्श ही प्रधान हैं। आजकल इनमें कुछ और भी नये स्पर्श जोड़ दिये गये हैं, परन्तु इनका उल्लेख न करके अब ऊपर जाने वाले स्पर्श के बारे में लिखा जा रहा है।

ऊपर जाने वाला स्पर्श (पर-सम्मोहन विधि)

ऊपर जानेवाला स्पर्श देने के लिए सम्मोहक अपने हाथ को ऊपर से नीचे न ले जाकर,

बिल्कुल इससे विपरीत करता है। इसके शक्ति-संचारक स्पर्श, विचित्र करामातें दिखाने वाला अद्भुत चमत्कारी स्पर्श आदि सभी पहले बतलाये हुए इन नामों के स्पर्शों से ठीक उलटा होता है। उनमें हाथ नीचे की ओर रखा जाता है और उसे नीचे ही की ओर फिराया जाता है, परन्तु इस बार ऊपर की ओर उठाना पड़ेगा। उनमें मन ही मन दृढ़ संकल्प करना पड़ता है कि—''तुम सम्मोहित हो जाओ'' और इसमें संकल्प करना होता है कि—''तुम्हारी सम्मोहन-निद्रा टूट जाये, तुम जाग जाओ।'' क्योंकि, ऊपर जानेवाला स्पर्श आमतौर पर सम्मोहित व्यक्ति को जगाने के लिए ही दिया जाता है और कभी-कभी रोगियों की चिकित्सा करने में भी इसका प्रयोग होता है।

''मनुष्य के हाथ की हथेली प्रवृत्ति गुणवाली और हथेली के पीछे का हिस्सा निवृत्ति गुणवाला होता है। रोगी के शरीर के जिस हिस्से में रोग है, वहां पर शक्ति संचित करके फिर उसी शक्ति के सहारे रोग की ताकत को बाहर की ओर नीचे की ओर खींचना ही मेस्मैरिक (सम्मोहन) चिकित्सा का उद्देश्य होता है, इसलिये हथेली को रोगी की ओर करके ऊपर से नीचे की ओर स्पर्श देना ज़रूरी होता है। ऐसे स्पर्श का नाम ''प्रवर्तक'' या ''मेस्मेराइजिंग स्पर्श'' है। प्रवर्तक स्पर्श के द्वारा किसी क्रिया को प्रवृत्त करके उसे निवृत्त करना यानि जिस शक्ति का प्रयोग किया गया है, उसे वापस करना ''निवर्तक'' या ''डि-मेस्मेराजिंग स्पर्श'' का प्रधान उद्देश्य है। जिस तरीके से ''प्रवर्तक'' स्पर्श दिया जाता है, ''निवर्तक'' स्पर्श उसके ठीक विपरीत तरीके से दिया जाता है। ''प्रवर्तक'' स्पर्श देते समय रोगी की ओर हथेली फिरायी जाती है और ''निवर्तक'' स्पर्श देते समय हथेली के पीछे का हिस्सा अर्थात् उलटे तरीके से यह स्पर्श दिया जता है, इसलिए इसे विपरीत या उल्टा स्पर्श (Reverse Pass) भी कहते हैं।

इच्छा-शक्ति के विविध प्रायोगिक दृष्टान्त (पर-सम्मोहन विधि)

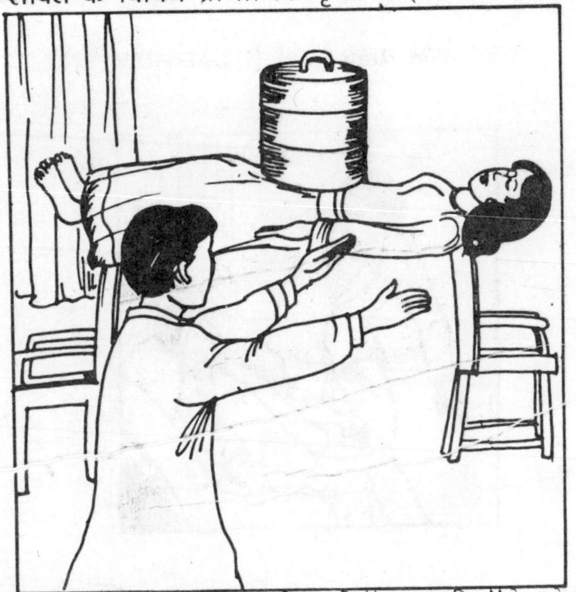

सम्मोहन विद्या की तीसरी और प्रधान शक्ति यानि ''इच्छा शक्ति'' के बारे में प्रबुद्ध पाठकों

का ध्यान खींचना चाहूंगा। पहले की प्रक्रियाओं में आपने देखा है कि सिर्फ आंखों की मोहिनी-शक्ति बढ़ाने का अभ्यास करने से ही काम नही चलता, बल्कि उसके लिये मन का दृढ़ संकल्प भी होना चाहिये। इसके अतिरिक्त किसी विशेष व्यक्ति पर हाथ फेरने (हिप्नोटिक स्पर्श) से ही वह मोहित नहीं हो जाता, अगर मन में उसके लिये दृढ़ इच्छा-शक्ति न हो। इससे यह बात स्पष्ट हो जाती है कि सम्मोहन-विद्या की प्रधान प्रवर्तक इच्छा-शक्ति ही है। आदमी को मोहित करने के लिये "इच्छा-शक्ति, और फिर उसे नींद से जगाने के लिये भी इच्छा-शक्ति" की ही आवश्यकता होती है। किसी पात्र की ओर स्थिर दृष्टि से देखते हुए, उसे मोहित करने के लिए उसके शरीर पर हाथ फेरते समय अगर मन में प्रबल इच्छा न हो तो वह किसी तरह मोहित न होगा। उसके बाद इच्छा-शक्ति के प्रयोग से पात्र को वश में कर लेने तथा उसके मन से अपनेपन का विचार हटाकर ही वह सम्मोहक की इच्छा के अनुसार काम कर पाता है। पात्र जब जड़ या निर्जीव हो जायेगा, तभी उसमें सम्मोहक के इच्छित गुण आयेंगे। उस पात्र की सम्मोहक की इच्छा के साथ इतनी घनिष्ठता हो जायेगी कि सम्मोहक जो कुछ सोचेगा, या खाता-पीता अनुभव करेगा, पात्र भी ठीक उसी समय वही सोचेगा, खाने-पीने का स्वाद लेगा और अनुभव करेगा। उस समय सम्मोहक अपनी इच्छानुसार जो चाहता है, पात्र से वही करवा लेता है। घड़ी में आठ बजे हों और सम्मोहक चाहे तो उसे छः ही दिखला सकता है, नाम बदलवा सकता है, गूंगे को जुबान दे सकता है, शर्मीले और निरक्षर व्यक्ति से भी विद्वतापूर्ण भाषण दिलवा सकता है।

दृढ़ इच्छा शक्ति के माध्यम से मनुष्य को सम्मोहित करके शरीर को कड़ा (सुदृढ़) बना दिया जाता है। इस स्थिति को केटालेप्सी (Catalepsy) कहते हैं। इसमें शरीर इतना कड़ा हो जाता है कि भारी से भारी बोझ को भी सम्भाल लेता है। सरकस में ऐसे प्रयोग आम जनता को बताये जाते हैं। जिसमें एक नाजुक लड़की को माध्यम बनाया जाता है। उसके सिर पैर के नीचे एक कुर्सी रख दी जाती है। इच्छा शक्ति द्वारा उसका शरीर दृढ़ कर दिया जाता है और उसके सीने पर पांच सौ पौण्ड वज़न रखा जाता है। शरीर लचकता नहीं लोग देखकर हैरान हो जाते हैं।

कई लोग ऐसे ही पत्थर सीने पर रखकर उसे हथौड़े से तुड़वाते हैं। कई लोग अपने शरीर पर लकड़ी का पट्टा रखकर ऊपर हाथी चलवाते हैं।

न्यूयार्क के रोचेस्टर नगर में एक बार प्रो. बार्नन ने एक 26 वर्ष के युवक पर ऐसा प्रयोग किया। उसे सम्मोहित करके, उसके शरीर पर एक तख्ता रखा। तख्ते पर एक घोड़े को खड़ा किया और उसपर खुद सवारी करके लोगों को अचरज में डाल दिया। उस तख्त, घोड़े एवं सवार व्यक्ति का वज़न उस समय मशीन ने 2100 पौण्ड बताया। इस प्रकार के सम्मोहन का प्रयोग सरकस एवं हैरतअंगेज़ सार्वजनिक प्रयोगों में ज्यादा किया जाता है।

डा. मैस्मर का प्रायोगिक दृष्टान्त

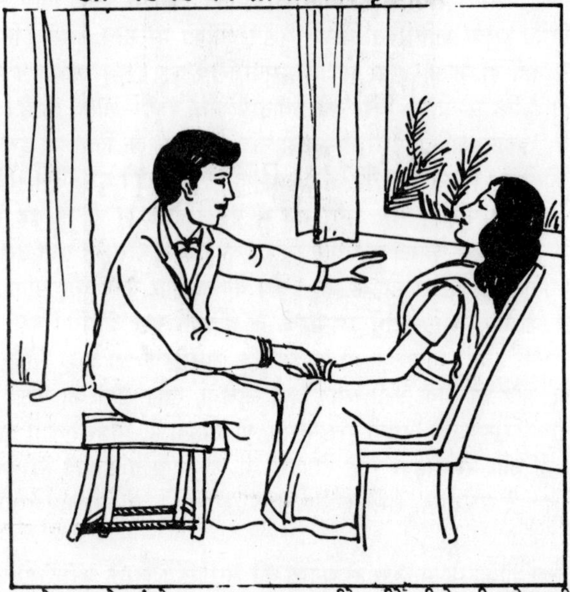

डा. मैस्मर अपने पात्र के कंधे पर हाथ रखकर धीरे-धीरे नीचे की ओर, नीचे जानेवाला स्पर्श देते हुए पात्र के लटकते हुए हाथ की उंगलियों तक अपना हाथ ले जाते थे। इसके बाद कुछ देर तक पात्र का अंगूठा दबाकर, फिर इसी तरह दो-तीन बार नीचे जानेवाला स्पर्श (Pass-On) देते थे। इससे सहज ही पात्र को नींद आ जाती थी।

डा इस्डेली का प्रायोगिक दृष्टान्त

डा. इस्डेली पात्र को सम्मोहित करने के पहले माध्यम को एक अंधेरे कमरे में ले जाते थे और उसे एक बिछौने पर सुलाकर कहते थे कि आंखें मूंदकर सोने की कोशिश करो। उसके बाद वे पात्र के सारे शरीर पर स्पर्श देते थे और बीच-बीच में उसके सिर और आंखों पर फूंक मारते थे। इसी तरह वे घंटे भर तक करते थे। इससे पात्र इतना सम्मोहित हो जाता था कि बिना किसी कष्ट से उसकी चीड़-फाड़ की जा सकती थी। प्रायः ऑपरेशन करने में वे इसी सिद्धान्त का प्रयोग करते थे।

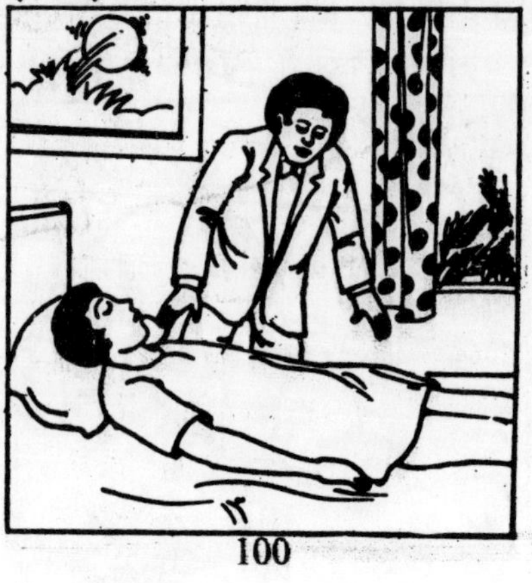

डा. ब्रेइड का प्रायोगिक दृष्टान्त

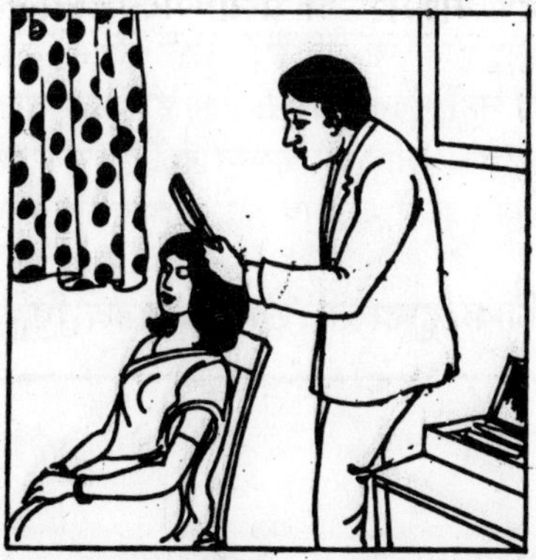

विश्व प्रसिद्ध डा. ब्रेइड अपना ''छुरियों का बक्स'' या कोई चमकीली चीज़ पात्र की आंखों से एक फुट दूर, उसके माथे की ऐसी जगह पर रखते थे, जहां आंखों पर पूरा जोर डाले बिना उसे देखा न जा सके। वे माध्यम से उस चीज़ की ओर टकटकी लगाकर देखने को कहते और दूसरी कोई बात सोचने को मना करते। उसके बाद वे अपने दाहिने हाथ को फैलाकर और तर्जनी तथा मध्यमा उंगली को ज़रा अलग-अलग करके उस चीज़ के पास से हाथ को पात्र की आंखों की ओर ले जाते थे। इससे प्रायः पात्र की आंखें स्वतः ही बन्द हो जातीं। यदि न होतीं, तो वे लगातार ऐसा ही करते जाते। वे पात्र से कहते कि अबकी बार जब वे अपने हाथ को उस चीज़ के पास से उसकी ओर ले आवें तो पात्र अपनी आंखें मूंद सकता है, लेकिन पुतलियां जिस तरह थीं, उसी तरह रहेंगी और मन में भी पहले का वही एक ख्याल रखना होगा। उनका यह प्रयोग हमेशा सफल रहता था।

बार्नहिम साहब का प्रायोगिक दृष्टान्त

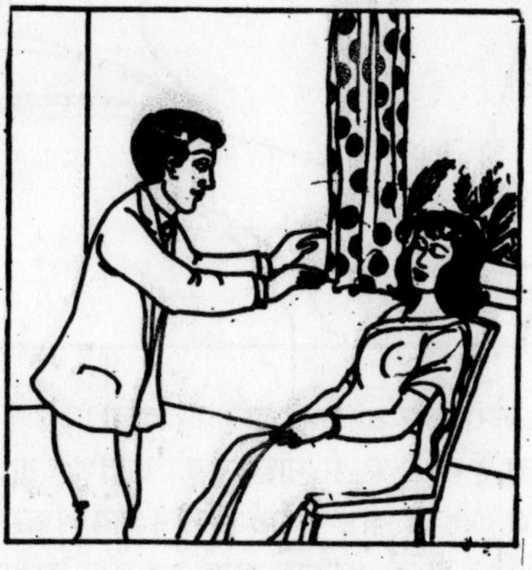

बार्नहिम साहब पहले अपने पात्र को सारी बातें समझाकर कह देते और उनको निडर बना देते थे। उसके बाद कहते थे कि—''मेरी ओर देखो और नींद के अलावा दूसरी किसी बात का

ख्याल मत करो। तुम्हारी पलकें धीरे-धीरे भारी हो रही हैं, तुम्हारी आंखें थक रही हैं और उनमें पानी भर रहा है। अब वे बन्द होती जा रही हैं।'' इतने ही से अनेक पात्र आंखें मूंद लेते थे और सो जाते थे। अगर आंखें नहीं मुंदती तो पुनः ऐसा ही किया जाता था। इसके बाद भी अगर सफलता न मिलती, तो वे कहते—''नींद की ज़रूरत नहीं है। सम्मोहित अवस्था में अनेक कार्य बिना नींद के भी हो सकतें हैं। इसमें अनुभव की आवश्यकता रहती है।''

योगिक दृष्टान्त (स्व-सम्मोहन विधि)

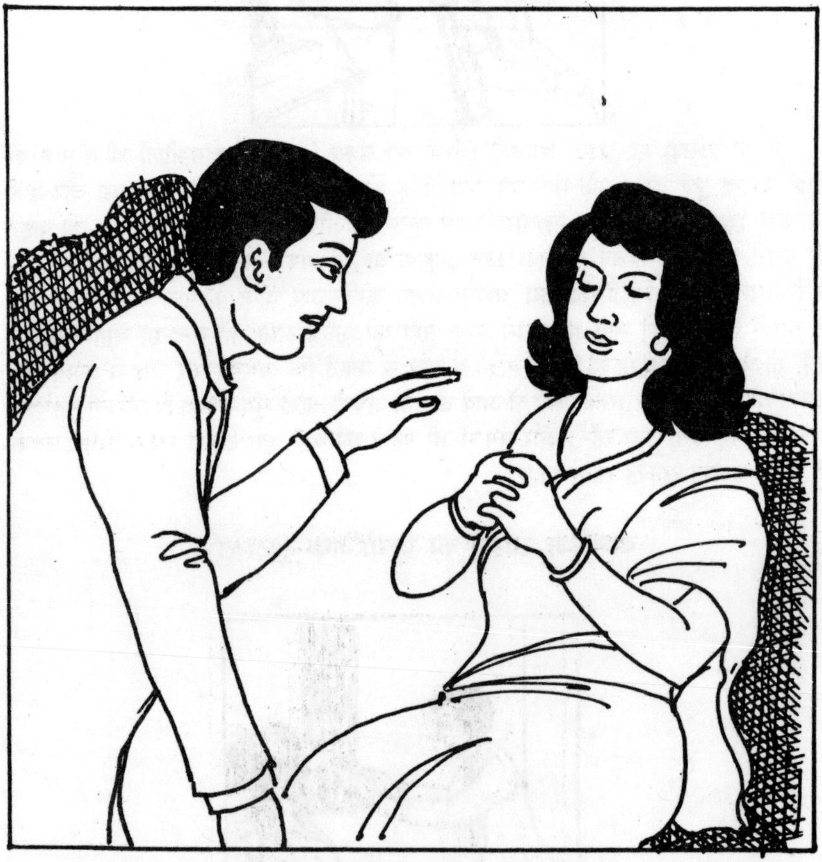

पात्र से कहता हूं—मेरी ओर टकटकी लगाकर देखो। इससे कुछ देर पात्र की आंखें मुंद जाती हैं और वह सो जाता है। प्रो. ब्यूनी माध्यम को आदेश देता है कि अपने दोनों हाथों की अंगुलियों को आपस में इस तरह से जोड़ दो कि खुल न पाये। फिर पात्र को कहता है कि तुम्हारी अंगुलियां चिपक गई हैं। कितनी ही कोशिश करने पर अब तुम्हारी मुट्ठी नहीं खुल सकती। सचमुच पात्र को लगता हैं कि अंगुलियां चिपक गई हैं। जिसे खोलने में वह अपने आपको बेबस पाता है।

लीब्यूल्ट्स साहब का प्रायोगिक दृष्टान्त

लीब्यूल्ट्स अपने पात्र को एक बड़ी कुर्सी पर बैठाकर, कोई भी बात न सोचते हुए टकटकी लगाकर अपनी ओर देखने को कहते थे। इस तरह वे पात्र को बहुत देर तक टकटकी लगाये नहीं रहने देते थे। उनका उद्देश्य था, इस तरह से पात्र में एकाग्रता लाना। इसके बाद पात्र की आंखें अगर अपने आप नहीं मुंद जातीं तो वे उससे आंखें मूंदने को कहकर हुक्म देते थे कि—''तुम्हारी पलकें धीरे-धीरे भारी हो रही हैं, तुम्हारा शरीर धीरे-धीरे अवश हो रहा है, तुम्हें धीरे-धीरे नींद आ रही है।'' वे दो मिनट तक ऐसा ही किया करते थे।

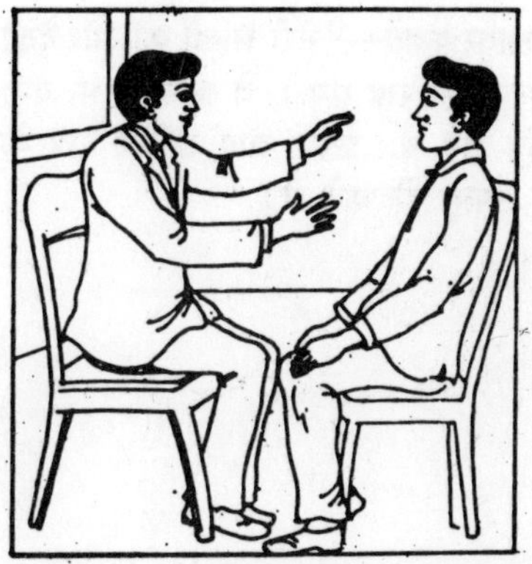

डा. वेटरस्ट्रैड का प्रायोगिक दृष्टान्त

डा. वेटरस्ट्रैड मामूली नींद के समय पात्र के सिर पर एक हाथ बड़ी सावधानी से धीरे-धीरे रखते थे और दूसरा हाथ उसके शरीर पर रखते थे। बस इसी क्रिया से पात्र की आंखें बन्द हो जाती थीं। माध्यम भरपूर नींद में चला जाता था।

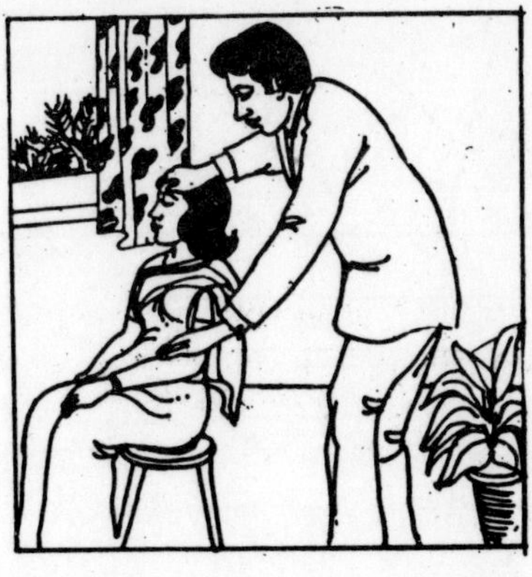

डा. प्लावर का प्रायोगिक दृष्टान्त

डा. प्लावर माध्यम को आराम से बैठाकर उससे कहते थे कि—''सो जाना तुम्हारे लिए अत्यावश्यक है।'' इसके बाद जब माध्यम राज़ी हो जाता तो उसे अपनी आंखों की ओर देखने को कहते। तब वे एक-दो-तीन गिनना शुरू करते और प्रत्येक संख्या की गिनती के साथ-साथ वे पात्र को आंखे मूंदने और खोलने को कहते थे। एक-दो की गिनती-गिनते वक्त बराबर-बराबर समय देते और एक जैसी तथा साफ आवाज़ में बोलते थे। जिससे पात्र आंखें मूंदकर सो ज़ाते थे, लेकिन जब वे सफल नहीं होते तो पात्र को आंखें मूंदने को कहकर स्पर्श देना शुरू कर देते थे।

उसके बाद डा. प्लावर कहते—''मेरी आंखों की ओर देखो, तुम्हारी पलकें धीरे-धीरे भारी हो रही हैं, तुम उन्हें खुली नहीं रख सकते, वे अभी-अभी बन्द हो जायेंगी।'' इससे सहज ही वे उसी वक्त आंखें मूंद लेते थे। इसके बाद डाक्टर पात्र के मुंह पर तेज़ स्पर्श देते और कहते—''सोओ'' और सफल हो जाते थे।

ब्रामवेल का निजी अनुभव

ब्रामवेल माध्यम को एक आरामदेह आसन पर बैठाकर उससे अपनी आंखों की ओर देखने को कहते हैं। उसके बाद वे उससे कहते हैं कि—"मैं एक से दस तक गिनूंगा और इसी बीच तुम सम्मोहित हो जाओगे।" यह कहकर ब्रामवेल एक-दो-तीन गिनना शुरू करते हैं। उसके साथ ही स्पर्श भी देते हैं। इससे एक से पांच तक गिनते-गिनते पात्र सम्मोहित हो जाता है। जब कभी वे इसमें सफल नहीं होते तो (Medicinal Method) काम में लेते हैं। दुनिया में ऐसा कोई सम्मोहक नहीं है, जो सबको सम्मोहित कर सके। दुनिया के सबसे बड़े सम्मोहक भी कभी-कभी असफल हो जाते हैं। पात्र अगर सम्मोहित होने को राजी न हो तो कोई भी सम्मोहक उसे मोहित नहीं कर सकता, और सबका मन एक-जैसा अनुभव कर सकने वाला भी नहीं होता, इसलिए भी सबको सम्मोहित नहीं किया जा सकता। (James Coates) ने अपनी "प्रेक्टिल हिप्नोटिस्ट" नामक पुस्तक में लिखा है कि—"चौदह साल से कम उम्र के सभी लोग मोहित किये जा सकते हैं। परन्तु पूर्ण परिपक्व बुद्धि वाले लोगों में मात्र 15% ही सम्मोहित हो पाते हैं।"

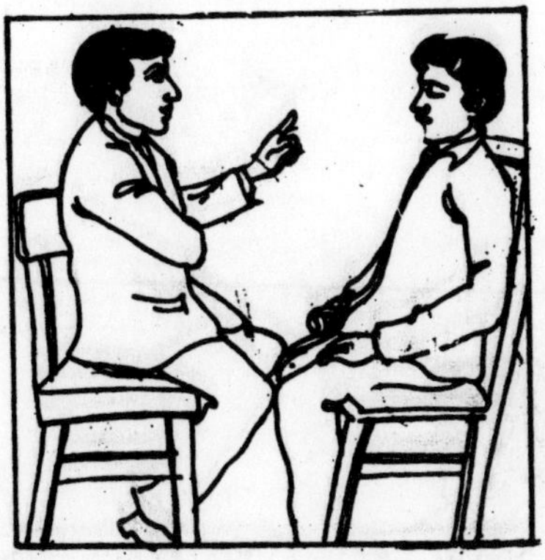

चार्ल्स रिचेट का प्रायोगिक दृष्टान्त

चार्ल्स रिचेट का कहना है कि—"मैं पात्र को अपने सामने बैठाता हूं और अपने दोनों हाथों से पात्र के हाथों के दोनों अंगूठे पकड़कर कुछ ज़ोर से दबाता हूं। इस तरह तीन-चार मिनट तक करने के बाद ऐसा देखा जाता है कि कमज़ोर पात्र हाथ, कुहनी और कंधे में एक प्रकार का भारीपन अनुभव करने लगता है। उसके बाद मैं हाथ फैलाकर उसकी आंखें मूंदने के लिये उसके सामने "नीचे जाने वाला स्पर्श" देता हूं। इससे पात्र सम्मोहित हो जाता है।"

ब्रामवेल साहब का प्रायोगिक दृष्टान्त

ब्रामवेल का कहना है कि—"मैं पात्र को एक आरामदेह कुर्सी पर बैठाकर उसकी आंखों के सामने एक छोटा दर्पण रख देता हूं और उसके बगल में एक लैंप इस तरह रखता हूं कि आईने में उसकी छाया पड़े। उसके बाद पात्र से कहता हूं कि जब तक हो सके, उस आईने की ओर टकटकी लगाकर देखते रहो। इससे कुछ लोग बहुत जल्दी सम्मोहित होकर सो जाते हैं।"

सर्वप्रिय सम्मोहन का आसान तरीका (प्रथम)

पात्र के शरीर पर "नीचे जाने वाला स्पर्श" (एक या दोनों हाथों से) दें और उसकी आंखों की ओर टकटकी लगाकर देखते हुए उससे कहें कि—"आंखें बन्द कर लो।" उसके बाद उसकी पलकों पर धीरे-धीरे थपकी देते हुए उससे कहें कि—"सो जाओ।" उसके बाद माथे के ऊपर से पेट के नीचे तक या पैर तक स्पर्शहीन "नीचे जाने वाला स्पर्श" दें। शरीर के बिल्कुल नज़दीक से हाथ फेरें। प्रत्येक स्पर्श के बाद हाथ को झाड़ देना चाहिए। इससे शीघ्र सम्मोहित होकर आपके आदेशों का पालन करने लगेगा।

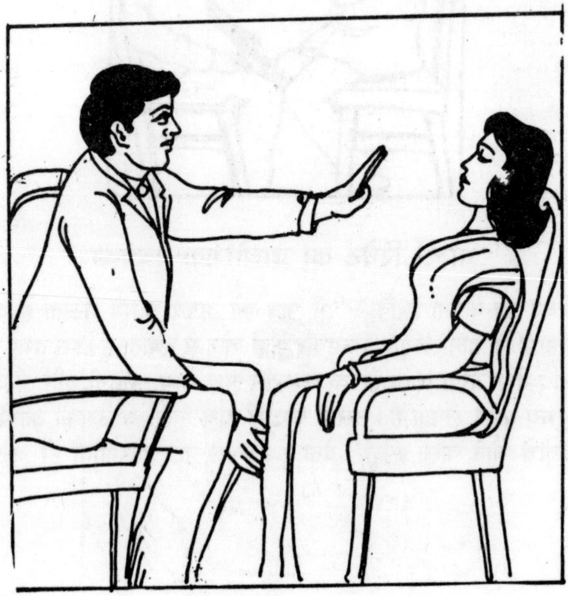

सर्वप्रिय सम्मोहन तरीका (द्वितीय)

इससे भी आसान तरीका यह है कि पात्र से कहें कि—"अपनी आंखें मूंद ले और सोचे कि उसका शरीर अवश हो गया है और उसे नींद आ रही है।" यह कहकर, सम्मोहक वहां से चला जाये। थोड़ी देर के बाद लौटने पर वह देखेगा कि पात्र सम्मोहित होकर सो गया है। यह सबसे आसान तरीका है।

सर्वप्रिय सम्मोहन तरीका (तृतीय)

साधारण नींद की हालत में पात्र को आज्ञा दें "सोओ, सोओ" और उसे स्पर्श दें इसमें अगर थपथपाने वाला स्पर्श दिया जाये तो अधिक उपयोगी हो सकता है। इससे पात्र आपके सम्मोहन में आ जायेगा।

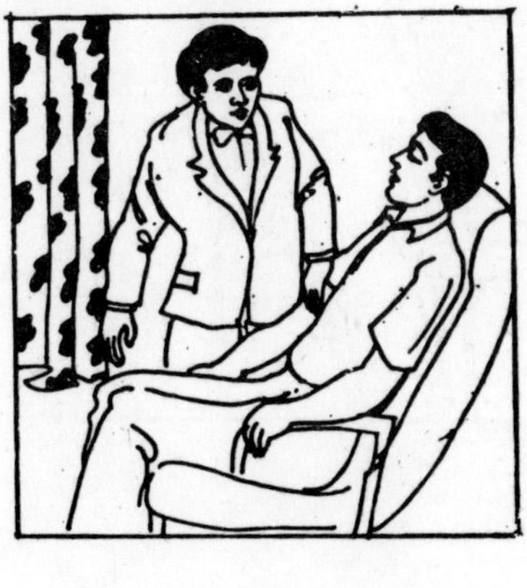

सर्वप्रिय सम्मोहन तरीका (चतुर्थ)

चतुर्थ तरीके में माध्यम की दो उंगलियां ज़ोर से पकड़कर उन्हें पात्र की आंखों से कुछ दूर रखें और उससे कहें कि इनकी ओर टकटकी लगाकर देखो। उसके बाद उसी उंगली की ओर देखते हुए उसे सोचने दें कि—"**मुझे नींद आ रही है।**" इसके बाद उंगली उसकी आंखों के पास ले जाकर, फिर दूर जाकर, फिर पास ले जाकर, इसी तरह हुक्म दें। इससे पात्र को नींद आ जाती है और शीघ्र ही वह मोहित हो जाता है।

सर्वप्रिय सम्मोहन (पंचम)

सम्मोहन के पांचवें तरीके में पात्र की आंखों से ऊपर या आंखों के सामने कोई छोटी चीज रखकर उससे कहें कि वह आंखें गड़ाकर उसकी ओर देखे। उसके बाद भौंहों और कनपटियों के पास हल्के-हल्के ठोकर मारने से पात्र की कमज़ोरी दूर हो जाती है और वह मोहित हो जाता है। तथा आपके आदेश का पालन करने लगता है।

सर्वप्रिय सम्मोहन का तरीका (छठा)

सम्मोहन के छठे व अंतिम तरीके में पात्र का अंगूठा ज़ोर से दबाकर उसकी ओर आंखें गड़ाकर देखना चाहिए। उसके बाद पात्र से कहें कि वह और कोई बात न सोचकर सिर्फ यह सोचे कि उसे नींद आ रही है और शरीर अवश होकर गिरा जा रहा है। इससे पात्र सहज ही मोहित होकर सो जाता है।

सम्मोहन के कमाल

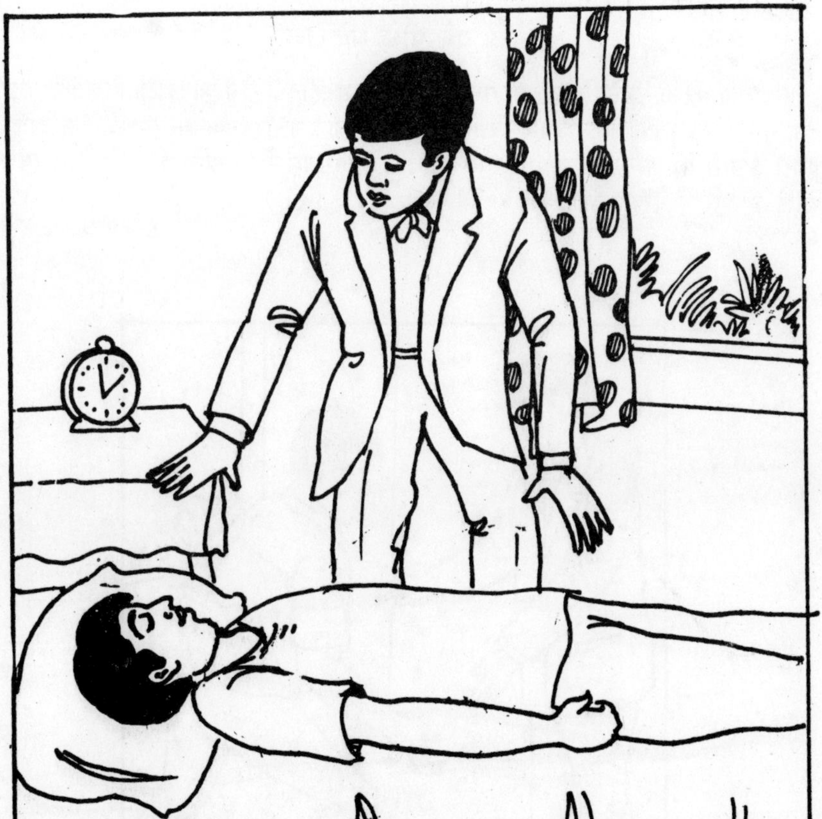

शायद ऐसा कोई भी न होगा, जिसने सम्मोहन का खेल न देखा हो। यह बड़ा अचरज भरा और हंसाने-बहलाने वाला है, साथ ही इससे कोई नुकसान भी नहीं होता। इन खेलों से हर तरह के आदमियों को खुश किया जा सकता है। पढ़े-लिखे और अनपढ़ सभी का इससे दिल-बहलाव होता है। सम्मोहक की शक्ति के प्रभाव से मोहित आदमी जब तरह-तरह के अचरज-भरे काम करने लगता है और देखने वाले हंसते-हंसते लोट-पोट हो जाते हैं तो सभी का जी होता है कि—"अगर मुझमें भी सम्मोहक शक्ति होती तो कैसा अच्छा होता।" जो लोग ऐसा चाहते हैं, उनकी अभिलाषा पूरी करने के लिये ही यह पुस्तक लिखी गई है। जो लोग इस विद्या को सीखना चाहें, उन्हें पुस्तक के प्रारम्भ में बतलाये हुए तरीकों का अभ्यास करना चाहिये और उसके बाद इन खेलों का तरीका सीखना चाहिये। नीचे लिखे अनुसार अभ्यास करने से थोड़े दिनों में कोई भी आदमी शौकिया सम्मोहक बनकर अपने करतबों से इष्ट-मित्रों को अचरज में डालकर अच्छी-खासी वाहवाही प्राप्त कर सकता है। और उसके बाद सम्मोहन का धंधा करने वाला बनकर यश, मान-सम्मान के साथ-साथ काफी धन भी कमा सकता है।

पात्र को पीछे धकेलना

पात्रों को सम्मोहित करके या सुलाकर उन्हें स्पर्श-हीन "नीचे जानेवाला विकर्षक स्पर्श" देना चाहिए या उनके पीछे जाकर स्पर्श-हीन "नीचे जाने वाला आकर्षक स्पर्श" देना चाहिए। इससे वे पीछे की ओर झुक जायेंगे। स्पर्श-साधना के अभ्यास में "आकर्षण" और "विकर्षण" स्पर्श के बारे में देखना चाहिये।

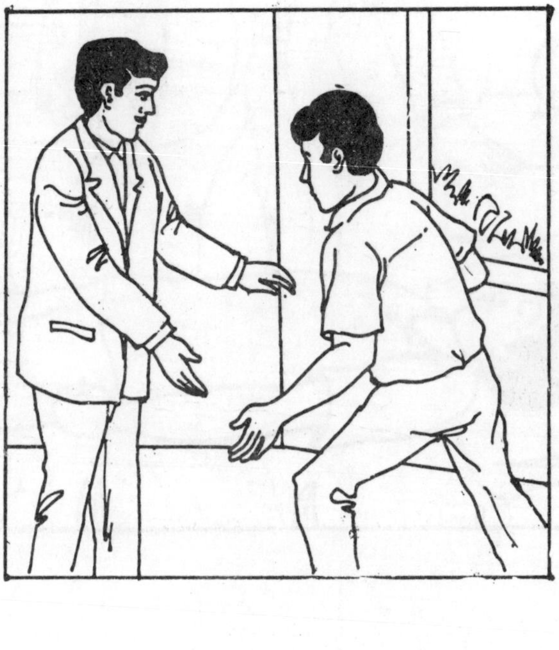

पात्र को अपनी ओर खींचना

पहले बतलाये हुए नींद बुलाने के तरीकों में से किसी एक के द्वारा पहले पात्र को सुला देना चाहिये। उसके बाद उसके सामने खड़ा होकर "आकर्षक स्पर्श" देना चाहिये और पात्र से कहना चाहिये कि—"तुम्हारा शरीर सामने की ओर झुक रहा है...झुक रहा है...सामने की ओर गिर रहा है, गिरे तो रोकना मत, मैं सामने हूं, पकड़ लूंगा। अगर न गिरो तो जान-बूझकर गिरने की कोशिश न करना, और गिरो तो रोकना मत...गिरो...गिरो...गिरो।"

पात्र की आंखें मूंदना

पात्र को सुलाये बिना, जब वह प्लावर साहब के तरीके के मुताबिक आंखें खोलता और मूंदता रहेगा, उस समय उससे कहना हागा—"तुम्हारी पलकें धीरे-धीरे भारी हो रही हैं। लो, वे बंद हो गयीं...अब नहीं खुलेंगी, नहीं खुलेंगी...वे हमेशा के लिये बन्द हो गयीं। कोशिश करो।" तब हज़ारों कोशिश करके भी पात्र आंखें नहीं खोल सकेगा। इसमें थपथपाने वाले स्पर्श का इस्तेमाल किया जाता है।

पात्र की बोलती बन्द कर देना

पात्र की बोलती बंद करने के लिये पहले उसे अजीब करामातें दिखलाने वाले स्पर्श के द्वारा वश में करके उससे कहना चाहिए कि—"तुम्हारी बोलती बंद हो गयी...बंद हो गयी...इस जगह से बंद हो गयी (यह कहकर कंठ-नली पर) उंगली से ठोकर मारकर जगह बतला देनी चाहिये। तुम कोशिश करो, तुम्हारे गले से आवाज़ न निकलेगी...कोशिश करो...कोशिश करो।"

"असंभव है...किसी तरह आवाज़ नहीं निकलेगी।" तब पात्र हर तरह से कोशिश करके भी कुछ बोल नहीं सकेगा और देखने वालों को बड़ा अचरज होगा।

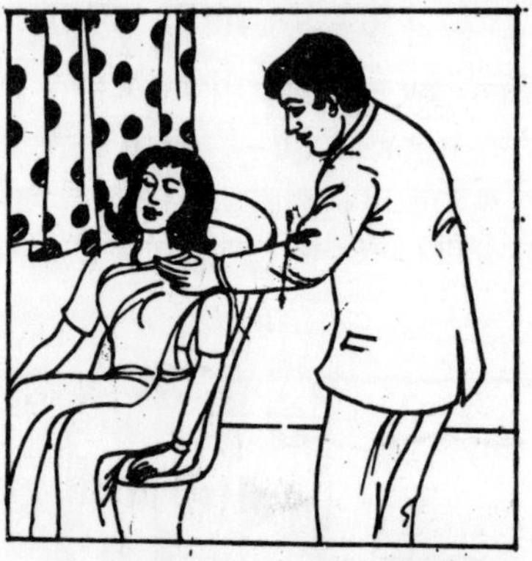

पात्र को चलने से लाचार कर देना

पात्र को अजीब करामातें दिखलाने वाले स्पर्श के द्वारा वश में करके उसके पैरों पर स्पर्शयुक्त "नीचे जाने वाला स्पर्श" देना होगा। उसके बाद उसके घुटनों पर हल्की-सी ठोकर मारकर कहना होगा—"लो, तुम्हारे पैर अटक गये, अब वे सीधे न होंगे, किसी तरह नहीं होंगे। तुम्हारे पैर टेढ़े और कड़े ही रहेंगे...उठो, चलने की कोशिश करो।" इसके बाद पात्र किसी भी तरह चल नहीं सकेगा। उसी दम पछाड़ खाकर ज़मीन पर गिर पड़ेगा और देखने वालों के अचरज का ठिकाना नहीं रहेगा।

पात्र के हाथ को अपने हाथ से बांध देना

सम्मोहक पात्र के पीछे जाकर बायें हाथ से "हेड स्पर्श" देगा और दाहिना हाथ पात्र के हाथ के साथ जोड़कर कहेगा कि—"तुम्हारा हाथ मेरे हाथ के साथ बंध गया। वह मेरे हाथ के साथ ही उठेगा-गिरेगा...उठे...उठे हां...अब गिरे...गिरे।"

पात्र का नाम भुला देना

अजीब करामातें दिखाने वाले स्पर्श के द्वारा पात्र को वश में करके उससे कहना होगा—"तुम्हारा नाम जलेबी है, समझे...जलेबी।" ज-ले-बी। बड़ा अच्छा नाम है। बोलो तो क्या है-क्या है तुम्हारा नाम ? तब वह जवाब देगा—"जलेबी" सम्मोहक कहेगा—"साफ-साफ कहो, समझ में नहीं आता, कहो" तब वह जोर से कहेगा—"ज-ले-बी।"

यह गलत नाम सिर्फ एक घंटे या एक दिन के लिये नहीं होगा, बल्कि हफ्ते भर को महीने भर उसे इसी गड़बड़ी में डाले रखा जा सकता है। उस समय अगर कोई उसे जलेबी के अलावा किसी और नाम से पुकारेगा तो वह जवाब तो देगा ही नहीं, इसके विपरीत वह नाराज़ भी हो जायेगा। इसी तरह आप अपने माध्यम को कोई भी नाम दे सकते हैं।

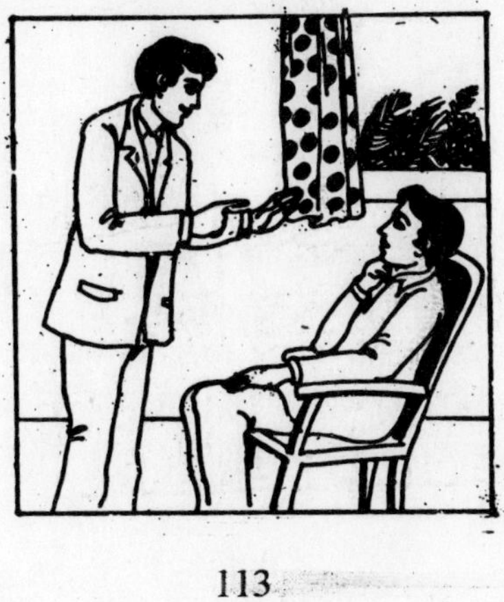

पात्र को मिठाई खिलाना

माध्यम को अजीब करामातें दिखलाने वाले स्पर्श के द्वारा मोहित करके उसके हाथ में थोड़े-से ढेले देकर कहना चाहिए—"ये खूब **अच्छे बताशे हैं-खाकर देखो**, खूब मीठे हैं।" पात्र उसी वक्त उन ढेलों को खाने और उनका मीठापन अनुभव करने लगेगा। चाहे पात्र के हाथ में कुछ गोल आलू देकर कहें—"**तुम्हारे हाथ में थोड़े से रसगुल्ले दिये गये, खाकर देखो**।" तब पात्र उन्हें खाने लगेगा। आलुओं को अगर पानी में भिगोकर पात्र के हाथ में दिया जाये और उससे कहा जाये कि—"तुम्हारे रसगुल्लों का रस हाथ में से गिर रहा है, चाट डालो...ऐसा मीठा रस गिर रहा है, उसे बेकार मत जाने दो। तब पात्र अपने हाथ को जीभ से चाटने लगेगा। यह देखकर दर्शकगण अपनी हंसी नहीं रोक सकेंगे।

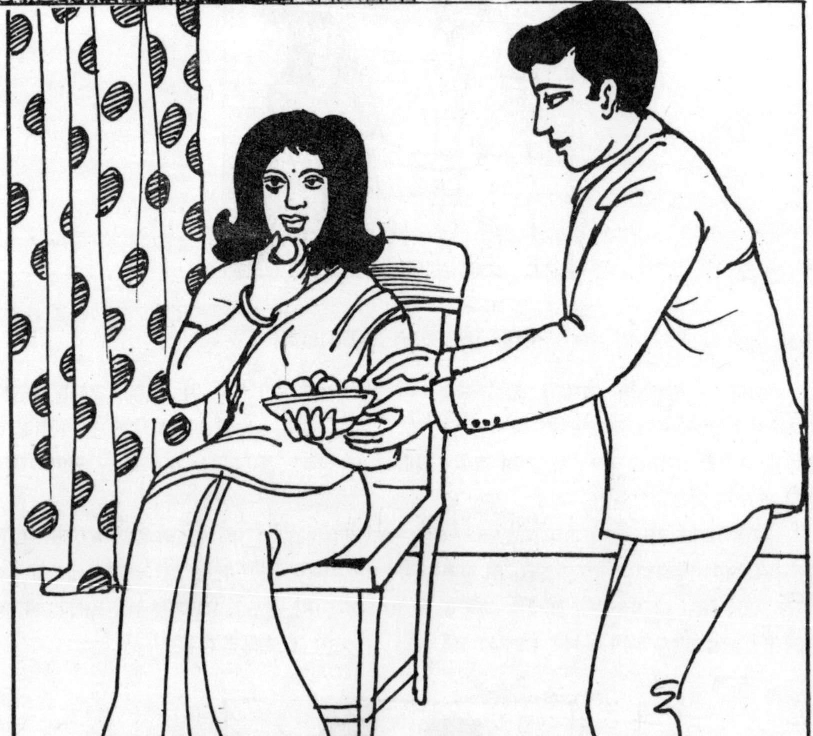

कागज़ को बर्रे (डंकमार मधुमक्खी) बताना

अजीब करामातें दिखाने वाले स्पर्श के द्वारा सम्मोहक पात्र को वश में कर लेगा। उसके बाद कागज़ के कुछ छोटे-छोटे टुकड़े फाड़कर पात्र से कहेगा—"ओ, बहुत से बर्रे आ रहे हैं...बहुत से बर्रे आ रहे हैं!" उसके बाद कागज़ के टुकड़े पात्र के बदन पर फेंककर कहना होगा—"बर्रे तुम्हारे बदन पर आ बैठे हैं, उन्हें फेंक दो...वे अभी डंक मार देंगे...सावधान, तुरंत डंक मार देंगे।" तब पात्र कागज़ के टुकड़ों को बर्रे समझकर जोर-जोर से चिल्लाने लगता है और टुकड़ों को अपने बदन पर से उठा-उठाकर फेंकने लगता है।

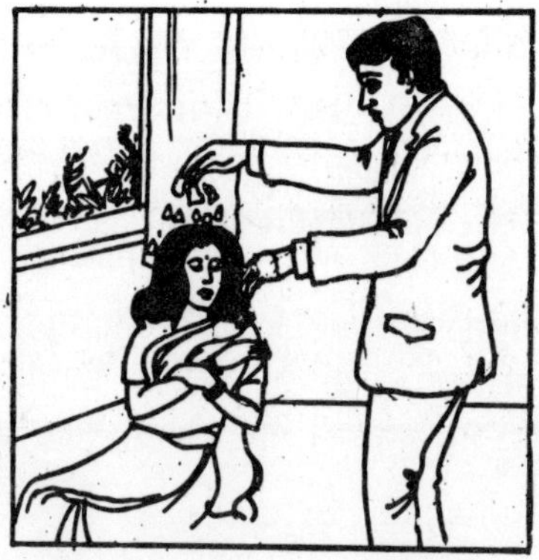

मछली पकड़वाने का तमाशा

पात्रों को अजीब करामातें दिखलाने वाले स्पर्श के द्वारा वश में करके उनके हाथ में घर बुहारने वाली एक झाड़ू देकर कहना चाहिए—"यह मछली पकड़ने की बंसी है, तुम मछली पकड़ने आये हो और इसीलिये नदी के किनारे बंसी डालकर बैठे हो। यह मछली तुम्हारी बंसी में फंस गयी...खींचो, खींचो, ज़ोर से..., और ज़ोर से...तुम मछली से पार क्यों नहीं पाते...तुम्हें वह ले गयी...,ले गयी...ज़ोर से खींचो, और ज़ोर से।" तब पात्र सही-गलत का ख्याल भूलकर, झाड़ू लेकर खींचातानी करने लगेगा। इससे लोगों का अच्छा मनोरंजन होगा।

पतंग उड़ाने का तमाशा

पहले ही की तरह पात्रों को स्पर्श के द्वारा वश में करके उनसे कहना होगा कि—"अब तुम लोग मैदान में पतंग उड़ाने जाओगे। अच्छा, उससे तो छत ही पर चलना ठीक है। चलो, छत पर उड़ाने चलो। लेकिन देखो, होशियारी से रहना। छत छोटी और खतरनाक है। यह रही तुम्हारी लटाई–लो, दोनों हाथों से... ।" यह कहकर एक छाता लपेटकर उनके दोनों हाथों में पकड़ा देना होगा।

"यह तुम्हारी पतंग आसमान में उड़ रही है...वाह, खूब, खूब...ए, देखो, एक दूसरी पतंग तुम्हारी पतंग को काटने की कोशिश कर रही है...ढील दो, ढील दो...और ढकेल दो हां, अब खींचो...पीछे की ओर खीचो...अरे, यह क्या गिर गये! होशियार, छत पर से गिर गये...बस, बस, बस।"

हवाई जहाज़ चलाने का दृश्य

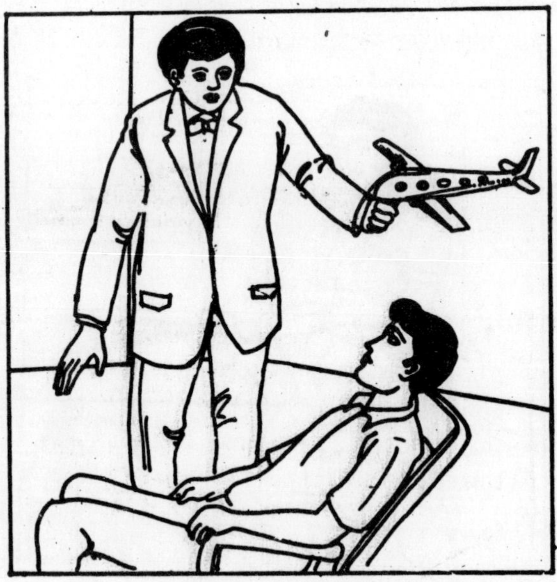

(यह Paris College of Psychology का निकाला हुआ खेल है और बहुत ही मज़ाक से भरपूर है)

पात्रों को पहले ही की तरह अजीब करामातें दिखलाने वाले स्पर्श और पहले बतलाये हुए तरीकों में से किसी एक के द्वारा मोहित करके उन्हें हुक्म देना होगा कि—"इस हवाई जहाज़ पर चढ़कर मैं दुनिया के बहुतेरे देशों की सैर करने जा रहा हूं।" चलो, आकाश मार्ग से दुनिया की सैर कर आयें, आओ, चलें। ओह, खूब तेजी से चल रहा है, अब धीरे, और भी धीरे लो, अब इंग्लैण्ड पहुंच गये...यह रहा लन्दन शहर, कितने लोग-बाग हैं, कितनी गाड़ियां हैं, कितनी बिजली-गाड़ियां हैं...यह रेलगाड़ी, ट्राम...अरे, ये मोटरें कितनी बड़ी-बड़ी हैं! चलो, अब पेरिस चलें ओह, फिर तेजी से चलो, लो यह पेरिस शहर में पहुंच गये। ओह कैसा बढ़िया है! कैसा सुन्दर है! वह देखो, पेरिस की लड़कियां टकटकी लगाकर हम लोगों की ओर देखती हुई हंस रही हैं...वह देखो, हम लोगों को मुंह चिढ़ा रही हैं। तुम भी लोगों को मुंह चिढ़ाओ...खूब चिढ़ाओ...और चिढ़ाओ...और...और।

असल बात यह है कि पात्र को मोहित और वशीभूत कर लेने पर उससे चाहे जो भी कराया जा सकता है। सो जाने पर उसे जो हुक्म दिया जायेगा, वही करेगा। इस स्थिति में होश में रहने पर भी पात्र सम्मोहक की शक्ति के वश में रहता है, इसलिये खुद सोचने-समझने की ताक़त उसमें नहीं रहती और वह सम्मोहक की आज्ञा के अनुसार समस्त कार्य करता है। सम्मोहन सीखने वाले अपनी मर्ज़ी से तरह-तरह के तमाशे निकाल सकते हैं। जैसे—मोटर साइकिल की सवारी, हाडू-डू खेलने का तमाशा, फुटबाल खेलने का तमाशा, दोनों हाथ की तर्जनियों के इकट्ठी न होने का तमाशा, आदि।

सोये हुए पात्र को वापस जगाने का तरीका

अब तक आपने माध्यम सुलाने के तरीके सीखे, अब यह जानना ज़रूरी है कि सोये हुए सम्मोहित पात्र की नींद कैसे दूर की जा सकती है।

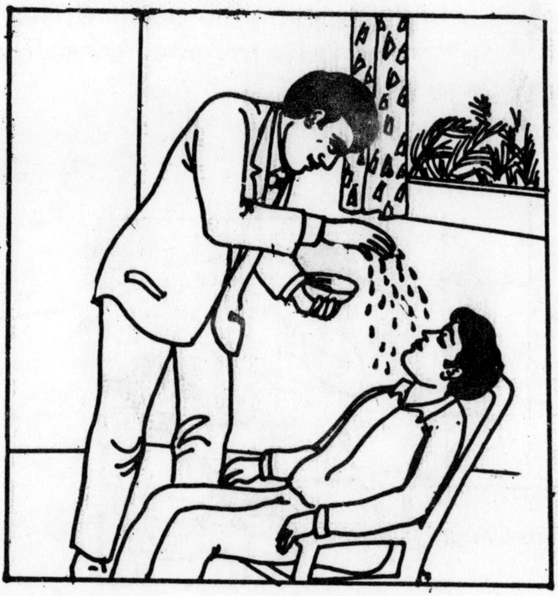

ब्रेइड का प्रायोगिक दृष्टान्त

डा. ब्रेइड पहले सम्मोहित आदमी को ठंडी हवा में रखकर और पंखा झलकर उसे जगाते थे। इसमें बहुत देरी लगती थी, इसलिए आगे चलकर वे हुक्म देकर पात्र को जगाने लगे। पहले तरीके का इस्तेमाल उन्होंने बन्द कर दिया।

नान्सी स्कूल का प्रायोगिक दृष्टान्त

नान्सी स्कूल के सदस्य भी आज्ञा देकर पात्र को जगाते हैं। वे सम्मोहित पात्र से कहते हैं कि—"मैं एक्-दो-तीन गिनूंगा, इसी बीच तुम जग जाओगे।" इसी तरह के और भी सांकेतिक आदेशों से वे पात्र को जगाते हैं।

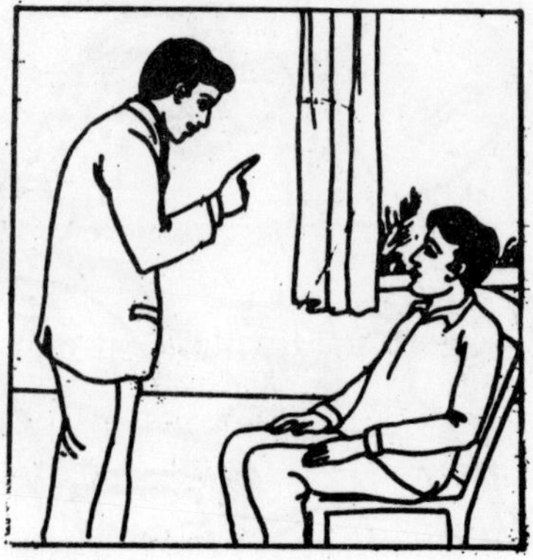

पीटर साहब का प्रायोगिक दृष्टान्त

प्रसिद्ध सम्मोहक पीटर साहब पात्र के शरीर के कुछ खास हिस्सों को जोर से दबाते थे, इसी से वह जाग जाता था। उन्होंने शरीर के इन हिस्सों का नाम रखा था (Zones Hypnofrenatrices)। वे ज़ोर से पलकें उघाड़कर भी सम्मोहन की नींद दूर करते थे। पर यह तरीका ज़्यादा अच्छा नहीं था।

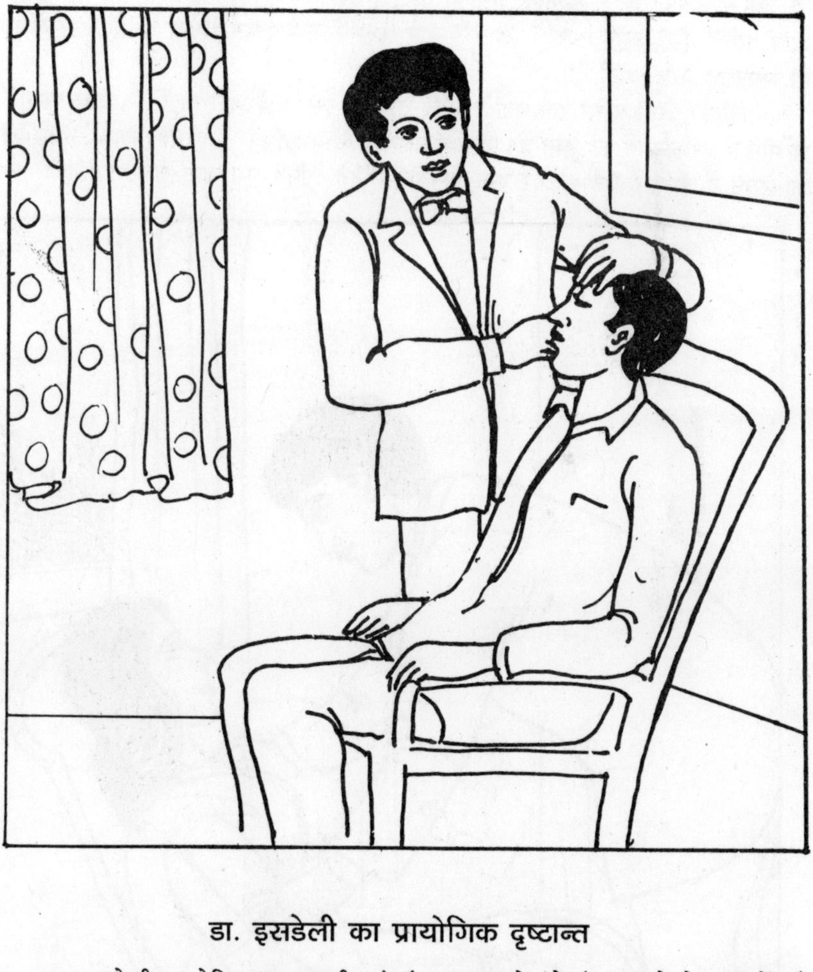

डा. इसडेली का प्रायोगिक दृष्टान्त

डा. इसडेली सम्मोहित माध्यम की आंखों पर खूब ज़ोर से फूंक मारते थे, पलकों और भौंहों को हाथ से रगड़ते थे और आंखों तथा मुंह पर ठंडा पानी छिड़ककर पात्र को जगाते थे। यह तरीका अचूक है।

सम्मोहित पात्र को जगाने के अन्य तरीके

सोये हुए पात्र को आदेश देकर कहना होगा—''सोओ, सोओ'' वगैरह। उसके बाद सम्मोहक के हुक्म से जब वह गहरी नींद में सो जायेगा तो उसे हुकम देना होगा कि—''अब मत सोओ'', ''जागो'', ''आंखें खोलकर देखो''...तुम्हारी नींद खुल गयी। यह कहकर पानी का छींटा देकर या जोर से उसका बदन हिलाकर मामूली नींद से उठाने की तरह कहना होगा। ''तुम्हारी नींद खुल गयी'' ऐसा कहते समय ''ऊपर'' जाने वाला निवर्तकानस्पर्श देना चाहिए। इससे सहज ही सफलता मिल जाती है।

लेकिन अगर इससे सफलता न मिले तो फिर इसे नीचे जाने वाले ''प्रवर्तक स्पर्श'' से सम्मोहित करके सोने का हुक्म दें। पात्र के सो जाने के बाद फिर ''निवर्त्तक स्पर्श'' देकर जागने का हुक्म दें या कहें कि—''मेरे एक-दो-तीन गिनते-गिनते तुम जाग जाओगे।''

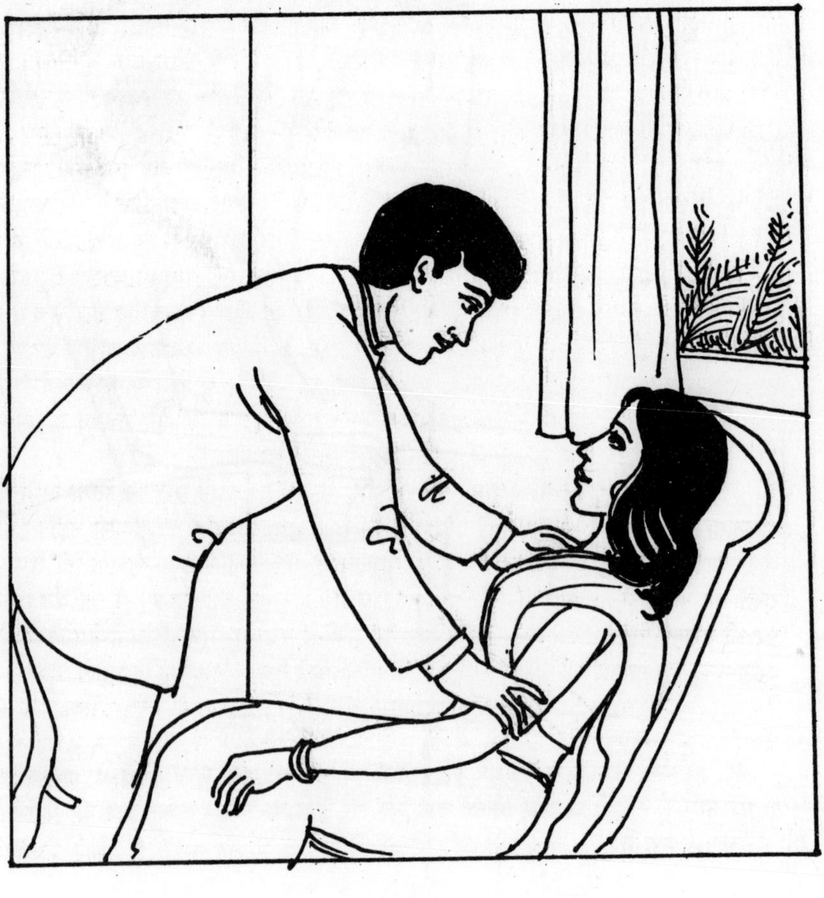

सम्मोहन से रोग निवारण

स्व-सम्मोहन के द्वारा शारीरिक व्याधियों को दूर किया जा सकता है। इसके लिए श्रद्धा तथा विश्वास की बड़ी आवश्यकता होती है। आप पूछेंगे कि—"स्वयम्-सूचना से शरीर की बीमारियां ठीक हो जाती हैं, तो फिर अस्पतालों और डाक्टरों की क्या आवश्यकता है ?" लेकिन इस विचार से ही आपका अविश्वास तथा आपकी अश्रद्धा प्रकट होती है। श्रद्धाहीन विचारों के कारण स्वयम्-सूचना सफल नहीं होती। अत: व्याधिग्रस्त व्यक्ति अपने अन्तर्मन की अगाध शक्ति में विश्वास करना सीखें। जब आप इस तत्व को मानेंगे, समझिए, कि आपका आधा काम बन ही गया है। कुछ शरीर-पीड़ाओं को स्वयम्-सूचना से कैसे दूर किया जा सकता है, इसके बारे में कुछ मार्गदर्शन करूंगा।

(1) स्वांस-रोग अथवा दमा :—अंग्रेज़ी में इसे अस्थमा कहते हैं। यह एक बड़ा भयानक रोग है। दमा-पीड़ित की यातनाओं को देखा नहीं जाता। रातभर वह तकिये को पकड़कर आधा बैठा, आधा सोया सांस लेने की कोशिश करता रहता है। दमा की बीमारी को दूर करने के लिए पथ्य करना आवश्यक है। दमा-पीड़ित हर रोज रात को अपने मन में एकाग्रता से सोचता रहे। "मेरी तबियत आज से ठीक हो रही है। आज रात को मुझे अच्छी नींद आ जाएगी और मैं सवेरे तरोताज़ा होकर जाग उठूंगा।" ऐसा एक प्रवाही और अति तीव्र विचार शीघ्र ही अन्तर्मन की गहराई में चला जाएगा। अन्तर्मन में जो भी विचार जाएगा वह सच निकलेगा। और दमा-पीड़ित का मन भी इस विचार को सत्य सिद्ध करने के लिए शरीर में आवश्यक प्रक्रियाओं को प्रेरित करेगा और रुग्ण अपनी बीमारी से छुटकारा पाएगा। "मेरा दमा ठीक हो जाएगा।" इस प्रकार उस व्याधि के नाम के उल्लेख के साथ सूचना नहीं देनी चाहिए। क्योंकि इस सूचना से मन शरीर की उस व्याधि को सतत् याद करता रहेगा और यह उपाय असफल रहेगा। केवल पहली ही बैठक में अन्तर्मन में सूचनाएं प्रवेश करेंगी ऐसी बात नहीं। हर रोज के अभ्यास से यह सब होता जाएगा। आप यह भी सोचते रहिए कि—"स्वयम् सूचना के द्वारा कितने ही अन्य लोग व्याधि-मुक्त हो गए, तो मैं भी ज़रूर उससे अच्छा हो जाऊंगा।"

(2) मधुमेह छुड़ाने की विधि :—मधुमेह से पीड़ित लोगों का मन इतना अधिक दुर्बल हो जाता है कि वे सोचने लगते हैं कि इस व्याधि से अब ज़िंदगीभर छुटकारा नहीं। उसका ही वे शिकार होने वाले हैं। यह विचार बड़ा विघातक है और वह स्वयम्-सूचना की सफलता के रास्ते का पत्थर बन जाता है। ऐसा प्रतिकूल विचार अन्तर्मन की गहराई में जा बैठने से शरीर पर भी उसका विपरीत हो जाना स्वाभाविक है। इसलिए स्वयम्-सूचना का प्रयोग करने से पहले आठ-दस दिन एकाग्र मधुमेह का रोगी मन से सोचता रहे कि—"मधुमेह बिल्कुल ठीक हो सकता है। मेरा अन्तर्मन यह चमत्कार ज़रूर दिखाएगा।" आगे की प्रक्रिया के लिए उसका मन अनुकूल बनाने में यह पहली सीढ़ी सोचता रहे कि—"मैं धीरे-धीरे ठीक हो जाऊंगा और महीने भर की अवधि में पूर्ण रूप से व्याधिमुक्त हो जाऊंगा।" यहां भी सूचना में "मधुमेह" शब्द को टालना चाहिये।

(3) मिरगी छुड़ाने की विधि :—इसे अंग्रेज़ी में फिट्स कहते हैं। छोटे बच्चों में और

कभी-कभी बड़ों में भी यह बीमारी पायी जाती है। रोगी अपने मन में सोचे कि—"मिरगी का दौरा आने से पहले ही मुझे उसका ज्ञान हो जावे।" इस सूचना का प्रभाव सिद्ध होने के बाद मन को एकाग्र कर रुग्ण सोचे कि—"मैं शीघ्र ही ठीक हो जाऊंगा। मेरा मस्तिष्क दिन ब दिन मज़बूत होता जा रहा है। उसे आवश्यक खून की पूर्ति करने का काम हो रहा है।" ऐसी सूचनाओं का प्रयोग दो-तीन महीने करते रहना चाहिए। अर्थात् सूचनाओं के बारे में मन पूर्ण श्रद्धायुक्त होना चाहिए और स्व-सम्मोहन की विधि का भी ज्ञान होना चाहिए। अगर अच्छा प्र मिरगी से पीड़ित किसी **क्ष** को पूर्ण सम्मोहित करे और इस बीमारी को दूर करने की वांछित सूचनाएं उसके अन्तर्मन को दे तो, दो-तीन बार के प्रयोग से **क्ष** पूर्णरुपेण ठीक हो जाता है। यह मेरा अनुभव रहा है। लेकिन मिरगी के रुग्ण को सम्मोहित करना बड़ी कठिन बात है।

(4) सिरदर्द छुड़ाने की विधि :—वैसे तो यह एक मामूली बीमारी है। अति श्रम या भीड़ की जगह लंबे समय तक ठहरने से सिरदर्द शुरू होता है। ऐसे वक्त शान्त मन से बिस्तर पर लेट जाइए। मन को एकाग्र कीजिए और सोचते रहिए कि—"मेरी प्राण-शक्तियां मेरे सिर की ओर दौड़ रही हैं। अब मैं ठीक हो जाऊंगा। अब मैं ठीक हो ही गया।" यह विचार धारा जादू के मंत्र जैसे काम करेगी और आपका सिरदर्द तुरन्त गायब हो जाएगा। समय बे-समय खाने से भी पेट में दर्द होने लगता है। ऐसे वक्त भी ऊपर का उपाय काम आएगा।

(5) बहरापन छुड़ाने की विधि :—कुछ लोग ऊंचा सुनते हैं। इसके दो कारण होते हैं। कोई बीमारी आ जाने के बाद उसका असर कानों पर होता है और श्रवण-शक्ति कम हो जाती है। कभी विस्फोट की आवाज जैसी बहुत बड़ी कर्कश आवाज़ हो जाती है और उससे भी कानों पर बुरा असर हो जाता है। दो एक साल पहले मेरे एक 80 वर्षीय मित्र रास्ते में से जा रहे थे। इतनी लंबी उमर के बावजूद भी उनके कान बहुत ही अच्छा काम दे रहे थे। लेकिन इतने में उनके पैरों के पास एक एटमबम नाम के उस बहुत बड़े पटाखे का विस्फोट हो गया, जिसकी प्रचंड आवाज़ के कारण वे पूरी तरह बहरे हो गए। बहरे व्यक्ति भी एकाग्र मन से सोचते रहें कि—"मुझे धीरे-धीरे सुनाई दे रहा है। मेरी कर्णेन्द्रिय शीघ्र ही सुधर जाएगी।" कुछ ही दिनों में इस स्वयम्-सूचना का असर होता जायेगा।

(6) बद्धकोष्ठ छुड़ाने की विधि :—आजकल लोग बड़ी मात्रा में इस बीमारी से पीड़ित होते हैं। इस पर अन्तर्मनरुपी डाक्टर ही कुछ इलाज कर सकता है। ऐसे लोग रात को सोते समय अपने मन में एकाग्रता से सोचें कि—"सवेरे नींद खुलते ही मुझे टट्टी जाना पड़ेगा।" यह सूचना अन्तर्मन में जाने से सवेरे आपका पेट बिल्कुल साफ हो जाएगा। इसके लिए मैं दूसरा एक व्यावहारिक उपाय बता रहा हूं। हर रोज़ रात के वक्त सोने के पहले पाखाने जाने की परिपाटी रखिए। चाहे टट्टी हो या न हो। रात के समय पाखाने में बैठने से मल अंतड़ियों में नीचे आ जाता है और सवेरे पेट बिलकुल साफ हो जाता है।

(7) निद्रानाश छुड़ाने की विधि :—अंग्रेज़ी में इसे (Insomnia) कहते हैं। यह एक अति भयानक व्याधि है जो मनुष्य को जीते जी नष्ट कर देती है। इसकी मात्रा बढ़ने से लोग पागल हो जाते हैं। कुछ लोग जीना मुश्किल होने के कारण आत्महत्या करते हैं। धुलिया के एक बड़े व्यापारी निद्रानाश से त्राहि-त्राहि पुकार रहे थे। नींद की गोलियां खाने से भी कुछ फायदा नहीं हो रहा था। एक दिन वे मेरे पास आ गए और कहने लगे, "भागवत साहब, अब मुझसे सहा नहीं जाता। कुछ इलाज कीजिए, नहीं तो आत्महत्या की इजाजत दीजिए।" मैंने कहा—"सेठ जी, इस व्याधि को दूर करना मेरे बाएं हाथ का खेल है।" (उनके मन में आत्म-विश्वास पैदा

करने के लिए ही मैंने ऐसा कहा।) उन्हें सम्मोहित किये बगैर मैंने उन्हें सूचना दी—"आज रात को करीब ग्यारह बजे आप जम्हाइयां लेने लगेंगे और आप नींद को रोक न पाएंगे।" और आश्चर्य की बात यह है कि रात के समय वैसा ही हुआ। ऐसी सूचनाएं मैं महीने भर देता रहा और फलस्वरूप उनका निद्रानाश बहुत ही कम होता गया। वे चार-पांच घंटे तक सोने लगे। स्वयम्-सूचना के द्वारा निद्रानाश का इलाज कैसे किया जा सकता है, इसके बारे में कुछ जानकारी दे रहा हूं।

साधक हर दिन सवेरे आंखों को बन्द कर शान्त तथा एकाग्र मन से लेटा रहे। मन में तीव्रता से सोचता रहे कि—"आज रात को मुझे गहरी नींद आ जायेगी। बिस्तर पर पड़ते ही मैं खर्राटे भरना शुरू करूंगा।" यहां निद्रानाश का नाम तक नहीं है। केवल नींद आने के बारे में सूचना है। एक और प्रयोग बताऊंगा जिसका में अनुभव कर चुका हूं। मैं कभी-कभी मन में सोचने लगता हूं कि—"आज ग्यारह बजे के पहले मैं नहीं सोऊंगा। कुछ भी हो ग्यारह तक जागता रहूंगा।" रात के समय कुर्सी पर बैठकर मैं कुछ पढ़ता रहता हूं। घड़ी में दस बजते हैं। कांटा ग्यारह की तरफ सरकने लगता है और नींद के कारण मेरी आंखें भारी होने लगती हैं। लेकिन ग्यारह तक जागने के मेरे निश्चय के कारण मैं वैसा ही बैठा रहता हूं। ठीक गरह बजे मैं सो रहता हूं और सवेरे छः बजे जागता हूं। जब मन सोचता है कि अमुक बात नहीं करनी है तब वह बात हम ही होने देते हैं, इस सिद्धान्त से मेरा यह प्रयोग सफल हो जाता है।

ऊपर बताए उपायों के अनुसार मन एकाग्र कर और मन में तीव्र विचार लाकर दूसरी अनेकों व्याधियों को हम दूर कर सकते हैं। इसके पीछे मूल कल्पना समाप्त होने के कारण यहां कुछ इनीगिनी व्याधियों को ही लिखा है।

मैंने जो भी प्रयोग विधियां बताई हैं उनकी तीन सीढ़ियां हैं। वे हैं, प्रारम्भ, सुधार और रोगनिवारण... यह ध्यान में रखकर ही प्रयोगविधि का संचालन करना चाहिए। केवल एक ही बैठक में रोगनिवारण हो जाना बिल्कुल असंभव है। दो-तीन महीने तक रोगनिवारण के लिए अटूट श्रद्धा के साथ तीव्र विचारों को मन में दोहराते रहने से ही वे विचार अर्न्तमन में जा बैठेंगे और बाद में जाग्रत मन पर असर डालकर व्याधि की जड़ को काट देंगे। स्वयम्-सूचना के द्वारा असाध्य से असाध्य रोग भी ठीक हो जाता है। इसके बीसों उदाहरण अंग्रेज़ी ग्रंथों में लिपिबद्ध हो चुके हैं। अन्तर्मन जैसा महान् धन्वन्तरी आपकी सेवा के लिए हाथ जोड़कर तैयार रहने से कौन-सा चमत्कार नहीं होगा। अन्तर्मन "नर को नारायण" भी बना सकता है।

सम्मोहन की सूचना के बारे में एक इशारा देना मेरी कर्तव्य है। प्रयोग करते समय "मैं कोशिश करके देखता हूं।" इस विचारधारा को अपनाना खतरनाक है। इस विचार में प्रयोग की सफलता के बारे में संशय के बीज बोए हुए रहते हैं। दूसरी बात यह है कि "मैं कोशिश करता हूं।" इस विचार से इच्छा प्रकट होती है। अल्पशक्तिमान् व्यक्ति में इच्छा प्रकट होने से वह सफल नहीं होती। ऊपर की प्रयोग-विधियों में मैंने कल्पना-शक्ति को अधिक महत्त्व दिया है।

रोगों की चिकित्सा

चिकित्सा कार्य में इस "पोस्ट हिप्नोटिक सजेशन" की खास ज़रूरत होती है। पात्र ने सोयी हुई हालत में जो वायदा किया है, जागकर वह उसे पूरा करता है। सम्मोहित अवस्था में पात्र से अगर यह कहा जाये कि जागने के बाद उसे अमुक समय पर अमुक खास काम करना है, तो जागकर वह उसे अवश्य करेगा। वह काम चाहे जैसा भी मुश्किल और अचरज-भरा क्यों

न हो। सोयी हुई हालत में पात्र ने जो काम करने का वचन दिया है, उसे पूरा किये बिना रह नहीं सकता। सोई हुई हालत में वायदा करवाकर जागने पर काम करने की इस शक्ति को बहुत से अच्छे कामों में लगाया जा सकता है। इससे लोगों के चरित्र की कमज़ोरियां और बुरी आदतें दूर की जा सकती हैं। डा. भट्टाचार्य ने लिखा है—"मेस्मेरिक नींद की हालत में आदमी जो कोई वायदा करता है, तो मामूली जागने की हालत में किये हुए वायदे की तुलना में वह अधिक दृढ़ होता है, इसमें ज़रा भी संदेह नहीं है।"

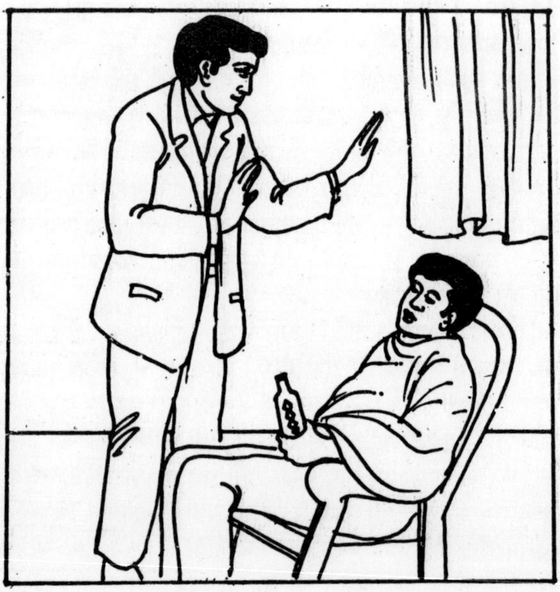

सम्मोहन से सिगरेट पीने की आदत छुड़ाना

सम्मोहक किसी सिगरेट पीने वाले को मोहित करके उसे हुक्म देगा—"तुम अब से सिगरेट या तम्बाकू न पी सकोगे।" वह बड़ी खराब चीज़ है, तंदुरुस्ती के लिए बुरी है, उससे फेफड़े खराब हो जाते हैं। उसे पीना बुरा है...बहुत बुरा है। आज से तुम उसे मत पीना। यार दोस्त कितना कहें-सुनें, फिर भी मत पीना। क्यों?" अगर वह राज़ी हो, तो समझना चाहिए कि जागने के बाद अब वह कभी सिगरेट या तम्बाकू न पियेगा। अगर कोई उससे पूछे कि तुम क्यों नहीं पीते, किसने तुम्हें मना किया है?" तो वह कुछ जवाब न दे सकेगा, सिर्फ यही कहेगा कि तम्बाकू पीना बुरा है, उसके लिए हानिप्रद है। सुना जाता है कि लुइस साहब ने इसी उपाय से अनेक लोगों की शराब पीने जैसी एवं कई अन्य बुरी आदतें छुड़ा दी थीं। इस आदेश से आलसी आदमियों को उद्यमी बनाया जा सकता है। इतना ही नहीं बल्कि अनेक चरित्रदोष और अभ्यास दोष जैसे,

चोरी वेश्यागमन, मक्कारी, झूठ बोलाना, गांजा-भांग, शराब, अफीप आदि खाने जैसी अन्य दूसरी बुरी आदतों से कुछ ही समय में छुटकाना दिलाया जा सकता है।

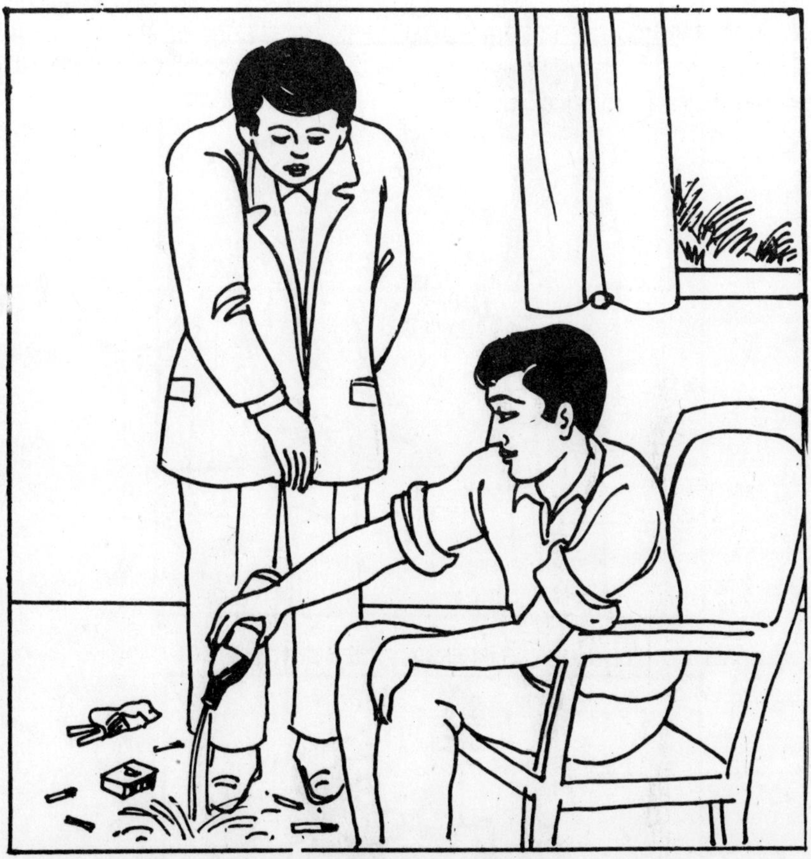

तुतलाना-सम्मोहन से चिकित्सा

माध्यम को मोहित करके उससे कहना होगा—"तुम्हारी तुतलाहट छूट रही है...छूट रही है। तुम साफ-साफ बोल सकोगे...अब बात करने में तुम्हें दिक्कत न होगी...खूब आसानी से तुम सबके साथ बातचीत कर सकोगे। क्यों? जागने पर उसे स्वयं में परिवर्तन अनुभव होगा। इसी प्रकार लगातार कुछ सप्ताह तक आदेश देने से उसकी बीमारी ठीक हो जायेगी। इसी तरह सभी बीमारियों का इलाज किया जा सकता है। रोग को समझकर आदेश देना पड़ता है।"

प्रत्येक व्यक्ति ऐसा कर सकता है, मेरा यह आशय कदापि नहीं है। इसका प्रयोग भली प्रकार वही सम्मोहक कर सकता है, जिसे चिकित्सा-कार्य का अनुभव हो, क्योंकि रोग के सही लक्षणों की जानकारी के बिना प्रासंगिक आदेश देना संभव नहीं है।

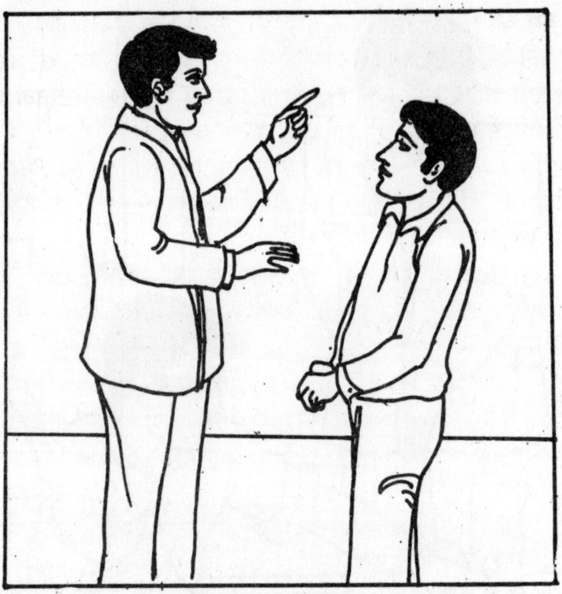

सम्मोहन से वक्तव्य शक्ति बढ़ाना

व्याख्यान देने या लिखने की सम्मोहन शक्ति बढ़ाने के लिए, माध्यम को मोहित करके

उससे कहना होगा कि "आज से व्याख्यान देने और लिखने की तुम्हारी शक्ति बढ़ेगी। तुम चाहोगे तो बहुत देर तक **सुन्दर और** विद्वत्तापूर्ण व्याख्यान दे सकोगे या अच्छी-अच्छी किताबें लिख सकोगे। तुम्हें भावों की या शक्ति की कमी नहीं होगी। तुम जब जागोगे, तब तक एक अदृश्य शक्ति तुम्हारे भीतर काम करती रहेगी और जरूरत के मुताबिक तुम्हें शक्ति देती रहेगी।" इस तरीके से माध्यम को कुशल व्याख्याता या वक्ता बनाया जा सकता है।

न्यूनगंड छुड़ाने की विधि :—इसे अंग्रेज़ी में इन्फेरिऑरिटि कॉम्प्लेक्स कहते हैं। बहुतेरे व्यक्ति अपने गुणों तथा अपनी क्षमता को पहचान नहीं सकते और उनमें न्यूनता का भाव प्रकट हो जाता है। अमीरों की ओर देखकर हम गरीब हैं, हमसे क्या होगा? ऐसा सोचना अथवा किसी बड़े अफसर को देखकर हम तो ठहरे मामूली क्लर्क इस प्रकार सोचना **न्यूनगंड** कुछ उदाहरण हैं। कुछ लोग तो बृहस्पति के समान विद्वान् होते हैं लेकिन वक्तृत्व-कला का उनमें ऐसा अभाव होता है कि सभा में बोलने का समय आने पर वे थरथर कांपने लगते हैं। वे **न्यूनगंड शिकार** बने रहते हैं। जो स्त्रियां विरुप होती हैं, उनमें यह **न्यूनगंड** बड़ी मात्रा में दिखाई देता है लेकिन यह **न्यूनगंड** आगे चलकर बड़ा भयानक रूप धारण कर लेता है और वह स्त्री अत्यंत कठोर, ईर्ष्यालु मत्सर-ग्रस्त तथा अन्य सभी लोगों को तुच्छ समझने वाली (Cynic) बन जाती है। ऐसे **न्यूनगंड** से पीड़ित व्यक्ति अपने मन को एकाग्र कर निम्न प्रकार के विचारों को अपने मन में दोहराते रहें—मैं भलाई के रास्ते अपना जीवन बिता रहा हूं। मैं आज से खुद को हीन नहीं समझूंगा। गरीब लोगों के शोष्ण से जो अमीर बन बैठे हैं, और अनाचार के द्वारा सत्ता पर आए लोगों की अपेक्षा नैतिकता की दृष्टि से मैं अधिक अच्छा हूं जो दाल-रोटी मैं खा रहा हूं, वह मेरी खून पसीने की कमाई है। श्रम ही मेरा ईश्वर है। मैं आज से किसी से डरूंगा नहीं। में किसीसे कुछ भी मांग नहीं रहा हूं। अत: किसी से डरने का मुझे क्या कारण है? मेरा अन्तर्मन दिन-ब-दिन मेरी मद्द कर रहा है। अत: मैं अतिमानव यानि सुपरमैन बन रहा हूं। मेरे चारों ओर के लोग मेरी नज़रों में कीड़ों-मकोड़ों के समान तुच्छ हैं।" इस विचार-धारा का बड़ा गहरा असर आपके मन पर होगा और कुछ ही दिनों में आपकी मनोवृत्तियां बदलती जाएंगी और आप बड़े निर्भीक, निडर, उत्साही बन जाएंगे। इसके बारे में कुछ व्यावहारिक अनुभवों का वर्णन अत्यन्त उचित होगा।

(क) आपका किराया बकाया है। मकान-मालिक मूंछपर ताव देता हुआ किराया मांगने आया। अगर आप में न्यूनता का भाव, हीन भावना है, तो आप डर जाएंगे! लेकिन मेरी बताई हुई साधना के अभ्यास से आप अब निडर बन गए हैं। ऐसे वक्त अपने पास के नोट उसे दिखाते हुए आप कहेंगे—"मालिक साहब, किराये की रकम तो मेरे पास कब से तैयार है। लेकिन आप शिष्टता का व्यवहार नहीं जानते। किराये जैसी बात लेकर आप मेरा अपमान नहीं कर सकते। अगर मैं किराया न भी दूं, तो क्या सरकार मुझे फांसी पर लटका देगी। जरा तमीज़ से बातें कीजिए।" ऐसा फटकारने पर मकान-मालिक बहुत नरम हो जायेगा!

(ख) एक दिन छुट्टे पैसे लाने के लिए मैं स्टेट बैंक की स्थानीय शाखा में गया। छुट्टे पैसे लेने वाले कुछ लोग मेरे आगे कतार में खड़े थे। मेरी बारी आ गई। मैंने सौ रुपये का नोट आगे किया तो क्लर्क अचानक बोल उठा—"अब चेंज (छुट्टे पैसे) नहीं है। आप कल आइएगा।" मुझ में न्यूनता का भाव बिलकुल नहीं था। मैंने ज़ोर से कहा—"अजी, यह बैंक है! एक सेकेंड में चेंज खत्म हो गया, ऐसा कहने में आपको शर्म आनी चाहिए। ठीक है। मैं मैनेजर साहब से मिलता हूं।" वह क्लर्क थोड़ा-सा डर गया। कहने लगा—"किसी खास काम के सिवा मैनेजर

से भेंट नहीं होती।'' मैंने भी आवाज चढ़ाकर कहा—''आपके मैनेजर प्रधानमंत्री तो नहीं हैं। कौन-सी केबिन में बैठे हैं आपके मैनेजर साहब?'' कतार में मेरे पीछे भी कुछ लोग थे। और भी लोग वहां इकट्ठे हो गए। मेरा कड़ा रुख देखकर वे खुश हो गए। कहने लगे—''भाई साहब, ऐसा जुल्म तो यहां हमेशा होता है। आज आप अच्छा सबक सिखा रहे हैं इस बैंक वालों को!'' अब शोरगुल भी बढ़ गया। क्या हो रहा है यह देखने के लिए मैनेजर साहब भी अपना केबिन छोड़ कर वहां आ पहुंचे। मैंने भी बड़े ज़ोर से कहा, (Mr. Agent, tell your clerks to behave properly with the public) ''एजेंट महोदय, आप अपने क्लर्कों को ज़रा तमीज़ से बात करने का ढंग सिखाइए।'' मेरे इस रुद्रावतार को देखकर मैनेजर की भी कुछ नहीं चली। वे मुझे अपने कमरे में ले गए और वहां उन्होंने उसी क्लर्क के द्वारा छुट्टे पैसे दिलवाए। ''आपका आभारी हूं।'' कहकर मैं भी चला गया। इस प्रकार से दैनिक व्यवहार के कामों में आत्म-विश्वास नहीं खोना चाहिये।

पढ़ने में मन लगाना और स्मरणशक्ति बढ़ाने का सम्मोहन

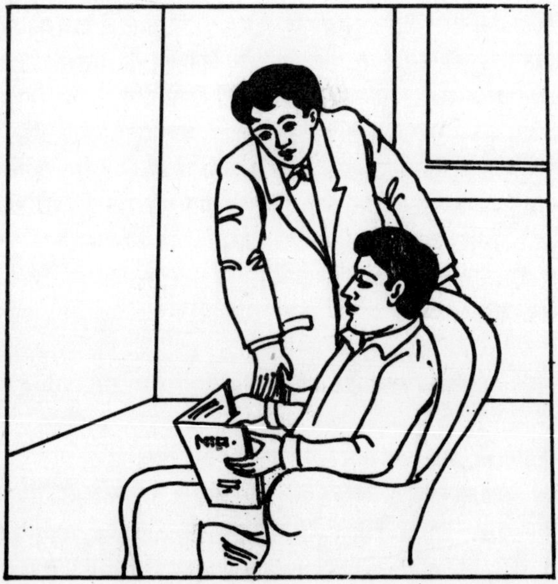

जिन विद्यार्थियों का दिमाग कमज़ोर होता है, लाख प्रयत्न करने पर भी कुछ याद नहीं रहता। जिनका मन पढ़ने में नहीं लगता, पढ़ने बैठने पर ऊट-पटांग बातें सूझने लगती हैं, ऐसे विद्यार्थियों का मन पढ़ने में लगाने तथा उनकी स्मरणशक्ति बढ़ाने का यह बड़ा अच्छा उपाय है। ऐसे स्टूडेंट (छात्र) को मोहित करके उनसे कहना होगा—''आज से तुम्हारी स्मरणशक्ति

बढ़ेगी, तुम जो पढ़ोगे, वह सब तुम्हें याद रहेगा। रगड़ खाने से पत्थर भी घिस जाता है, तुम कोशिश करोगे, तो तुम्हें क्यों न याद रहेगा? तुम मनुष्य हो, तुम्हारे पास बुद्धि हे, ज्ञान है, तुम दुनिया के और प्राणियों से ज़्यादा बुद्धिमान हो, तुम चाहो तो बड़े बन सकते हो। आज से प्रतिदिन तुम 18 घंटे नियम पूर्वक पढ़ोगे। विद्यार्थियों के लिए पढ़ना ही तप है। पढ़ने से जी नहीं चुराना चाहिए। तुम जो पढ़ोगे, वह कभी न भूलेगा।''

दिव्य दृष्टि का सरल प्रयोग

दिव्य दृष्टि को प्राप्त करने के अलग-अलग कई प्रकार की पद्धतियों का वर्णन यत्र-तत्र मिलता है। ये पद्धतियां इतनी क्लिष्ट, दुरूह, दुर्गम होती हैं कि जनसाधारण व्यक्ति के लिए इसका परीक्षण काल्पनिक बनकर रह जाता है। दिव्य दृष्टि के प्राप्त होने पर व्यक्ति भूत, भविष्य, वर्तमान सब कालों का ज्ञाता होकर "त्रिकाल" अथवा "दैवज्ञ" कहलाता है। कुछ व्यक्तियों में यह शक्ति जनम से ही देखी गई है जैसे महर्षि वेद व्यास, संजय, माईकल नास्त्रेदाम इत्यादि। कुछ को अभ्यास से प्राप्त हो जाती है। पाश्चात्य देशों में कई लोगों ने अभ्यास द्वारा इसे सिद्ध किया है जिसमें कीरो, पीटर हरकौस, श्रीमती डिक्सन, श्रीमती माल्टा डी, पादरी पियो इत्यादि प्रमुख नाम हैं।

दिव्य दृष्टि प्राप्त करने के कई मार्ग हैं जिसमें योग, मंत्र तथा ध्यान इत्यादि मुख्य हैं। अफ्रीका के एक सिद्ध योगी के अनुसार नेत्रों के दोनों बिंदुओं को भौओं के मध्य भाग में केन्द्रित कर ललाट के मध्य भाग को देखने के निरन्तर अभ्यास से दिव्य दृष्टि प्राप्त होती है। ऐसा करने से नेत्रों के मध्य का तेजस्वरूप छोटा बिन्दु बड़ा होने लगता है। योग शास्त्र में इस पद्धति को सबसे महत्वपूर्ण माना गया है।

मन्त्र शास्त्र के अनुसार विशेष प्रकार के बीज मंत्रों के अनुष्ठान से जाप मात्र से साधक को दिव्य दृष्टि प्राप्त हो जाती है। (हाजरात का प्रयोग मांत्रिक अनुष्ठानों में है) इसके उपरान्त केवल मन को स्थिर कर ध्यान मात्र से दिव्य दृष्टि प्राप्त हो जाती है। इस क्रिया में त्राटक का प्रयोग सर्वविदित है परन्तु त्राटक क्रिया में गलती रह जाने पर विविध प्रकार के नुकसान होते भी देखे गये हैं।

इन सब प्रयोगों के अलावा सबसे सरल, सुगम, सचोट एवं अनुभूत एक अति गुप्त प्रयोग को मैं जिज्ञासु सज्जनों के लाभार्थ प्रस्तुत कर रहा हूं। इसको गरीब, शिक्षित, अशिक्षित, स्त्री, पुरुष, युवा व वृद्ध कोई भी सरलता से कर सकता है। इसमें केवल साधक के धैर्य की परीक्षा है। इस प्रयोग के लिए कोई मुहूर्त देखने की भी आवश्यकता नहीं है। नियमितता आवश्यक है। यह प्रयोग जहां तक हो सके केवल रात्रिकाल में ही करना चाहिए।

साधक इसके लिए अपना एक अलग प्रकोष्ठ पूजा गृह निश्चित कर ले जिसमें ध्यानाकर्षण करने वाली अन्य कोई वस्तु, तस्वीर नहीं होनी चाहिये। पूर्व अथवा उत्तर की तरफ मुंह करके बैठें। पवित्र दर्भासन के ऊपर बैठना चाहिये। अपने सामने नेत्रों की सीध में एक छोटे स्टूल पर या आले में शुद्ध घृत से प्रज्वलित दीपक रख दें। यह दीपक नेत्रों से लगभग दो फुट की दूरी तक स्थित होना चाहिये।

साधक सुखासन व प्रसन्न मुद्रा में बैठे तथा शांति पूर्वक दीर्घ श्वास प्रश्वास लेते हुए ॐ का मानसिक जाप करें। उस समय किसी प्रकार का विकार मन में नहीं होना चाहिए। प्रयोग के समय यह धारणा होनी चाहिये कि इस दुनिया से साधक का कोई भी किसी प्रकार का सम्बन्ध नहीं है। इस प्रकार ध्यान से पांच मिनट तक ॐ के मानसिक जाप से चित की शुद्धि कर लेनी चाहिए। इसके पश्चात् दीपक की ज्योति पर शांत व स्थिर गति से दृष्टि को एकाग्र कर देना चाहिये। आंख पर विशेष जोर देने व खेंचने की जरूरत नहीं है तथा न ही आंख की पलकों

को स्थिर करने की आवश्यकता है। इस अभ्यास में केवल मात्र मन की एकाग्रता व शांत चित्त के साथ दीपक की ज्योति (लौ) को देखने की ज़रूरत है। यह अभ्यास रात्रि के ठीक 12 बजे शुरू करना चाहिये तथा 24 मिनट तक लगातार करते रहें। 24 मिनट से अधिक करने की बिल्कुल आवश्यकता नहीं। एक सप्ताह एक लगातार ऐसा करने से प्रयोग के मध्यान्तर आपको यह महसूस होगा कि अब मेरा मन शांत तथा विचार (कल्पना) रहित हो रहा है। जब मन पूर्णतः विकार शून्य हो जाये तब इस कार्य की पहली सफलता समझें।

इसमें समय की पाबन्दी का पूरा-पूरा ध्यान रखने तथा अपनी इस पहली सफलता के पश्चात दीपक की ज्योति के मध्य भाग में ध्यान करते हुए किसी निकट परिचित व्यक्ति का ध्यान करें। उस व्यक्ति का चेहरा ज्योति के अन्दर दिखाई पड़ेगा। इस प्रकार से जिस-जिस व्यक्ति का ध्यान करेंगे। उस व्यक्ति का चेहरा दीपक के प्रकाश में दिखलाई देना शुरू होगा। यह अभ्यास धीरे-धीरे पूर्णरूप से सिद्ध हो जाने के पश्चात् फिर जिस व्यक्ति का ध्यान करेंगे उसका चेहरा ही नहीं अपितु उस समय वह व्यक्ति विशेष क्या कर रहा है यह भी स्पष्ट दिखलाई देने लगेगा। इस प्रमाण से आप वर्तमान काल के सिद्ध हो जाने पर अपने अभ्यास बढ़ावें तथा अमुक व्यक्ति के भूतकाल से लेकर भविष्य की घटनाओं के बारे में ध्यान करते रहने पर धीरे-धीरे आपको अमुक व्यक्ति की भूतकालीन घटनाएं दिखेंगी, उसके पश्चात् भविष्यकाल दिखेगा, इस प्रकार से क्रमवार तीनों कालों को सिद्ध करें। ध्यान रहे, धैर्य की आवश्यकता है। निराश एवं उदास मन से देखने पर प्रतिकूल प्रभाव हो सकता है। चित्त में गन्दे विचार होने पर प्रेत व गन्दी आकृतियां दिख सकती हैं। निर्मल व शुद्ध चित्त की परम आवश्यकता है। विकार उत्पन्न होने पर प्रयोग तत्काल बंद कर दें। दूसरे दिन पुनः अभ्यास करें। इसलिये सात्विक भोजन, शुद्ध वातावरण सद् साहित्य का सम्पर्क, ब्रह्मचर्य नितान्त जरूरी समझें। रात्रि 12 बजे से 3 बजे के समय में अभ्यास करने पर सिद्धि शीघ्र मिलती है। इसका ऐसा अर्थ नहीं है कि यह प्रयोग रात्रिकाल में ही होता है। यदि रात्रि आपके प्रतिकूल हो तो आप दिन को भी इसका प्रयोग कर सकते हैं। परन्तु नियमितता, एकान्तता, निश्चलता, शान्त वातावरण होना चाहिये। प्रकोष्ठ में ध्यान भंग करने हेतु दूसरी कोई भी वस्तु नहीं होनी चाहिये। इस प्रकार से प्रयोग की सिद्धि प्राप्त होने पर इसे गुप्त रखें। गुप्त रखने पर सिद्धि तुरन्त मिलती है तथा साधक को कई प्रकार के विचित्र और सुन्दर अनुभव होने लगेंगे जो स्वानुभवगम्य है।

इस प्रयोग के पश्चात् हमेशा नेत्रों को थोड़ी-थोड़ी देर से बन्द करना चाहिये। ऐसा करने से नेत्रों का तेज बढ़ता है। तथा भेदक दृष्टि की प्राप्ति होती है। इस प्रयोग की सिद्धि 6 महीने के अन्दर-अन्दर प्राप्त हो जाती है। प्रयोग के शुरू करने के बाद साधक सम्पूर्ण दृष्टि से अर्थात् देहिक, वाचिक व मानसिक ब्रह्मचर्य का पालन करे। क्योंकि वीर्य के चलायमान होने पर मन भी चलायमान व चंचल हो जाता है। दृढ़ संकल्प व वीर्य की उर्ध्व गति पर सिद्धि तुरन्त मिलती है। भोजन पूर्णतः सात्विक करें। मिर्च, तेज़ मसाले नहीं खावें इससे नेत्रों को नुकसान हो सकता है। दूध, दही, घी, मक्खन, बादाम व दोनों समय हरी सब्ज़ी पर जोर दें व पौष्टिक भोजन करें। सिर पर चन्दन के तेल या बादाम के तेल की मालिश किया करें। इस प्रयोग के शुरू करने पर कोई दूसरे प्रयोग नहीं करें। क्रोध व संताप बिल्कुल नहीं करना चाहिये। इस प्रकार से सात्विक भाव से पूर्ण श्रद्धा व निर्विकार भाव से साधना करने पर सिद्धि अवश्य मिलती है। साधना काल में कोई बाधा, अड़चन व रुकावट महसूस हो तो अपने गुरु से मार्ग दर्शन लेने के पश्चात् ही पुनः अभ्यास करें। यह प्रयोग मैंने सच्चे हृदय से जिज्ञासु साधकों के बहुत ही आग्रह पर प्रकट किया है। आशा है कि आप अपनी-अपनी सिद्धि से हमें अवगत कराते रहेंगे।

त्राटक साधना के योगी : धीरेन्द्र ब्रह्मचारी

बिहार राज्य के मधुबनी जिलांतर्गत एक ब्लाक है बेनी पट्टी। इसी ब्लाक में एक गांव है चानपुरा। यह स्थान दरभंगा से लगभग 35 किलोमीटर दूर स्थित है। इसी गांव में नरेंद्र शर्मा अपने परिवार के साथ रहते थे। 12 फरवरी 1929 को नरेन्द्र शर्मा की धर्मपत्नी ने एक बालक को जन्म दिया। पति-पत्नी ने उस बालक का नाम धीरचन्द्र चौधरी रखा। धीरचन्द्र चौधरी की आंखों में बचपन से ही एक कशिश थी। जो भी एक बार उसकी आंखों को देखता बस देखता ही रह जाता था।

नरेन्द्र शर्मा के परिवार म ां गायत्री और काली की पूजा होती थी। मिथिलांचल में अधिकांशतः काली को ही कुलदेवी के रूप में पूजा जाता था। ब्राह्मणों में बिना गायत्री वंदना के कोई कार्य प्रारम्भ ही नहीं किया जाता। हर शुभ कार्य के पहले गायत्री की पूजा अवश्य की जाती है। यहां के ब्राह्मणों में एक बात मानी जाती रही है कि कुछ न कर केवल गायत्री वंदना करो तो सब कुछ प्राप्त हो जाता है। आत्मा की शुद्धि हो जाती है। घर-परिवार के लोगों ने यह बात बालक धीरचन्द्र के दिमाग में पूरी तरह रचा-बसा दी थी। आगे चलकर बालक धीरचन्द्र ने इसका पूरा-पूरा लाभ भी उठाया।

5 वर्ष की आयु में धीरचन्द्र का यज्ञोपवीत संस्कार किया गया। इस कार्य को सम्पन्न कराने के लिए उच्चकोटि के ब्राह्मणों को बुलाया गया। यज्ञोपवीत संस्कार के समय वेदमंत्रों के पाठ के साथ बकरे की बलि दी गयी फिर यज्ञोपवीत के लिये बुलाये गये। ब्राह्मणों द्वारा कानों में गायत्री मंत्र फूंककर बालक धीरचन्द्र का यज्ञोपवीत संस्कार सम्पन्न किया। उसे हिदायत भी दी गयी कि वह 10 वर्ष गायत्री वंदना में लगाये। इन 10 वर्षों के बाद ही यदि वह चाहे तो गृहत्याग कर सकता है।

यज्ञोपवीत संस्कार के बाद बालक धीरचन्द्र आम के बाग में कुटिया बनाकर रहे। कुछ समय बाद उन्होंने गायत्री मंत्र की सिद्धि की। धीरचन्द्र के इस कार्य में उनके परिवार का पूरा-पूरा सहयोग मिला। इसके बाद धीरचन्द्र गृहत्याग कर जंगलों में गुरु की तलाश में निकल पड़े। कई वर्षों बाद वे पुनः अपने घर वापस आये।

इन्हीं दिनों की बात है। एक बार बेनी पट्टी में एक योगी का प्रवचन सुनकर धीरचन्द्र इतने भाव-विभोर हुए कि वह महान् योगी महर्षि कार्तिकेय का शिष्यत्व ग्रहण करने के उद्देश्य से सरयू तट (फैज़ाबाद) आ गये। यहां धीरचन्द्र को योग की शिक्षा दी जाने लगी। यहीं उनका नामकरण किया गया धीरेन्द्र ब्रह्मचारी। लगभग 10 वर्षों तक धीरेन्द्र योग सीखते रहे। अब धीरेन्द्र ब्रह्मचारी अपनी छाती में प्राणों का स्तम्भन कर शरीर के प्रत्येक हिस्से में गायत्री की स्थापना कर लेते थे, इससे उनका शरीर गायत्री तेज से ओत-प्रोत हो गया था।

कहा जाता है कि धीरेन्द्र ब्रह्मचारी प्राण छोड़कर बाहर प्राणों का अवरोध करते और गायत्री मंत्र जपते। गायत्री जाप से उनके शरीर में एक अनुभूति होने लगी। सामनेवाला व्यक्ति उनके शरीर और मुख-मण्डल से फूटती आभा को देखकर मंत्र-मुग्ध हो उठता था। इस बात को धीरेन्द्र ब्रह्मचारी अच्छी तरह समझते थे और समय आने पर इन्होंने इसका पूरा लाभ भी उठाया।

योग शिक्षा पूरी करने के बाद धीरेन्द्र ब्रह्मचारी ने योग के प्रचार-प्रसार का मन बनाया और भ्रमण के लिये निकल पड़े। कुछ समय बाद वह वापस लौट आये। इस बीच धीरेन्द्र ब्रह्मचारी के गुरु महर्षि कार्तिकेय ने पूर्व घोषणा के अनुसार प्राणायाम द्वारा निश्चित तिथि के दिन अपना शरीर त्याग दिया। सिद्ध पुरुषों के जीवन की सबसे महत्त्वपूर्ण बात होती है कि वे अपना शरीर छोड़ने से पूर्व अक्सर अपनी समस्त शक्ति अपने सबसे प्रिय शिष्य को दे जाया करते हैं, लेकिन नहीं, महर्षि कार्तिकेय ने शरीर त्याग से पूर्व अपनी शक्तियां किसी को भी नहीं दीं। कहा जाता है कि वे योग के साधक थे और इस प्रक्रिया में विश्वास रखते थे। महर्षि कार्तिकेय ने शरीर त्यागने से कुछ समय पूर्व धीरेंद्र ब्रह्मचारी को बुलाकर आर्शीवाद देते हुए कहा था कि मैं देख रहा हूं—"तुम्हारा मन पहाड़ों जंगलों की अपेक्षा नगरों में अधिक लगता है। यदि तुम्हारा यही हाल रहा तो तुम नगरों के ही होकर रह जाओगे। फिर बाद में चाहकर भी तुम वनों (जंगलों) में नहीं रह सकते और न जी ही सकते हो।"

महर्षि कार्तिकेय ने धीरेन्द्र ब्रह्मचारी को ज़ोर देते हुए समझाया था कि—"नगरों में रहने वाले योगी का पतन होता है उत्थान नहीं।"

धीरेंद्र ब्रह्मचारी अपने गुरु के इन अंतिम वचनों को सुनकर अक्सर दोहराया करते थे। एक बार की बात है धीरेन्द्र ब्रह्मचारी श्रीनगर गये हुए थे। उन्हीं दिनों श्रीमती गांधी भी अपने सचिव यशपाल कपूर के साथ श्रीनगर आई हुई थीं। वहीं पर धीरेन्द्र ब्रह्मचारी का श्री कपूर से प्रथम परिचय हुआ था। बाद में धीरेन्द्र ब्रह्मचारी की भेंट जगजीवन राम, पंडित जय प्रकाश नारायण, डा. राजेन्द्र प्रसाद आदि से भी हुई थी। बाद में डा. राजेन्द्र प्रसाद ने धीरेन्द्र ब्रह्मचारी को योग प्रशिक्षण की शुरूआत करने के लिये जंतर-मंतर में स्थान दे दिया था।

इसके बाद धीरेन्द्र ब्रह्मचारी ने फिरोजशाह कोटला, मानसिंह रोड, (इंडिया गेट के पास) पर योग की कक्षाएं शुरू कीं। पहले ये कक्षायें अलग-अलग हुआ करती थीं, किन्तु बाद में तीनों कक्षायें एक साथ लगने लगी थीं।

प्रधानमंत्री जवाहरलाल नेहरू की आकस्मिक मृत्यु के बाद धीरेन्द्र ब्रह्मचारी को जंतर-मंतर का सरकारी आवास खाली कर देना पड़ा। यहां से वह डिफेन्स कालोनी में रहने चले गये।

धीरेन्द्र ब्रह्मचारी ने सन् 1956 में विश्वायतन योगाश्रम की स्थापना की। वर्ष 1957 में यह संस्था पंजीकृत हो गयी। बाद में करीब दो वर्ष बाद गोल डाकखाना के पास पहला आश्रम बना।

धीरेन्द्र ब्रह्मचारी की योजना थी कि योग का प्रचार-प्रसार हो और यह घर-घर पहुंचे। इसके लिए धीरेन्द्र ब्रह्मचारी ने बच्चों के प्रशिक्षण से इसकी शुरूआत की। वे स्कूलों में भी जाकर बच्चों को योग क्रियाएं सिखाया करते थे। बाद में धीरेन्द्र ब्रह्मचारी ने योग शिक्षक भी बनाने शुरू किये।

उक्त बातों के अलावा उनके योग पर प्रयोग भी होते रहे। वर्ष 70-71 में श्री ब्रह्मचारी ने योग द्वारा रोग निवारण के अन्तर्गत योग अस्पताल का निर्माण करवाया। वर्ष 76 में श्री ब्रह्मचारी ने केन्द्रीय रिसर्च अनुसन्धान योग केन्द्र की स्थापना की। श्री ब्रह्मचारी की दोनों संस्थाओं को सरकारी अनुदान भी मिल रहा था।

धीरेन्द्र ब्रह्मचारी योग के प्रकांड ज्ञाता और अभ्यासी थे। एक बार श्रीमती गांधी ने ठंडे वातावरण में वस्त्र विहीन रहने वाली बात सुनी तो वे धीरेन्द्र ब्रह्मचारी की क्षमता को जानने के लिए उन्हें अपने साथ मास्को ले गयीं। कड़ाके की ठण्ड से ठिठुरते लोगों के बीच धीरेन्द्र ब्रह्मचारी मात्र एक श्वेत चादर लपेटे आराम से लोगों के साथ टहलते घूमते रहे। धीरेन्द्र ब्रह्मचारी को इस प्रकार एक वस्त्र में टहलता घूमता देखकर मास्को वासी तो प्रभावित हुए ही, साथ ही साथ श्रीमती गांधी भी उनसे बहुत प्रभावित हुईं। बाद में श्रीमती गांधी ने उन्हें अपना गुरु मान लिया और उनसे योग सीखने लगीं। श्रीमती गांधी ने अपने दोनों पुत्रों को श्री ब्रह्मचारी के हवाले कर दिया ताकि वे योग की बेहतर जानकारी ले सकें।

इस समय तक धीरेन्द्र ब्रह्मचारी योग व्यावहारिक प्रयोगों द्वारा जयप्रकाश नारायण, गुलज़ारी लाल नंदा, पंडित नेहरू, जगजीवनराम, राष्ट्रपति डा. राजेन्द्र प्रसाद सहित अन्य कई राजनेताओं पर योग की गहरी छाप छोड़ चुके थे। एक बार लकवाग्रस्त एक स्वीडिश, जिसे डाक्टरों ने भी जवाब दे दिया था, को धीरेन्द्र ब्रह्मचारी ने योग द्वारा उसको अपने पैरों पर खड़ा कर दिया था। धीरे-धीरे उनकी तुलना रूस के धर्म गुरु रासवुतिन से होने लगी थी।

आपात काल के दौरान लोग ब्रह्मचारी के नाम से खौफ खाते थे। इस समय तक श्री ब्रह्मचारी के पास निजी जहाज थे एवं वे कई कम्पनीयों के मालिक हो चुके थे। वर्ष 1970 में श्री ब्रह्मचारी ने मथुरा रोड पर एक होटल का निर्माण कराया था। बाद में जिसे श्री ब्रह्मचारी ने अपना निजी आवास बना लिया था।

धीरेन्द्र ब्रह्मचारी ने जम्मू में शिवगन फैक्ट्री की भी स्थापना की जिसकी देखरेख का कार्य उन्होंने अपने भतीजे मुरली चौधरी को सौंपा। इस फैक्ट्री को लगाने पर कई लोग उनके विरोधी हो गये। विरोधियों का ख्याल था कि एक धार्मिक व्यक्ति को हथियारों का कारखाना नहीं खोलना चाहिए।

विरोधों के बावजूद ब्रह्मचारी ने शिवगन फैक्ट्री लगाई। उनका इस संबंध में कहना था कि आगे चलकर योग के लिए उन्हें काफी धन की आवश्यकता होगी। बाद में उन पर यह भी आरोप लगाये गये कि वे कंशमीरी उग्रवादियों को हथियारों की सप्लाई करते हैं, किन्तु ऐसे आरोप कभी सिद्ध नहीं हो सके। एक बार शिवगन फैक्ट्री में पुलिस छापा भी पड़ा जहां स्पेन निर्मित बंदूक की नलियां पकड़ी गयी थीं।

शिवगन फैक्ट्री के अतिरिक्त धीरेन्द्र ब्रह्मचारी ने अपर्णा एग्रो प्राइवेट लिमिटेड की स्थापना की। इसका प्रमुख उद्देश्य था कि विमान द्वारा दवाएं तथा जल छिड़ककर बाग लगाए जायें, लेकिन

यह योजना सफल नहीं हो सकी। बाद में श्री ब्रह्मचारी ने अपर्णा स्टूडियो, अपर्णा एविएशन नामक कम्पनियां खोलीं। इसके अतिरिक्त अपर्णा होटल (मानतलाई) अपर्णा टूरिस्ट रिजार्ट (मानतलाई) की भी स्थापना की। उक्त कम्पनियों के डायरेक्टर ब्रह्मचारी के भतीजे मुरली चौधरी थे।

आपात काल के बाद हुए चुनावों में कांग्रेस बुरी तरह पराजित हुई। वर्ष 1977 में जनता पार्टी के शासन के दौरान सरकार द्वारा ब्रह्मचारी के समस्त आश्रम, सारी सम्पति अपने कब्ज़े में कर उन्हें निष्कासित कर दिया गया। मुरली चौधरी को भी निकाल बाहर किया गया।

1980 में जब पुनः श्रीमती गांधी ने सत्ता संभाली तो एक बार फिर ब्रह्मचारी की तूती बोलने लगी। एक बार फिर उनके आवास एवं आश्रम पर राजनेताओं और अधिकारियों का तांता लगने लगा था। अब इसी समय प्रतीश नंदी ने अपने साप्ताहिक इलस्ट्रेटिड वीकली में धीरेन्द्र ब्रह्मचारी को रासपुतिन की संज्ञा देते हुए उनकी बड़ाई में एक लेख लिखा था। पत्र के मुख्य पृष्ठ पर धीरेन्द्र ब्रह्मचारी का चित्र छपा था। चित्र पर ही छाती पर बड़े-बड़े अक्षरों में लिखा था रासपुतिन।

1982 में धीरेन्द्र ब्रह्मचारी ने योग पर एक धारावाहिक का निर्माण किया जो आगे चलकर काफी विख्यात हुआ। और योग घर-घर का विषय हो गया। इस धारावाहिक ने काफी लोकप्रियता अर्जित की। इस धारावाहिक को डेमांस्ट्रेशन करने में मधु जैन, मंजु सरीन, बाल मुकुन्द, रामपाल शर्मा, शैली शर्मा, शिवांगी आदि के नाम प्रमुख थे।

धीरेन्द्र ब्रह्मचारी ने अन्तिम समय तक उत्तराधिकारी के लिए किसी को तैयार नहीं किया। शायद यही उनके जीवन की सबसे बड़ी भूल थी। एक बार 1985 में खबर फैली कि धीरेन्द्र ब्रह्मचारी किसी बच्चे को गोद लेना चाहते थे जिसे वह योग शिक्षा देकर उच्चकोटि का योगी बनाएंगे। किन्तु उनके करीबी लोगों की राजनीति के कारण उनकी यह इच्छा पूरी नहीं हुई। बाद में उन्होंने योग पर एक फिल्म बनाने की भी बात सोची थी। इसके लिए मानतलाई में 500 एकड़ भूमि खरीदी जा रही थी। बाद में वे 70 लाख की लागत से एक लम्बी गुफा का भी निर्माण कराने की सोच रहे थे, किन्तु असमय हुई मृत्यु के कारण धीरेन्द्र ब्रह्मचारी की ये योजनाएं अधर में ही लटकी रह गयीं।

धीरेन्द्र ब्रह्मचारी ने अपने जीवन काल में न कोई संपति बेची और न ही किसी को उस सम्पति का वारिस ही बनाया था, किन्तु अपने अंतिम दिनों में वह आचार्य ओम प्रकाश वेदालंकार से इतने प्रभावित हुए कि उन्हें अपना सब कुछ सौंपने का मन बना चुके थे। धीरेन्द्र ब्रह्मचारी वेदालंकार से स्नेह करते थे। श्रीवेदालंकार भी धीरेन्द्र ब्रह्मचारी की ही भांति गायत्री के सिद्ध साधक हैं।

अपने जीवन काल में ही बीमारी के समय श्री ब्रह्मचारी ने श्री वेदालंकार को मानतलाई में बनने वाले सेवन स्टार होटल की पूरी योजना बतलाई थी। इसके अतिरिक्त श्री ब्रह्मचारी ने वेदालंकार जी को मानतलाई में वेद विश्वविद्यालय की स्थापना के लिए 500 एकड़ भूमि देने का वायदा भी किया था। श्री ब्रह्मचारी ने वेदालंकार जी को यह भी बताया था कि उनके पास 12 जहाज़ों का एक बेड़ा भी है। मैं समझता हूं मेरे बाद आपके अतिरिक्त इसे दूसरा कोई संभाल नहीं पाएगा।

धीरेन्द्र ब्रह्मचारी ने वेदालंकार को यह भी बताया था कि मुजफ्फरनगर में भी उनकी अपनी काफी भूमि है। यदि आपकी कोई योजना हो तो आप उसे प्रयोग में ला सकते हैं। 4 दिसम्बर 1993 को धीरेन्द्र ब्रह्मचारी ने कटरा शीलामार बाग के सामने (चिंतामणि आश्रम के पीछे एवं

विश्वायतन योगाश्रम के ठीक सामने) वाला अपना विशाल भूखण्ड वेदालंकार के हवाले कर दिया था। इस भूखण्ड पर वेदालंकार भीख मांगकर जीनेवाली कन्याओं के लिए सिलाई, कढ़ाई के स्कूल की स्थापना करने वाले थे।

धीरेन्द्र ब्रह्मचारी की मृत्यु के करीब तीन माह पूर्व की बात है। मानतलाई में जब ब्रह्मचारी विमान से उतर रहे थे तो छायाकार उनका चित्र लेने के लिए दौड़ पड़े। ब्रह्मचारी ने उनको रोकते हुए कहा था—"यदि फोटो ही खींचना है तो जरा ठीक से खींचो।" इतना कहकर उन्होंने तीन-चार रूसी कन्याओं को अपने अगल-बगल सटाकर खड़ा कर लिया। फिर हंसते हुए बोले—"लो अब चाहे जितनी फोटो ले सकते हो।"

इसी समय एक साक्षात्कार के समय धीरेन्द्र ब्रह्मचारी ने बतलाया था कि वे नवनिर्मित गुफा में ऑक्सीजन भरवाकर लंबी समाधि के लिए जायेंगे और जब वे समाधि से बाहर निकलेंगे तब भी वे बच्चा पैदा करने की क्षमता रखेंगे।

8 जून, 1994 को प्रात: साढ़े 8 बजे अचानक धीरेन्द्र ब्रह्मचारी का विमान मानतलाई हवाई पट्टी से कुछ दूरी पर गिरकर क्षतिग्रस्त हो गया। विमान को ऊपर-नीचे करने वाला हैंडिल उनकी छाती में धंस गया था। धीरेन्द्र ब्रह्मचारी की असमय हुई मृत्यु से उनकी सारी योजनाएं अधर में ही रह गयीं। वेदालंकार को दिया गया भूखण्ड भी अधर में ही रह गया। उनकी मौत के बाद उनकी कई सम्पतियों को बोर्ड ने सील कर दिया है। वर्तमान में उनके कई आश्रमों में पेड़-पौधे उग आये हैं।

वर्तमान समय में दिल्ली की संपति पर विवाद चल रहा है। धीरेन्द्र ब्रह्मचारी की मौत के बाद उनके कई करीबी लोग उन्हें महज़ एक विलासी पुरुष ही मानते हैं।

एक युवती जो कभी धीरेन्द्र ब्रह्मचारी की सहचारिणी रही थी कहती है कि—"ब्रह्मचारी कोई महान् पुरुष नहीं थे, वह एक शरीफ किस्म के बदमाश व्यक्ति थे। वह भेड़ की खाल में छिपे भेड़िये थे। उन्होंने सदा लड़कियों का शोषण किया। जो भी लड़की एक बार उनके चंगुल में फंसी जीवन पर्यन्त बाहर निकलने के लिए छटपटाती रही।"

धीरेन्द्र ब्रह्मचारी के करीबी रहे सत्य नारायण यादव से जब लेखक ने पूछा की क्या स्वामीजी का आसन जमीन से ऊपर उठता था, उन्होंने सपाट स्वर में कहा—"मैंने तो कभी उन्हें योगाभ्यास करते देखा ही नहीं।"

ब्रह्मचारी का रसोइया जसवन्त तथा उनके करीबी रहे बहुत से लोग उन्हें सिर्फ एक विलासी पुरुष ही मानते हैं। कुछ लोगों का कहना है कि उनकी मौत में किसी की साजिश थी। यह बात निर्विवाद सत्य है कि यह योग एवं उच्चकोटि की क्रियाओं के मालिक थे, यह बात अलग है कि राजनेताओं के चक्कर (सम्पर्क) में रहकर वे विलासी बन गये हों। धीरेन्द्र ब्रह्मचारी को सूर्य नाड़ी पर पूर्ण अधिकार था। वे इसी क्रिया के बल पर बर्फ में भी नंगे रह सकते थे, शायद इसी क्रिया के बल पर वे समाधि में जाने का मन बना चुके थे।

धीरेन्द्र ब्रह्मचारी की मौत के बाद उनके गुरु महर्षि कार्तिकेय के कहे वचन एक बार फिर याद हो जाते हैं जो उन्होंने उनसे मृत्यु पूर्व कहे थे। शायद गुरु के इन्हीं वचनों में धीरेन्द्र ब्रह्मचारी के भयानक अंत की भविष्यवाणी छुपी थी जिसे वह दौलत और विलासिता के चक्कर में पड़कर भुला बैठे।

मैं पन्द्रह दिन विश्वायतन योगाश्रम में उनके साथ रहा और दीपक पर त्राटक अभ्यास सीखा।

दीपक पर सरल त्राटक

योग शास्त्र में किसी वस्तु पर निश्चल दृष्टि स्थिर करने को त्राटक कहते हैं। त्राटक करने के कई विधान हैं। सूर्य पर, कांच पर, पानी पर, छाया पर, बिन्दु पर, ओंकार पर, तस्वीर पर, मनुष्य के नेत्रों पर तथा दीपक पर त्राटक का प्रचलन सर्वत्र प्रसिद्ध है। इनके लिए अलग विश्व विधान क्रिया है तथा इनके गुण व फल भी अलग-अलग हैं। यहां पर दीपक पर सरल त्राटक का विधान स्पष्ट किया जा रहा है। किसी ऊंची जगह पर जहां हवा का वेग न हो, दृष्टि के बराबर ऊंचाई पर घृत का दीपक या मोमबत्ती जलाकर रखें।

स्थिति :–

सिंहासन या पद्मासन में बैठकर अपने से डेढ़ गज की दूरी पर ठीक नेत्र के सामने दीवाल पर कुछ अंधेरे कमरे में उपयुक्त विधि से घृत ज्योति को स्थापित करें।

क्रिया :–

दोनों नेत्रों को पूर्ण खोलकर, तब तक उस ज्योति को देखें जब तक आंखों में आंसू न आ जायें। आंसू आने से पूर्व ही आंख मीच लें। इसी प्रकार इसे बार-बार सुख पूरक करने का अभ्यास करे। दस या पन्द्रह मिनट निश्चल दृष्टि रखने के पश्चात् आपको उस पर प्रकाश की किरणें मालूम होंगी। लेकिन साधक अपने लक्ष्य को छोड़कर केवल प्रकाश को देखने का प्रयत्न न करें। यदि साधक प्रकाश के लालच में बिन्दु के बगल वाले प्रकाश को देखेंगे तो सारा प्रकाश लुप्त हो जायेगा। पुनः क्षणभर भी बिन्दु पर दृष्टि केन्द्रित करने पर पहले की भांति प्रकाश आ जाएगा। इसकी सिद्धि का लक्षण यह है कि जिस दिशा में दृष्टि जमाकर बैठे हों, उस दिशा में प्रकाश ही प्रकाश दिखाई दे। कोई और वस्तु बिन्दु अथवा दीप भी नहीं दिखाई देना चाहिये।

इसकी दूसरी सिद्धि तब ही समझनी चाहिए जब सारा प्रकाश हृदय के मध्य ले आ सकें। यह विषय गुरुगम्य है। त्राटक सिद्धि हो जाने की परिस्थिति को ही "शाम्भवी मुद्रा" कहते हैं।

निरीक्षेण निश्चला दृष्टिः सूक्ष्म लक्ष्यं समाहितः
अश्रुसम्पत पर्यन्त अकुर्यः त्राटक स्मृतः।

अर्थात् साधक एकाग्र चित्र होकर निश्चल दृष्टि द्वारा सूक्ष्म लक्ष्य को तब तक देखें जब तक आंखों में आंसू न आ जायें। इसे मत्स्येन्द्र आदि आचार्य ने त्राटक कर्म कहा है। उपनिषद् के योग प्रकाण्ड में इसका सम्यक वर्णन है। इससे नेत्र के सारे रोग दूर होते हैं। आध्यात्मिक मार्ग में यह विशेष काम आता है। मन को एकाग्र करने में यह अद्वितीय है। इसके सिद्ध हो जाने पर आंखों में व्याप्त दिव्य प्रकाश के कारण कोई भी व्यक्ति आपसे आंख मिलाकर बात करने की शक्ति नहीं रखता।

त्राटक साधना से रोग निवारण

साधारणत: मन की शक्तियां बिखरी रहती हैं। इनका कोई विशेष उपयोग नहीं हो पाता। त्राटक द्वारा मन की बिखरी शक्तियों को एकत्रित करके शरीर में विद्यमान विद्युत-शक्ति को उत्तेजित और आन्दोलित किया जाता है, तब वह ऊर्जा का रूप धारण करती है। यह ऊर्जा गुप्त शक्ति केन्द्रों को जागरण करके मानव को आसाधारण शक्तियों का स्वामी बना देती है। त्राटक-सिद्ध योगी आकर्षण-शक्ति का विद्युतीय पुन्ज ही बन जाता है। इस आकर्षण-शक्ति द्वारा संसार की किसी भी वस्तु में विद्यमान प्राण ऊर्जा को अपनी ओर खींचकर आत्मसात किया जा सकता है। चिकित्सा शास्त्रियों ने जटिल और लम्बी प्रक्रियाओं द्वारा औषधियों का निर्माण करके रोग-निवारण की विधियों की खोज की है। त्राटक द्वारा सहज रूप से वस्तु के सूक्ष्म गुणों को आकर्षित करके अपने शरीर को प्राण-ऊर्जा के साथ मिलाकर उन गुणों से ओतप्रोत किया जा सकता है। यही त्राटक द्वारा रोग-निवारण का विज्ञान है।

त्राटक साधना लाखों वर्षों से भारतवर्ष में प्रचलित रही है। इसका अभ्यास कर सिद्धि प्राप्त कर लेने वाले साधकों द्वारा जाने-अनजाने अनेक प्रकार की ऐसी चमत्कारी घटनाएं सामने आती रहीं, जिन्हें देख-सुनकर संसार आश्चर्यचकित रह गया। त्राटक-सिद्ध योगी—श्राप या वरदान, जो भी कुछ दे बैठता—सही सिद्ध होता था। उसकी दृष्टि में आकर्षण और वाणी में ओज भर जाता है। वह त्राटक सिद्धि के बल पर संसार को स्तम्भित कर सकता है, चाहे जिसे ऊपर से नीचे गिरा सकता है, चाहे जिसे गिरने से रोक सकता है और चाहे जिसे भस्म कर सकता है।

जहां त्राटक-दृष्टि में अमृत भरा है वहीं दूसरी ओर विष भी भरा है। उसमें प्राण हरण करने की और जीवन प्रदान करने की भी शक्ति है। त्राटक-सिद्ध योगी कूड़े के ढेर से बालक उत्पन्न कर सकता है, नव सृष्टि कर सकता है, पत्थरों को प्राणवान कर सकता है, खिलौने में जीवन भर सकता है और यह जो कुछ हो सकता है—वह कोई गपोड़ा नहीं, कोई कहानी नहीं, कोई कल्पना नहीं। यह सब कुछ ग्रन्थों के आधार पर प्रामाणिक है, पुराणों के आधार पर प्रामाणिक है, नाथ सम्प्रदाय के ग्रन्थों के आधार पर प्रामाणिक है। यही नहीं, आधुनिक घटनाओं के आधार पर हम इस को प्रामाणिक मान सकते हैं, प्रामाणिक कह सकते हैं।

त्राटक सफलता प्राप्त कर लेने पर आप जिन सिद्धियों के, जिन उपलब्धियों के स्वामी बनते हैं—वे सिद्धियां, वे उपलब्धियां पहले से ही विद्यमान थीं। आप इनके पहले से ही बने होते हैं, किन्तु अनजान बने रहते हैं उनके प्रति। नहीं जानते कि वह सब कुछ हमारे में ही विद्यमान है, सब कुछ हमारा है और उन्हें न जानने के फलस्वरूप हम अपने को असमर्थ, अशक्त पाते हैं। दूसरों के द्वारा कुछ विचित्र घटनाओं का प्रदर्शन देखते हैं तो आश्चर्य करने लगते हैं और समझते हैं कि उसने जो कुछ दिखाया वह अद्‌भुत है, विचित्र है और शायद किसी दूसरे के लिये वैसा करना भी असम्भव है। जो कुछ उसने दिखाया, उसे वही कर सकता है। कम से कम हम तो नहीं कर सकते, क्योंकि हम में वह शक्ति नहीं, वह सिद्धि भी नहीं, जिनके बल पर वैसा किया जा सकता है।

त्राटक सिद्धों की बहुत-सी घटनाएं पुराणों में सुनने को मिलती हैं। उनके प्रति हम कह देते हैं कि इसमें अतिशयोक्ति है, यह भी हो सकता है कि कोरी कल्पना पर ही आधारित हों—पुराणों की घटनाएं। शायद हम सिद्ध योगियों के चमत्कारों पर भी विश्वास न करें और मान लें उन्हें भी कपोल-कल्पित, किन्तु उन आधुनिक घटनाओं को निरी कल्पना कैसे मान लें, जिनकी चर्चा समय-समय पर विदेशी पत्र-पत्रिकाओं में भी होती रही है।

एक बार डा. अलेक्जेंडर केनन के अनुभवों की चर्चा बहुत ज़ोर पर रही। वे हांगकांग के निवासी थे। इंग्लैण्ड की सरकार ने उन्हें, 'नाइट' की उपाधि से भी विभूषित किया था। वे आत्म-तत्व के अन्वेषणार्थ चीन, तिब्बत आदि सुदूर देशों की यात्रा करके अनेक अनुभव प्राप्त कर चुके थे।

एक बार तिब्बत के एक लामा के निमन्त्रण पर वे सपरिवार वहां पहुंचे। किन्तु मठ पर पहुंचने में एक पचास मीटर चौड़ी खाई बाधक हो रही थी। केनन समझ रहे थे इस खाई को पार किये बिना वहां पहुंचना सम्भव नहीं है। इसलिये वे अपने को कठिनाई में अनुभव कर रहे थे, तभी उनकी दृष्टि एक लामा पर पड़ी, जो खाई के पास ही खड़ा था।

लामा के परामर्श पर उन्होंने अपने स्त्री-बच्चे एक समीपस्थ गांव में ठहरा दिये और स्वयं उसके साथ खाई पार करने को तैयार हुए तो लामा ने कहा कि—"आप मेरे बताये हुए शरीर शैथिल्य के कुछ साधनों और प्राणायाम विधियों को कीजिये, जिससे आपका शरीर हल्का हो जायेगा और आप मेरे साथ उड़कर खाई पार कर लेंगे।"

श्री केनन ने लामा से वे साधन सीखे और उसके निर्देशानुसार नेत्र बन्द कर लिए। फिर जब लामा के निर्देश पर उन्होंने नेत्र खोले—तब अपने को खाई के पार पाया। यह देखकर उन्हें बड़ा आश्चर्य हुआ। फिर वे उसके साथ मठ पर पहुंचे, जहां मठाधीश लामा ने उनका स्वागत किया।

श्री केनन ने अपनी 'इनविजिबिल इन्फलूएन्स' नामक पुस्तक में लिखा है कि उस मठाधीश लामा के शरीर के बाहर तीन फीट के घेरे में नीचे रंग का एक अद्‌भुत तेज दिखाई देता था।

डा. केनन ने वहां एक अत्यन्त आश्चर्यजनक घटना देखी। उनके समक्ष कफन में लिपटा हुआ एक शव लाया गया जिसकी परीक्षा करने पर उन्होंने पाया कि इसे मरे हुए कम से कम चौबीस घण्टे तो हो ही गये होंगे। किन्तु लामा ने कोई मन्त्र-सा गुनगुना कर शव पर अपनी दृष्टि टिका दी और कहा—"उठो भाई! बहुत देर से पड़े सोते हो।"

लामा के यह कहते ही मृतक ने अपनी आंखें खोलीं और चारों ओर दृष्टि घुमाकर उठ खड़ा हुआ। उसने श्री केनन के पास जाकर अभिवादन किया तो उन्हें यह देखकर बड़ा आश्चर्य हुआ कि यह वही व्यक्ति था, जो उन्हें योगाभ्यास करा कर खाई के इस पार लाया था।

तभी मठाधीश लामा ने बताया कि इस व्यक्ति को मरे हुए सात वर्ष हो चुके हैं और यह इसी प्रकार सैकड़ों वर्ष तक रखा जा सकता है। लामा उनके मन की बात भी जान लेता था और उनके कुछ कहने से पहले ही, उनकी शंका का भी उत्तर दे देता था। वस्तुत: यह त्राटक विद्या का ही प्रभाव था, जो दूसरों के मन की बात बताने या चाहे जिसे मूर्च्छित अथवा विमोहित करने में समर्थ है।

केनन ने मठाधीश लामा से त्राटक-विद्या को सीखा और उसे ध्यान-साधना का ही अंग मानते हुए लिखा है कि—"साधक लामा लोग सूर्योदय होने से एक घण्टा पहले त्राटक का अभ्यास आरम्भ करते और सूर्योदय होने पर समाप्त कर देते हैं। वे श्वेत पाषाण या स्फटिक पाषाण अथवा

शालग्राम को आंखों की सीध की ऊंचाई पर अपने से दो फीट की दूरी पर टकटकी लगाकर देखते रहते हैं। उनका यह अभ्यास तब तक रहता है, जब तक आंखें थक नहीं जातीं। जब पाषाण पर दृष्टि स्थिर करने का अभ्यास सिद्ध हो जाता है, तब घृत का दीपक जलाकर उसकी लौ पर दृष्टि स्थिर करने का अभ्यास करते हैं। यह अभ्यास सिद्ध होने पर नासिका के अग्रभाग पर दृष्टि स्थिर करने का अभ्यास करते हैं। ऐसा करते समय वे अपनी ठोड़ी को कण्ठकूप में लगा लेते हैं। इतना अभ्यास होने पर निम्न प्रकार से त्राटक-विद्या की अन्तिम सिद्धि का अभ्यास करते हैं।''

गोल गुम्बज, दूर पर लगे हुए वृक्ष, आकाश में तारे और चन्द्रमा आदि पर दृष्टि स्थिर की जाती है। इसके बाद तीव्र ज्योति वाले माध्यमों पर दृष्टि स्थिर करते हैं और इसका अभ्यास दृढ़ हो जाने पर सूर्य की ओर देखने का अभ्यास करते हैं।

किन्तु सूर्य की ओर देखने का अभ्यास एक बहुत कठिन कार्य है। सूर्य पर सीधी दृष्टि टिकाने का अभ्यास नहीं करना चाहिए। वरन् सूर्य से एक मीटर की दूरी पर, आकाश में ही दृष्टि टिकानी चाहिए। वह भी इस प्रकार—जिससे कि सूर्य के प्रकाश का कोई प्रतिकूल प्रभाव आंखों पर न पड़े। अन्यथा सूर्यान्धता का कुयोग उपस्थित हो सकता है।

योग-शास्त्र में ध्यान बिन्दु साधना का जो वर्णन मिलता है, उसमें खुले नेत्रों से किसी मूर्ति, चित्र अथवा ज्योति के ध्यान का निर्देश है। उसकी सिद्धि होने पर यह माना जाता है कि दोनों भौहों के मध्य जो तृतीय नेत्र (आज्ञा-चक्र) है, वह खुल जाता है। इसी चक्र में विश्व के समस्त ज्ञान-विज्ञान और शक्ति-सामर्थ्यों का समावेश है। मनुष्य की सभी इच्छाओं (कामनाओं) का समाधान एक इसी आज्ञा-चक्र में विद्यमान है। योगियों ने मूलाधार से आज्ञाचक्र पर्यन्त छः चक्रों का वर्णन किया है। यह सभी चक्र कुण्डलिनी-शक्ति के जागृत होने पर ही खुल पाते हैं। किन्तु साधक को इसका आभास सहज में नहीं हो पाता कि उसके शरीर में विद्यमान चक्रों का उद्घाटन होने लगा है।

कुछ लोग भ्रम-वश भी अपने में कुण्डलिनी का जागृत होना मान लेते हैं, जिससे कोई विशेष लाभ नहीं हो पाता। इसके विपरीत बहुत से साधक कुण्डलिनी जागरण और चक्र-वेधन के होने पर भी नहीं जानते कि वैसा हो गया है। यद्यपि उन्हें जो विशेष अनुभूतियां घटित होती हैं, उससे उन्हें कुछ आश्चर्य होता है।

त्राटक साधना के द्वारा कुण्डलिनी जागरण की घटना स्वयं हो जाती है। षट्चक्र भी खुल जाते हैं और जब कुण्डलिनी आज्ञाचक्र को खोलकर आगे बढ़ती है, तब तो साधक जिस ऊर्जा से सम्पन्न हो जाता है, उसके विषय में कोई निश्चित अनुमान नहीं लगाया जा सकता। घेरण्ड संहिताकार ने इस स्थिति को शाम्भवी मुद्रा कहा है। विशेष, निमेष, उन्मेष को रोकने पर जब तक आंसू न गिरने लगें, तब तक किसी लक्ष्य की ओर टकटकी लगाकर देखंने को ही विज्ञजन त्राटक कहते हैं। इसके अभ्यास से शाम्भवी मुद्रा दृढ़ होती है तथा नेत्र के दोषों का निवारण होकर दिव्य-दृष्टि उपलब्ध हो जाती है।

इस प्रकार यह आवश्यक है कि साधक का ध्यान किसी एक वस्तु पर केन्द्रित रहे। ध्येय वस्तु तो कोई भी हो सकती है, जैसे—कोई बालक, युवा, स्त्री, तरुण, पुरुष, कोई गहरे रंग का चित्र, कोई सुन्दर मूर्ति, कोई रत्न, कोई कांच की गोली, कोई फल, कोई रुखड़ी आदि। यदि किसी बोर्ड पर कोई आकृति अंकित करके प्रयोग में लाई जाये तो भी त्राटक सिद्धि—सफलता हो सकती है।

यह एक मान्यता रही है अनुभवियों की कि नेत्रों में सबसे अधिक आकर्षक शक्ति विद्यमान है। यदि उस शक्ति को एक बिन्दु पर केन्द्रित कर लें तो उसके प्रभाव से उस आकर्षण-शक्ति में सैकड़ों, सहस्त्रों गुणा वृद्धि हो सकती है।

योग-साधना का अंग त्राटक

त्राटक-साधना—योग साधना है, ध्यान-साधना है, किन्तु सभी साधनाओं में इतनी अधिक उपयोगी सिद्ध हुई है कि भारतवर्ष में ही नहीं, विदेशों में भी इसका बहुत प्रचार बढ़ रहा है। तिब्बत के मठाधीश लामा और डा. अलेक्जेंडर केनन की घटना इसके प्रमाण रूप में हम पीछे दे भी चुके हैं। अनेक विदेशी विद्वानों ने त्राटक के चमत्कारों पर समय-समय पर प्रकाश भी डाला है।

और वर्तमान समय में हम अनेक जादूगरों की बातें सुनते हैं, जिनके अनेक चमत्कारों के प्रदर्शनों की पुष्टि मिलती है। आधुनिक हिप्नोटिस्ट भी त्राटक जैसे प्रयोगों का अभ्यास कराके और उसके द्वारा इच्छित कार्य लेते हैं।

त्राटक और हिप्नोटिज्म के सिद्धान्त में भी कोई बहुत बड़ा अन्तर नहीं है। शरीर में बिजली है, मानवीय विद्युत धारा उसको कभी-कभी अत्यन्त बलवत्ती बना सकती है। जब वह अधिक बलवर्ती होती है तब उससे बाह्य विद्युत के करेंट जैसे झटके लगते हैं। शायद कभी आपने शरीर के किसी अंग में सुई के समान चुभन जैसी पीड़ा का अनुभव किया हो। उस पीड़ा का, उस चुभन का कारण विद्युत ऊर्जा का विकार ग्रस्त होना ही समझा जाता है।

कभी-कभी शरीरस्थ विद्युत की आश्चर्यजनक घटनाएं घटित होती हुई देखी-सुनी जाती हैं। वे घटनाएं सच्ची होते हुए भी कौतूहल का कारण बन जाती हैं। शारीरिक विद्युत की प्रखरता मनुष्य को अतीन्द्रिय क्षमता से सम्पन्न बना देती है।

इसी शारीरिक विद्युत पर मनुष्य की हीनता या उत्कृष्टता की बहुत कुछ निर्भरता है। जब उनके प्रवाह में कुछ अवरोध या कुछ विकृति आ जाती है, तब विभिन्न प्रकार के रोग उत्पन्न हो जाते हैं। यदि विद्युत-प्रवाह सामान्य अवस्था में रहे तो किसी प्रकार की हानिकारक या पीड़ाप्रद स्थिति उत्पन्न नहीं हो सकती।

शुद्ध ऊर्जा का अतिक्रमण शरीरधारी में कोई विशेषता, कोई रोग, कोई विकृति उत्पन्न करने वाला हो सकता है। यदि उस ऊर्जा का प्रवाह ठीक रहे तो शरीर के जिस अंग में वह होगा, वही अवयव अधिक पुष्ट, अधिक स्वस्थ और क्रियाशील रहेगा। यदि उसका उपयोग सही रूप में न किया जाये तो यह भी सम्भव है कि उसके विपरीत परिणामों का शिकार बन जाना पड़े।

डा. मेस्मर जैसे मेधावी आविष्कारक ने अपनी प्रणाली में चुम्बकीय प्रभाव का कारण भी मानवीय विद्युत को ही माना है। यह विद्युत सभी शरीरों में विद्यमान है, किन्तु उसे प्रखर बनाना उसके अभ्यास पर बहुत कुछ निर्भर है। भारतीय योगी त्राटक के अभ्यास से अपनी आन्तरिक विद्युत-ऊर्जा को ही प्रखर बनाते और उसके बल पर सभी इच्छित कार्य पूरे करने में समर्थ होते हैं। डा. मेस्मर ने इसी सिद्धान्त के बल पर यह पाया कि मेस्मरेज़िम में किसी प्रकार की विशेष उपलब्धि ही नहीं रोग-शासक शक्ति भी प्रखर हो जाती है। हिप्नोटिज़्म की क्रिया से भी, जो कि त्राटक का एक ही आधुनिक अंग है, साधारण रोग ही नहीं, बड़े-बड़े असाध्य रोगों तक का निवारण हो जाता है।

विदेशों में अनेक दन्त-चिकित्सक अपनी चिकित्सा में इस प्रणाली से बहुत कुछ काम लेते हैं। रोगी दर्द से बुरी तरह कराह रहा हो, तो भी वे उसे सम्मोहित करके चुप करा देते हैं। उनका दर्द मिनटों में छूमन्तर हो जाता है और उस अवस्था में उसका दांत निकालने में किसी प्रकार की कठिनाई नहीं होती।

सिर-दर्द, पेट-दर्द या सर्वांग दर्द में भी इस प्रक्रिया के द्वारा शीघ्र ही आराम हो जाता है। आधा शीशी की घोर पीड़ा में भी इस पद्धति से तुरन्त लाभ का अनुभव होने लगता है और बुरी तरह चीखते-चिल्लाते हुए रोगी भी हंसने-मुस्कराने लगते हैं।

गर्भवती स्त्रियों की गर्भ-कालीन परेशानियां तथा प्रसव काल की वेदनाएं भी इस प्रक्रिया से शीघ्र ही मिट जाती हैं। इस प्रकार विकृत अवस्था वाले गर्भ भी स्वाभाविक रूप से, बिना कष्ट के बाहर निकल आते हैं और इस प्रकार की उपलब्धियों में आज पाश्चात्य देश आगे बढ़ रहे हैं।

यहां यह प्रक्रिया शल्य चिकित्सा में भी उपयुक्त सिद्ध हुई है। इसमें रोगी को बेहोश करने की आवश्यकता नहीं होती वरन् वह सम्मोहित अवस्था में चुपचाप ऑपरेशन टेबुल पर पड़ा रहता है। इस प्रकार बड़े-बड़े ऑपरेशन भी पूर्ण सफल रहते हैं। धात-रोग, कुष्ट, कैंसर आदि पर भी इस विधि का अत्यधिक प्रभाव पड़ता है। क्षय-रोग, कण्ठ-रोग, उदर-रोग आदि के शमन में यह एक वरदान सिद्ध हुई है। उन्माद, अपस्मार, योषापस्मार (हिस्टिरिया) प्रभृति रोग इस पद्धति से सहज ही निर्मूल किये जाते रहे हैं।

डा. मेस्मर का मत रहा है कि सूर्य, चन्द्रमा, ग्रह और पृथ्वी आदि सभी किसी अज्ञात शक्ति से प्रभावित हैं। इसका अभिप्राय है कि सभी जीव, किसी न किसी प्रकार, एक-दूसरे के प्रभाव में रहते हैं। इस प्रकार जीव का प्रभाव जीव पर होने की मान्यता से ही यह मान्यता बनती है कि पंच महाभूतों में से भी प्रत्येक भूत का प्रभाव अपने से भिन्न भूत पर अवश्य रहता है। क्योंकि यह समस्त संसार और समस्त शरीर पंचभूतात्मक ही हैं।

वेदान्त की पंचीकरण क्रिया के विषय में जानकारी प्राप्त कर लेने पर उक्त तथ्य और भी स्पष्ट रूप से यथार्थ सिद्ध होता है। शास्त्र में एक वाक्य मिलता है—'आकृष्णोन रजसा' इत्यादि। जिसका अभिप्राय है कि रश्मियों के आकर्षण से पृथ्वी टिकी हुई है। यही आकर्षण-शक्ति, वह चुम्बक शक्ति है, जिसके सहारे पृथ्वी, आकाश आदि सभी लोक पारस्परिक आकर्षण में बांध पर टिके हुए हैं।

जब यह चुम्बीय शक्ति विशेष अवस्था में होती है तब उससे विद्युत उत्पन्न हो जाती है। यदि आप इलेक्ट्रिक क्वायल के विषय में जानते हों तो इस तथ्य को अधिक ठीक प्रकार से समझ सकते हैं। क्वायल बिजली के तारों का एक गोल गुच्छा जैसा होता है। उसे बीच में रखकर उसका एक सिरा विद्युत मापक यन्त्र (वोल्ट मीटर) से लगाकर और चुम्बक को शीघ्रता से कुछ ऊपर उठाकर वहीं रख दें तो वोल्ट मीटर की सुई से विद्युत का उत्पन्न होना प्रत्यक्ष रूप से जाना जा सकेगा। किन्तु उसकी मात्रा अधिक हल्की होगी। इसमें यह तथ्य भी ध्यान देने योग्य है कि क्वायल और चुम्बक का परस्पर स्पर्श न होते हुए भी विद्युत उत्पन्न हो जाती है।

डा. मेस्मर ने इसी आधार पर यह निर्णय लिया था कि प्राणियों की आन्तरिक चुम्बक-शक्ति से विद्युत उत्पन्न हो जाती है, इसलिये वे एक चुम्बक अथवा चुम्बक-शक्ति से पूरित वृक्ष बीच में रखकर उसके चारों ओर अपने रोगियों को गोलाकार रूप में खड़ा करते या बैठा देते थे। इसमें एक-दूसरे का परस्पर सम्पर्क होने पर जो विद्युत उत्पन्न होती थी, उससे रोगी

रोग-मुक्त हो जाते थे।

वैज्ञानिकों का भी मत है कि शरीर के अंग-प्रत्यंग में विद्युत-ऊर्जा की उत्पत्ति में सहायक अनेक उपकरणों के साथ ही रासायनिक पदार्थों की भी कमी नहीं है। रक्त-संचार की वह क्रिया इन सभी को संचरणशील रखती है और विद्युत-उत्पादन का कार्य भी निरन्तर चलता रहता है।

कोशिकाओं की आंतरिक संरचना में ''माइट्रोकोण्ड्रिया'' नामक एक महत्त्वपूर्ण आधार है, जिसे कोशिकाओं का भण्डार भी कह सकते हैं। रक्त, मांस, अस्थि आदि में पहुंचा हुआ आहार जब आगे बढ़ता है, तब इसी संस्थान में पहुंचकर ऊर्जा के रूप में परिवर्तित हो जाता है।

जब यही ऊर्जा कोशिकाओं को सक्रिय रखती है, तब उनकी सामूहिक क्रिया को लघुत्तम प्राण कहें तो कह सकते हैं। क्योंकि शरीर में इसका इकट्ठा होना ही महाप्राण बन जाता है, और उसकी ब्रह्माण्ड व्यापी चेतना विराट् प्राण या विश्व प्राण कहलाती है।

जिस रूप में यह विराट् प्राण गतिशील रहता है, उसी प्रारूप में इकाई कोशिका में प्राणांश की लघुत्तम ऊर्जा विद्यमान रहती है। इन दोनों के मध्य बिन्दु और सिन्धु जैसा अन्तर होते हुए भी उनके अन्योन्याचित सम्बन्ध को स्वीकार करना होगा। इसमें इनका एकलीकरण भी सिद्ध होता है।

यह कोशिका में प्राणांश के घटकों का परस्पर मिलन न हो तो महाप्राण का अस्तित्व ही नहीं बन सकता और यदि महाप्राण का अस्तित्व नहीं बनता तो—न तो आहारादि का पाचन ही होगा और न लघुप्राण जैसी विद्युत-धारा का ही संचार हो सकेगा।

और इस स्थिति में शरीर में अनेक रोगों की उत्पत्ति हो सकती है। जब आहारादि का पाचन नहीं होता तो समूचा शारीरिक यंत्र ही बिगड़ जाता है। इसी के फलस्वरुप विभिन्न प्रकार के रोगों की उत्पत्ति हुई देखी जाती है। इसी स्थिति को ध्यान में रखते हुए भारतीय योगियों ने योग की विविध क्रियाओं की व्यवस्था की। उन क्रियाओं का मुख्य उद्देश्य कोशिका में प्राणांश के घटकों का परस्पर मिलाना भी रहा है। योगीजन अपनी साधनाओं के द्वारा ही मनुष्य-शरीर में प्रसुप्त शक्ति को अधिकाधिक रूप में संबर्द्धन करते हैं। उन साधनाओं में ध्यान या त्राटक-साधना को भी प्रमुखता दी जाती रही है।

योगाचार्यों ने उसी शक्ति को आत्मशक्ति कहा है। वही आत्मबल, प्राणबल या मनोबल के नाम से पुकारी जाती है। संकल्प-शक्ति या इच्छा शक्ति भी इसी के भेद हैं। इसका अधिक ऊंचा ज्ञान आध्यात्म शास्त्रों में उपलब्ध प्राण-विद्या के विवेचन द्वारा प्राप्त कर सकते हैं। इसी प्राण-शक्ति का विकास एक साधारण या रोगी साधक को भी महासिद्ध तथा पूर्ण स्वस्थ बना सकता है।

आज के वैज्ञानिकों ने जिन तथ्यों को आज कहा है, उनका उद्घाटन हमारे ऋषि-मुनियों ने लाखों वर्ष पहले ही कर दिया था। योग-शास्त्र तो यहां तक कहते हैं कि एक के शरीर की प्राण-शक्ति खींचकर दूसरे के शरीर में प्रविष्ट की जा सकती है। पर काया प्रवेश की यह प्रक्रिया पुराकाल से ही प्रसिद्ध रही है।

परन्तु संसार में जो कुछ भी होता है, उसकी सफलता का आधार विश्वास ही है। किसी भी पद्धति में, किसी भी विधि में विश्वास के बिना कोई कार्य ही नहीं चल सकता। औषधोपचार कराते हैं तो उसमें भी विश्वास चाहिए। एक पर नहीं, दोनों पर विश्वास हो। चिकित्सक पर भी, औषधि पर भी। विश्वास के बिना कोई दवा काम नहीं कर पाती। आप समझें कि अमुक चिकित्सक अधिक होशियार नहीं, तो उसकी दवा भी आपको शायद लाभ न पहुंचा पाये।

मन्त्रोपचार हो या तन्त्रोपचार उसमें भी विश्वास चाहिए। यदि विश्वास न हो तो मन्त्र-तन्त्र कुछ भी सफल नहीं हो सकता। अनेक वैज्ञानिकों की मान्यता है कि चुम्बक से भी अधिक प्रबल-शक्ति आन्तरिक विश्वास में है। हिप्नोटिज़्म में यही आन्तरिक विश्वास, भावना या सजेशन कहा जाता है।

डा. चारकाट का मत है कि मनुष्य पर आशातीत प्रभाव डालने में चुम्बक का उतना महत्व नहीं, जितना कि भावना का है। इस भावना के बल पर संसार के बड़े-बड़े कार्य सिद्ध हो जाते हैं।

परन्तु यदि भावना और चुम्बक-शक्ति दोनों को ही सम्मिलित करके उनसे कार्य लिया जाये तो और भी अधिक सफलता प्राप्त हो सकती है। यदि शरीर की चुम्बक-शक्ति की पर्याप्त वृद्धि करके उसे भावना के साथ हिप्नोटाइज़ करें तो अवश्य ही उसके परिणाम अद्‌भुत एवं आश्चर्यजनक होते हैं। हिप्नोटिज़्म का यह सिद्धान्त योग-साधना के सिद्धान्तों का ही लघु रूप है। यही कारण है कि जितना लाभ मैस्मेरिज़्म या हिप्नोटिज़्म से होता है, उतने से ही अधिक त्राटक द्वारा सम्भव है।

विभिन्न शक्तियों का जितना अधिक एकीकरण होता है, ऊर्जा भी उतनी ही अधिक बढ़ती है। डा. मेस्मर के मत में जब एक से अधिक लोक, जीव अथवा तारे आदि का सम्पर्क होता है, तब उनकी पारस्परिक आकर्षण-शक्ति मिलकर और भी अधिक प्रबल हो जाती है और उस स्थिति में उनकी चुम्बकीय शक्ति का प्रभाव भी बहुत बढ़ जाता है।

भारतीय अध्यात्म-विद्या में ज्ञान-शक्ति, इच्छा-शक्ति और क्रिया-शक्ति की प्रमुखता स्वीकार की गई है। यह तीनों शक्तियां परस्पर में एक-दूसरी से मिली-जुली रहती हैं। ज्ञान-शक्ति के द्वारा उन महत्त्वपूर्ण क्रियाओं का ज्ञान होता है, जो विशेष उपलब्धि में सहायक सिद्ध होती हैं। इच्छा-शक्ति उन क्रियाओं के लिए प्रेरित करती है तथा क्रियाशीलता उन्हें सम्पन्न कर देती है।

यह तीनों शक्तियां अध्यात्म में ही नहीं, मनुष्यों के छोटे-बड़े सभी दैनिक कार्यों में सहायक सिद्ध होती हैं। यह भी समझ लेने की बात है कि अकेली इच्छा शक्ति के द्वारा ही किसी कार्य का सम्पादन नहीं हो सकता, वरन् शक्तियों के सम्मिलित योग से ही सब कुछ हो सकता है।

इच्छा-शक्ति की प्रबलता और उत्कृष्टता का सिद्धान्त कुछ नया नहीं है, वरन् आदिकाल से चला आ रहा है। भारतीय अध्यात्म ग्रन्थों में तो इसका वर्णन अनेक स्थानों पर हुआ है। हमारे ऋषि-महर्षि इच्छा मात्र से जब चाहे, जिसे चाहे, बुला लेते थे तथा उनके लिए चाहे जब, चाहे जहां पहुंच जाना कोई कठिन बात नहीं थी।

जो साधकगण अपनी इच्छाओं को वश में रखने का अभ्यास कर लेते हैं, वे कठिन परिस्थिति उत्पन्न होने पर लक्ष्य की ओर बढ़ते जाते हैं। तब उन्हें सफलता भी अवश्य मिल जाती है। इस विषय में यह समझ लेना चाहिए कि मन में बुरी इच्छाओं की वृद्धि न करने का ही प्रयत्न करना चाहिये क्योंकि बुरी इच्छाएं मनुष्य के उत्थान में बाधक होती हैं और उनका प्रभाव शरीर पर भी कुछ अनुकूल नहीं पड़ पाता।

बुरी इच्छाएं आत्मा के अनुकूल नहीं होने के कारण प्रभावहीन और अस्तित्व हीन रहती हैं। क्योंकि वे इच्छाएं नहीं होतीं, वरन् दुष्प्रवृत्तियों का आवेग मात्र होती हैं। जो साधक दुष्प्रवृत्तियों के उस कुवेग को समझ लेता है, वह अपनी इच्छाओं में सुधार कर लेता है।

त्राटक में मन की सजगता अनिवार्य

मन के दो मुख्य भेद प्रसिद्ध हैं—चेतन और अचेतन। एक अर्द्ध चेतन भी है, जो चेतन-अचेतन के मध्य में रहकर उनका सम्बन्ध बनाने का कार्य करता है। पाश्चात्य विशेषज्ञों ने चेतन मन को 'ऑब्जेक्टिव माइण्ड' और अचेतन मन को 'सब्जेक्टिव माइण्ड' कहा है। बाह्य मन और आन्तरिक मन भी क्रमशः इन्हीं के भेद हैं।

बाह्य मन या चेतन शरीर के समस्त बाह्य अवयवों को अपने वश में रखता और उनका संचालन करता है। इसके विपरीत, आन्तरिक या अचेतन-मन शरीर के आन्तरिक अवयवों को अपने नियन्त्रण में रखता है। आहार के चुनाव का कार्य चेतन मन करता है, किन्तु उसे पचाने का कार्य अचेतन मन के ही अधीन है। अचेतन मन ही आहार को पचाता, वही उसका रस-रक्त बनाता और विविध धातुओं के रुप में बदलता है। शरीर में रक्त-संचार की जो क्रिया होती है, उसे नियमित रखना भी अचेतन मन का ही कार्य है।

और शायद आप जानते हों कि जब तक चेतन मन जागता रहता है, तब आपको भी नींद नहीं आती। जब मनुष्य सोता है, तब चेतन-मन भी सो जाता है। जब चेतन मन सजग हो जाता है, नींद नहीं आती। वह जितना ही सजग होगा, आप उतने ही चैतन्य होंगे और आप जितने अधिक चैतन्य होंगे उतनी ही अधिक क्रियाशीलता बढ़ेगी। चेतन-मन की सजगता आपकी ज्ञान, इच्छा और क्रिया-शक्तियों को सबल बनाती है।

परन्तु आप सोते हैं, जब आपका चेतन-मन सोता है, तब जागता रहता है अचेतन मन। अब आपके शरीर की समस्त निष्क्रियता नष्ट होकर सक्रियता आ जाती है उसमें। अचेतन जब जाग उठता है तब मनुष्य में अभूतपूर्व, अद्वितीय कार्यक्षमता उत्पन्न हो जाती है, क्योंकि उस समय वही अधिक तत्पर रह कर कार्य करता है। चेतन-मन तो निष्क्रिय हो जाता है। और अचेतन मन की पकड़ हमारे अपने शरीर तक ही सीमित नहीं है वरन् वह संसार के किसी भी भाग व प्राणी के शरीर के सम्पर्क में आ सकता है। उसके द्वारा त्रिलोकों का भ्रमण हो सकता है। और चाहे जिस व्यक्ति या वस्तु के गुण का आकर्षण किया जा सकता है। प्राचीन ऋषि-मुनि अपने अचेतन मन से कार्य लेने के लिये चेतन मन को अधिक सचेत बनाने का प्रयत्न करते थे। उनकी साधना उनके चेतन मन को इतना सचेत बना देती थी कि वह अचेतन के दबाव में उतना अधिक नहीं दब पाता था, इसलिए उसमें सजगता के साथ सक्रियता भी अधिक उत्पन्न हो जाती थी। हिप्नोटिज़्म की प्रक्रिया में इसी अचैतन मन के द्वारा विविध प्रकार के कार्य लिये जाते हैं।

योग-साधना इससे भी अधिक क्रियाशील बनाती है मन को। उसमें अचेतन से तो कार्य लिया ही जाता है, चेतन को भी प्रखर बनाया जाता है। हिप्नोटिस्ट के लिए यह आवश्यक होता है कि वह बाह्य मन को प्रसुप्त कर दे। वस्तुतः योगियों ने भी इस स्थिति को ठीक प्रकार से समझा हुआ है। वे जहां चेतन को प्रखर बनाने का प्रयत्न करते हैं, वहां कुछ लौकिक परिस्थितियों में अचेतन को ही अधिक क्रियाशील और शक्तिशाली बनाना होता है।

जो कार्य बर्हिमन के लिये कर सकना सम्भव नहीं होता, उसे करने में अर्न्तमन पूर्णतया समर्थ है। जिस रोग का उपचार किसी औषधि से नहीं हो सकता, उसका उपचार रोगी के बाह्य मन को प्रसुप्त करके सहज रूप में किया जा सकता है। रोग क्या है ? इसकी जानकारी भी अर्न्तमन के द्वारा सहज ही हो सकती है।

किन्तु अपने स्वयं के उपचार में चेतन मन अधिक सचेत करना अपेक्षित होगा। आपका चेतन मन अधिक सजग होगा तो आप अपने रोग के निदान करने में पूर्ण सफल हो सकेंगे। आपको अपनी चिकित्सा के लिये माध्यम चुनना भी कुछ कठिन न होगा। क्योंकि त्राटक-साधना के लिये आप किसी भी वस्तु, व्यक्ति, चित्र, वृक्ष, गुम्बज, ग्रह, रत्न, पुष्प, पत्र आदि को माध्यम (साधन) रूप में चुन सकते हैं। आपकी इच्छा पर, आपकी पसन्द पर निर्भर है कि चाहे जिस वस्तु पर त्राटक साधना आरम्भ करें।

इस प्रकार मन की चंचलता से विमुख होकर, पूर्ण विश्वास के साथ यदि आप त्राटक साधना करें तो उससे स्वयं तो रोगों से मुक्त हो ही सकते हैं। साथ ही दूसरों का भी उपकार करने में समर्थ हो सकते हैं।

जादू, तन्त्र, त्राटक और हिप्नोटिज़्म

विगत कुछ शताब्दियों से मनुष्य विज्ञान की ओर तीव्रगति से बढ़ा है। उसका कारण विज्ञान के द्वारा विविध विषयों में मिलने वाली सफलता ही मुख्य है। प्राचीन युग में कोई जादू जैसी विद्या रही है, यह बात भी कुछ कल्पना पर ही आधारित प्रतीत नहीं होती।

कुछ लोग तो ऐसा मानते हैं कि जादू भी एक विज्ञान ही है। वह कुछ तन्त्र-मन्त्र आदि पर ही आधारित रहा है, किन्तु नये-नये बहुत से प्रयोगों और परीक्षणों ने जादू के क्षेत्र में भी दिशा परिवर्तन का पूरा कार्य किया है। वर्तमान समय में भी अनेक व्यक्ति जादूगर नाम से प्रसिद्ध हो रहे हैं और उनके चमत्कारों को देखकर दुनिया आश्चर्यचकित रह जाती है।

शायद आपने बंगाल के जादू का नाम सुना हो। उनके चमत्कारों के विषय में पुराने लोग बहुत-सी कहानियां सुनाया करते थे। सेवड़े का जादू भी प्रसिद्ध रहा है। कहते हैं कि वे जादूगर चाहे जिसे आकर्षित करके अपने यहां पर कैद कर लेते थे। उस जादू में वहां की स्त्रियां भी बहुत बढ़ी-चढ़ी थी। और वे चाहे जिससे, चाहे जो कार्य लेने में समर्थ थीं।

कहा तो यह भी जाता है कि वे स्त्री-पुरुष जादूगर चाहे जिसे भेड़-बकरी, गधा, कुत्ता, बन्दर, सिंह आदि बना लिया करते थे। इस कथन में कितनी सत्यता है यह तो हम नहीं जानते, किन्तु यह कह सकते हैं कि किसी भी व्यक्ति को आकर्षित कर लेना तो साधारण योग-साधना से ही सम्भव है। त्राटक-साधक ही चाहे जिसे आकर्षित कर सकते हैं। आधुनिक समय में कुछ हिप्नोटिस्ट भी इस प्रकार का दावा करते हैं।

जादू भी निरे यन्त्र, मन्त्र, तन्त्र, पर ही टिका हुआ नहीं था। उसके साथ भी योग-साधना मिश्रित थी। योग की अनेक क्रियाएं सभी साधनाओं के साथ स्वत: मिल जाती हैं, जिनके विषय में योगेतर साधना वाले साधक अनभिज्ञ रहते हैं। मान लीजिये कि आपको मन्त्र-जाप करना है तो उसमें ध्यान का भी आश्रय लेना होगा। जब तक ध्यान को नहीं जोड़ा जायेगा मन्त्र के साथ तब तक जाप का कोई भी फल मिलेगा, इसमें सन्देह ही है। यही बात पूजा-उपासना, संकीर्तन आदि के साथ भी है। पूजा करते हैं तो ध्यान भी करना होगा—इष्ट देवता का। भक्ति करते हैं तो भगवान का ध्यान करेंगे तभी भक्ति में सफलता मिलेगी।

यह निश्चित रूप से कहा जा सकता है कि ध्यान के बिना उपासना व्यर्थ है, पूजा व्यर्थ है, यन्त्र-तन्त्र-मन्त्र की साधना भी व्यर्थ है। योग में तो ध्यान की विशेषता है ही, क्योंकि जब तक योगी ध्यान में सफलता प्राप्त नहीं करता, तब तक उसे समाधि भी नहीं जग सकती।

बहुत बार कह चुके हैं कि त्राटक भी ध्यान का ही एक प्रकार है, इसलिए जिस क्रिया में ध्यान का उल्लेख हुआ है, उसमें त्राटक क्रिया का भी उपयोग किया जा सकता है। वरन् ध्यान में जो कठिनाई रहती है आरम्भ में, उतनी त्राटक-साधना में नहीं होती, क्योंकि ध्यान में आंखें बन्द करके अपनी कल्पना को चित्त-वृत्ति पर उतारना होता है जोकि अधिक सरल नहीं है। किन्तु त्राटक में कोई वस्तु सामने रखकर ही उस पर दृष्टि टिकाने का आरम्भ किया जाता है। [illegible] मस्तिष्क को कल्पना-साकार करने की अपेक्षा नहीं होती।

और हमने जो कुछ भी ऊपर कहा है, वह एकतथ्य है। यह एक अनुभूत बात है, जिसे साधना के समय साधकगण स्वयं अनुभव करते हैं। आप ध्यान को सरल पायें भी तो उसका अन्तिम फल समाधि के रूप प्रत्यक्ष होगा। जबकि यदि त्राटक का अभ्यास करें तो उसका फल अतीन्द्रियता की प्राप्ति के रूप में हो सकता है।

त्राटक को कुछ लोग द्वि-मार्गी कहते हैं। वह स्थूल भी है, सूक्ष्म भी है। वह भौतिक भी है, अभौतिक भी है। उसके द्वारा आप ज्ञान-विज्ञान युक्त अतीन्द्रियता भी प्राप्त कर सकते हैं और लौकिक सिद्धियां भी। त्राटक आपको अध्यात्म मार्ग पर भी ले जा सकता है और सुखभोगों के मार्ग पर भी।

आप किसी भी मार्ग पर चलें, त्राटक-साधना के द्वारा वही आपके लिए सफलता का मार्ग खोलेगा, वही आपको लक्ष्य पर पहुंचा सकेगा। वही आपको स्वस्थ, सुखी बनाने में सहायक हो सकेगा। आप त्राटक के द्वारा वह सभी कुछ प्राप्त कर सकते हैं, जिसकी अभिलाषा आपको है ।

एक मज़े की बात है कि आप त्राटक-साधना के द्वारा अपना इच्छित ही प्राप्त नहीं करते, कुछ ऐसा भी अनुभव करते हैं जिसमें मनोरंजन है, हर्ष है, उल्लास है। कोई भी कार्य ऐसा नहीं, जिसमें आप त्राटक के द्वारा सफल न हों। कोई भी रोग ऐसा नहीं, जिसे त्राटक दूर करने में असमर्थ रहे।

इससे हम समझते हैं कि त्राटक जहां एक सफल साधना है योग की, वहीं रोग-निवारण की भी एक सरल विधि है। कोई रोग हो, त्राटक-साधना के द्वारा सहज ही मिट सकता है। यह हो सकता है कि साधना में आपके द्वारा होने वाली कमी आपको सफलता के शिखर पर न पहुंचने दें। किन्तु यह मानना अनुचित न होगा कि कम से कम नब्बे प्रतिशत साधक इसके प्रभाव से अवश्य ही लाभान्वित हो सकते हैं।

जो लोग त्राटक-साधना करते हुए भी रोग-निवारण रूपी परिणाम से वंचित रह जाते हैं, उनके विषय में यह मानना होगा कि साधना में कहीं कुछ कमी अवश्य है। अथवा आस्था या विश्वास की कमी से भी सम्भव है कि कोई साधक अपने उद्देश्य की प्राप्ति में असफल रह जाये।

काम शक्ति सम्वर्द्धन

बहुत बार इस साधना से लाभ भी दिखाई दिया है। कभी-कभी तो जितनी आशा की गई लाभ की, उससे अधिक लाभ प्रतीत हुआ। एक अनुभवी व्यक्ति ने बताया कि उसने सोने के एक सिक्के पर त्राटक का अभ्यास किया। उस अभ्यास का उद्देश्य शारीरिक और मानसिक दुर्बलता को दूर करना था। सोने के त्राटक से उसने पाया कि उसकी शक्ति में सम्वर्द्धन हो गया। विशेष रूप से उसका प्रभाव मूलाकार और मूढ़ पर पड़ा, जिससे उसे शीघ्रपतन और स्वप्नदोष का जो रोग लगा था वह इस साधना से बिल्कुल नष्ट हो गया।

एक अन्य साधक ने भी हमें ऐसा ही बताया कि स्वर्ण का सम्बन्ध सूर्य से है। उसमें सूर्यगुण का समावेश होता है, इसलिए क्लीवत्व को नष्ट करने में अधिक उपयोगी है। उसके द्वारा काम-शक्ति भी बहुत बढ़ जाती है। शीघ्रक्षरण के अनेक रोगियों ने इस साधना से बहुत लाभ उठाया

शक्ति भी बहुत बढ़ जाती है। शीघ्रक्षरण के अनेक रोगियों ने इस साधना से बहुत लाभ उठाया है। जो लोग स्त्री के समीप जाने में संकोच करते थे, उनका संकोच और भय दूर हो गया। अनेकों अनमोल जोड़े त्राटक-साधना में सफल होकर अपनी गृहस्थी की गाड़ी को सुख पूर्वक चला रहे हैं।

आधुनिक हिप्नोटिस्ट भी काम-शक्ति के सम्वर्द्धनार्थ उन्हें सम्मोहित करके अपेक्षित सुझाव देते हैं। जैसे कि हीन-भावना वाले पुरुष को भावना दी जाती है कि तुम पुरुष हो, स्त्री के सर्वथा योग्य हो, स्त्री-समागम में बिल्कुल अशक्त नहीं हो इत्यादि। त्राटक-सिद्ध भी रोगियों को इसी प्रकार विश्वास दिलाते और उन्हें नज़र भर कर देखते हैं। इतना करते रहने से ही रोगियों को बहुत-कुछ लाभ हो सकता है।

गर्मी जनित उपसर्गों का शमन

त्राटक-साधना की सफलता गर्मी से उत्पन्न रोगों को शीघ्र दूर करने वाली हो सकती है। गर्मी को शान्त करने में चन्द्रमा, चांदी और हीरा-तीनों का ही उपयोग किया जा सकता है। एक महात्मा ने बताया कि वे चन्द्रमा के त्राटक के प्रभाव से बड़ी शांति प्राप्त करते हैं। उसका प्रभाव दिन में भी कम नहीं रहता। गर्मी की ऋतु में, धूप में चलना भी असहनीय नहीं होता।

एक साधक आलूबुखारे के फल पर त्राटक करते थे। उनका कहना था कि गर्मी की ऋतु में इसका त्राटक अधिक शान्तिदायक होता है। मजे की बात यह है कि केवल इसे देखते रहने के अभ्यास से ही प्यास नहीं लगती।

चर्म-रोग की समाप्ति

एक हिप्नोटिस्ट का कहना था कि उन्होंने किसी त्राटक सिद्धि वाले योगी से चर्म-रोग दूर करने की प्रेरणा ली। वे योगीराज पन्ना नामक रत्न पर त्राटक करते थे। उनका अनुभव था कि पन्ना के त्राटक से चर्म रोग दूर हो जाते हैं।

उस हिप्नोटिस्ट ने भी पन्ना को शक्ति-बिन्दू मानकर उसका अभ्यास किया। उसके बाद उन्होंने विभिन्न चर्म-रोगों पर अपने प्रयोग किये और परिणामस्वरूप दाद, खाज के अनेक रोगियों को लाभ पहुंचा।

एक अन्य सम्मोहक ने बताया कि वे अपने प्रयोगों द्वारा कुष्ठ के रोगियों को भी ठीक कर चुके हैं। किन्तु ऐसे व्यक्तियों की संख्या कम ही रही। हम समझते हैं कि उनके इस दावे में कुछ सच्चाई अवश्य ही होगी, क्योंकि त्राटक की शक्ति को हम सभी रोगों के निवारण करने में समर्थ और फलदायक समझते हैं।

क्षय-रोग में पूर्ण लाभ

क्षय को यक्ष्मा, तपेदिक, थाइसिस, टी. बी. आदि भी कहते हैं। पहले यह रोग ला-इलाज माना जाता था, किन्तु वर्तमान समय में चिकित्सकों के मत में भी यह साध्य है।

त्राटक के द्वारा इस दुष्ट रोग को भी सहज रूप से नष्ट किया जा सकता है। त्राटक का साधक अपनी दृष्टि मात्र से ही रोग से प्रभावित अंग जैसे—फेफड़े, आंत आदि को झटकों के द्वारा इतना अधिक झकझोर देता है, जिससे उनके रोग कीटाणु नष्ट हो जाते हैं और उस अंग

त्राटक के द्वारा क्षय के कीटाणुओं पर सीधा प्रभाव पड़ता है और वे निष्क्रिय होने के पश्चात् धीरे-धीरे नष्ट होने लगते हैं। एक भारतीय साधक का कहना है कि उन्होंने क्षतिग्रस्त रोगियों पर जो प्रयोग किये, उनसे उन्हें आश्चर्यजनक रूप से सफलता प्राप्त हुई।

कण्ठ-रोगों का उपचार

त्राटक-सिद्ध के लिए कण्ठ-रोगों का उपचार अधिक सरल है। एक भारतीय ने एक बार हमें बताया था कि वे अपने त्राटक-योग के द्वारा अनेक रोगियों को रोग-मुक्त कर चुके हैं।

उनके अनुसार शरीर में उत्पन्न होने वाला कोई भी रोग मानसिक दोष के फलस्वरूप ही होता है। चित्त के अशान्त रहने से अनेक रोग उत्पन्न हो जाते हैं और उनका उपाय भी उस अशान्ति को दूर करने पर स्वतः ही हो जाता है।

उन्होंने विश्वास उत्पन्न करके ही अनेक रोगियों को स्वस्थ कर दिया, जिनमें कुछ कण्ठ-रोगी भी सम्मिलित हैं। जिसका स्वर-भंग हो गया और गले में शोथ रहता था, वे भी ठीक हो गये। एक हिप्नोटिस्ट उन्हें भावना देते थे कि—"तुम्हारा कण्ठ स्वस्थ है, स्वर भी कोमल, मधुर, स्वाभाविक तथा पूर्ण रूप से विकार रहित है।"

एक अन्य त्राटक योगी कण्ठमाला के रोगियों की चिकित्सा करते थे। वे रोगी को अपने सामने बैठाते और उसके गले पर दृष्टि टिका देते थे। उनके उपचार की केवल यही एक विधि थी। उनका कहना था कि इस पद्धति से उन्होंने कण्ठमाला के बहुत-से रोगी अच्छे किये हैं।

मानसिक रोग :–

त्राटक का मन-मस्तिष्क पर तो और भी अधिक प्रभाव पड़ता है। अनेक त्राटक-साधक योगियों की रुचि रोगियों की चिकित्सा में रही है और वे उसमें सफलता भी प्राप्त करते हैं।

एक महात्मा से मथुरा में भेंट हुई थी। वे हिस्टीरिया का उपचार करते थे। हिस्टीरिया के रोगी को नज़र-भर कर देखते और साथ-ही उसके मुख पर पानी के छींटे मारते। इससे रोगी शीघ्र ही ठीक हो जाता था। इस विषय में पूछने पर उन्होंने बताया कि उनका इलाज कोई रहस्यमय नहीं है, कोई तन्त्र-मन्त्र नहीं है। उसमें केवल त्राटक की शक्ति है, कुछ और नहीं।

उनका यह भी कहना था कि उन्माद, अपस्मार आदि के भी अनेक रोगी उन्होंने ठीक किये हैं। एक रोगी तो भयंकर रूप से पागल था, घर वाले पकड़ते तो उन्हें मारने दौड़ता और हर समय गालियां बकता रहता था। उन्होंने बताया कि ज्योंही उस पर गहरी दृष्टि जमाई जाती त्योंही वह शान्त हो जाता और अपनी हरकतें बन्द कर देता था। यद्यपि समय बहुत लगा, किन्तु वह बहुत-कुछ ठीक हो गया।

हिप्नोटिस्ट भी उन्माद, अपस्मार, हिस्टीरिया आदि मानसिक रोगों का इलाज भावना के द्वारा करते हैं। डा. चारकाट का कहना है कि ऐसा कोई मानसिक रोग नहीं जो सम्मोहन-विद्या के प्रभाव से ठीक न किया जा सके। क्योंकि सम्मोहन-शक्ति रोगी के मस्तिष्क पर सीधा प्रभाव डालती है और वह शक्ति प्राप्त होती है। त्राटक साधना के द्वारा ही चाहे वह प्राचीन योग के अन्तर्गत हो, चाहे आधुनिक हिप्नोटिज़्म के अन्तर्गत।

उदर-रोग और त्राटक योग

उदर-रोग पर भी इस साधना का समुचित प्रभाव पड़ता है। एक भारतीय योगी ने त्राटक जन्य सम्मोहन-शक्ति के द्वारा अनेक उदर-रोगों को नष्ट करने में सफलता प्राप्त की। उनका कहना था कि उदर-विकारों के कारण उत्पन्न हुआ कोई भी रोग ऐसा नहीं जो मन-मस्तिष्क के साथ सम्पर्क रखता हो।

उस भारतीय योगी की यह मान्यता रही है कि जिन लोगों को कब्ज रहता है, उनकी आयु अधिक होती है। शरीर में मल विद्यमान रहने पर आलस्य और भारीपन तो रहता है, किन्तु वह मल ही शरीर की शक्ति को टूटने नहीं देता, इस कारण शरीर में दुर्बलता नहीं आती। यदि शरीर सबल रहे तो उसमें रहने वाले कोश-कोशिकाएं आदि भी कम मात्रा में क्षतिग्रस्त होते हैं।

परन्तु यह भी बहुत आवश्यक है कि कुछ न कुछ मात्रा में मल अवश्य निकलता रहे और उसके लिए योगीजन योगाभ्यास की उन क्रियाओं को भी करते हैं जिनसे मल स्वतः समय-समय पर निकल जाता है और अफरा, उदर-शूल आदि की स्थिति उत्पन्न नहीं हो पाती।

त्राटक-साधना में भी वैसी शक्ति विद्यमान है। उसके प्रभाव से कब्ज दूर हो सकता है और जितनी मात्रा में मल का निष्कासन अपेक्षित होता है, उतनी ही मात्रा में निकल पाता है। त्राटक के अन्तर्गत होने वाली आधुनिक विधि की सम्मोहन-क्रिया में भी यही लाभ हो सकता है। उसमें रोगी को अनुकूल भावना देकर यह विश्वास दिलाया जाता है कि उसके पेट में कब्ज़ या उसके समान कोई उपसर्ग नहीं है।

इसी प्रकार अन्य उदर-विकार भी दूर हो जाते हैं। सम्मोहकों का यह कहना है कि इस विधि से छिपे हुए रोगों का भी पता लगाया जा सकता है और यदि कोई बहुत अनुभवी चिकित्सक भी किसी-किसी रोग का निदान नहीं कर पाता उस रोग का निदान सम्मोहन पद्धति के द्वारा सहज में ही हो सकता है।

एक आयुर्वेद चिकित्सक भी अपने चिकित्सा के साथ सम्मोहन विधि का प्रयोग करते हैं। वे कहते हैं कि मैं अपनी चिकित्सा-विधि में योग क्रियाओं को भी सम्मिलित रखता हूं, जिनमें त्राटक का प्रयोग अधिक लाभकारी रहता है। इससे औषधि की अपेक्षा अधिक लाभ देखा गया है।

एक हिप्नोटिस्ट का मत है कि उदर-रोग हो या कोई अन्य रोग, सम्मोहन-शक्ति के द्वारा शीघ्र ही काबू में आ जाता है। उन्होंने बताया कि उनकी पद्धति प्राचीन योगियों की त्राटक पद्धति से भिन्न नहीं है। वरन् हिप्नोटिज़्म का मूल तो त्राटक योग ही है। जिस रहस्य को आधुनिक लोगों ने अब समझा है, उसे योगियों ने लाखों वर्ष पहले समझ लिया था।

यही कारण था कि प्राचीन योगी उसके अभ्यास में निरन्तर लगे रहते थे। जिसमें निरन्तर लगे रहेंगे, उसमें सफलता भी तो बहुत मिलेगी। वर्तमान साधक उतना परिश्रम नहीं करना चाहते, इसलिए उनकी सफलता भी आंशिक ही सिद्ध होती है।

हम नहीं कहते कि आधुनिक विज्ञान निष्फल है, वरन् हमारा यही कहना है कि वह प्राचीन विज्ञान के मुकाबले अधिक विकसित नहीं है। इसलिये उसका लाभ भी उतने ही परिणाम में परिलक्षित होता है।

फिर, आधुनिक विज्ञान की जड़ें भौतिकता में घुसी हुई हैं जबकि प्राचीन विज्ञान में आध्यात्म समाविष्ट था। विश्वास किया जाता है कि भौतिक विज्ञान आध्यात्म का मुकाबला नहीं कर सकता, चाहे वह कितना ही अधिक क्यों न बढ़-चढ़ जाये।

यदि आज भी परिश्रम करें तो कोई कारण नहीं कि पुरानी स्थिति को प्राप्त न कर लें। परिश्रम के साथ धैर्य की भी आवश्यकता होती है। यदि आप चाहें कि हथेली पर सरसों जमा लें तो ऐसा करना बहुत अर्थों में अधिक सम्भव नहीं है।

आप त्राटक के द्वारा पेट में उत्पन्न तीव्र दर्द को दूर कर सकते हैं, पेट पर हुए अफरा का शमन कर सकते हैं। वायुगोला प्रभृति विकृतियों से रोगी को मुक्त कर सकते हैं। अजीर्ण, अग्निमांध, वमन, मिचली, अतिसार आदि भी त्राटक के प्रयोग से सहज काबू में आ सकते हैं।

हैजा पर भी सम्मोहन शास्त्रियों ने परीक्षण किये हैं और उसमें भी सफलता मिली है। उनका कहना है कि भयंकर दस्त और वमन को भी, रोगी को प्रसुप्त करके रोका जा सकता है। क्योंकि सम्मोहित प्रसुप्त अवस्था में केवल मन प्रसुप्त हो जाता है और यहां जितने भी रोग तथा उनके उपसर्ग हैं, वे सब चेतन मन के ही द्वारा प्रकट किये जाते हैं। इसलिये चेतन सोता है तो उपसर्ग दब जाते हैं। अचेतन उन्हें क्रियाशील नहीं रहने देता। कैसी भी भयंकर पीड़ा हो, अवचेतन मन उस पर तुरन्त काबू पा लेता है। ऑपरेशन आदि के समय जो बेहोशी की दवाएं सुंघाई जाती हैं, उनका तात्पर्य यही है कि चेतन को प्रसुप्त कर दिया जाये। चेतन प्रसुप्त रहे तो शरीर का कुछ भी करते रहो, प्राणी को उसका आभास नहीं होता।

चेतन जागृत है तो दांत की पीड़ा बड़ी-बड़ी प्रतीत होगी। यदि रोगी दांत निकलवाये तो पीड़ा और भी बढ़ जायेगी, इसलिये चिकित्सकगण इन्जेक्शन आदि का प्रावधान करते हैं। किन्तु सम्मोहन के द्वारा दांत निकलवाने की जो क्रिया की जायेगी, उसमें इन्जेक्शन आदि की अपेक्षा नहीं होती। दांत निकाल देगा वह, केवल सम्मोहन करके और रोगी उसकी पीड़ा का अनुभव भी नहीं कर पायेगा। यही कारण है कि बहुत बुरी तरह चीखते-चिल्लाते हुए रोगी भी सम्मोहित होने पर तुरन्त आराम का अनुभव करते हैं। विदेशों में तो अनेक चिकित्सक केवल इसी पद्धति से रोगी को पूर्णरूप से रोग मुक्त कर देते हैं। विदेशों में इस पद्धति पर अब भी नित्य नवीन परीक्षण होते ही रहते हैं।

कोई नेत्र का ऑपरेशन होना है, बिना इन्जेक्शन लगाये वह हो नहीं सकता। क्योंकि उसमें होने वाली पीड़ा से रोगी छटपटायेगा, चीखेगा और उस स्थिति में ऑपरेशन भी सरलता से होना असम्भव होगा। किन्तु सम्मोहक उस समय बिना ऑपरेशन के वैसी स्थिति उत्पन्न कर देगा कि रोगी रोये-चिल्लाये नहीं, शान्त पड़ा रहे, वरन् उसे ऑपरेशन के कष्ट का कोई अनुभव ही न हो पाये।

यही स्थिति प्रसवावस्था में गर्भवती स्त्री की होती है। कभी-कभी तो वह पीड़ा असह्य देखी जाती है। उस स्थिति में भी सम्मोहन-शक्ति अपना अद्‌भुत प्रभाव दिखाती है। जो स्त्री पीड़ा के कारण अत्यन्त व्याकुल थी, वह सम्मोहित होकर पीड़ा का अनुभव नहीं करती और प्रसव का कार्य भी सहज रूप में सम्पन्न हो जाता है।

कोई भी कष्ट हो, शारीरिक या मानसिक, रोगी कम बेचैनी का अनुभव करे या अधिक, औषधियों से उसमें देर लग सकती है। बहुत बार तो बदल-बदलकर देने पर भी दवाएं काम नहीं करतीं और रोगी प्रायः निराश हो जाता है।

अनेक बार औषधियों के असफल होने पर भी सम्मोहन-शक्ति से सफलता मिलती पायी गयी है। क्योंकि उस समय रोगी का अचेतन मन अधिक क्रियाशील हो जाता है और वह रोगाक्रान्त अंग को झटका-सा दे देकर रोग मुक्त कर देता है। ऐसी स्थिति में भी त्राटक अथवा हिप्नोटिज़्म के प्रयोग से बहुत कुछ लाभ उठाया जा सकता है।

अचेतन-मन मानवीय ऊर्जा को परिचालित कर उससे कार्य लेता है। वह ऊर्जा भी चेतन से उतना अधिक सम्बन्ध नहीं रखती, जितनी अचेतन से रखती है। इसका कारण अचेतन के संकेत पर कार्य करते हुए मनुष्य के हित साधना में लग जाती है।

इन तथ्यों से शायद आप समझ गये हों कि रोगों की स्थिति का मुख्य कारण मानवीय ऊर्जा का प्रसुप्तावस्था में रहना है। जब उस ऊर्जा का जागरण होता है, तब रोग दुम-दबाकर भागने लगते हैं।

और मानवीय ऊर्जा के जागरण का एक विशिष्ट विज्ञान है। प्राचीन काल में योगाचार्यों ने उस विज्ञान को आविष्कृत और प्रयुक्त किया था। उस समय के योगियों में एक से एक बढ़कर चमत्कारी पुरुष हुए हैं, जो अपनी योग-साधनाओं के बल पर विश्व में प्रसिद्धि प्राप्त किये रहे थे और संसार के सभी छोटे-बड़े लोग उनके समक्ष नत-मस्तक थे।

आज भी यह विज्ञान नष्ट तो नहीं हुआ है। यदि वह छिप गया है तो हमारी अपनी ही अपेक्षा वृत्ति से। भारत से वह विज्ञान तिब्बत पहुंचा। कहते हैं कि वहां के लामा लोग आज भी उन योग क्रियाओं से भली प्रकार परिचित हैं, जिन्हें आज हम आश्चर्यजनक मानने लगे हैं। वे लोग आज भी उनका अभ्यास करते हैं, किन्तु हम अपनी उस महान् विद्या से अपरिचित होते जा रहे हैं।

आधुनिक वैज्ञानिकों ने कुछ कदम उठाये हैं, उस दिशा में विशेषकर पश्चिमी देशों में इस ओर कुछ अधिक ध्यान दिया गया है। हमारे योगियों ने जो अत्यन्त गरिमा और महिमा सम्पन्न त्राटक विद्या का आविष्कार किया था, उसका कुछ सार लेकर सम्मोहन-विद्या का अभ्यास आरम्भ किया उन्होंने और बड़े-बड़े चमत्कार दिखा डाले। यदि आप उसकी मूल विद्या (त्राटक) की ओर ध्यान दें तो उससे बहुत आगे बढ़ सकते हैं।

नेत्र-रोग और त्राटक-साधना

त्राटक-साधना के द्वारा जहां नेत्रों की आकर्षण-शक्ति बढ़ाई जा सकती है अथवा दूर-दृष्टि प्राप्त की जा सकती है, वहां भी नेत्रों से सम्बन्धित विभिन्न रोगों को दूर किया जा सकता है। त्राटक का अभ्यास आंखों से ही किया जाता है। इसलिये उसका सबसे अधिक और सर्व प्रथम प्रभाव भी आंखों पर ही पड़ता है। इसलिये योगाचार्यों की मान्यता है कि त्राटक अथवा ध्यान के अभ्यास से सभी प्रकार के नेत्र-रोगों का निवारण किया जा सकता है।

नेत्र-रोगों के सभी प्रकारों, सभी उपसर्गों में त्राटक एक बहुत उपयोगी उपाय है। त्राटक भी ध्यान का ही एक रूप है और जो लाभ ध्यान से हो सकता है, वह त्राटक से भी हो सकता है। अन्तर इतना है कि ध्यान के लिए बन्द नेत्र उपयुक्त समझे जाते हैं, जबकि त्राटक में खुले नेत्रों से साधना की जाती है।

ध्यान में नेत्र अर्द्ध उन्मीलित अवस्था में भी रह सकते हैं। त्राटक में भी आप चाहें तो नेत्रों को पूरे खोले रखने की अपेक्षा आधे-आधे खुले (अर्द्ध-उन्मीलित) रखें। वरन् पूरे खोलने की अपेक्षा अधखुले नेत्र अधिक सुविधाजनक रहते हैं। उनसे थकान का बहुत कम अनुभव होता है।

त्राटक की कुछ विधियां नेत्र-रोगों पर

आप किसी नेत्र-रोग से पीड़ित हैं तो ध्यान रखिये कि जिससे शांति मिल सके, वह उपाय

कीजिये। यदि आप त्राटक का अभ्यास अधिक समय तक नहीं कर सकते हों तो कम समय ही कीजिये। जितनी भी देर कर सकें, उतना भी लाभकर रहेगा। यहां कुछ सरल विधियों पर प्रकाश डाला जा रहा है।

(1) यदि नेत्रों में दर्द और जलन हो, चैन न पड़ता हो किसी प्रकार तो एक कच्चा आलू छीलें और उसे पीसकर टिकिया बना लें। पहले गुलाब जल से आंखों को धो लें और तब उस कच्चे आलू की टिकिया पर त्राटक जैसा अभ्यास करें। ध्यान रहे कि आंखों के साथ जोर जबर्दस्ती न की जाये किसी प्रकार की। बस टिकिया को सामने रखें और उसकी ओर देखें। जब पलक झपके, झपकने दें, जब तक खुले रहना चाहे, खुले रहने दें। इस प्रकार के अभ्यास से आप पायेंगे कि बेचैनी दूर होने लगी है।

(2) एक बोर्ड पर बड़े अक्षर में 'ॐ' अथवा 'श्री' लिखकर सामने रखें। उसकी ओर उसी प्रकार देखें, जैसे आलू की टिकिया पर देखने को कहा गया है। यदि दृष्टि मन्द हो गई हो तो यह अभ्यास दीर्घकाल तक करना होगा। किन्तु जब भी करें, ऐसे करें कि किसी प्रकार का कष्ट प्रतीत न हो। नित्य-प्रति अभ्यास के बाद आंखों को त्रिफला के पानी से धो लिया करें।

(3) यदि आंखों में दर्द के साथ सिरदर्द भी हो तो हरे रंग के वस्त्र, कांच अथवा रत्न पर उक्त विधि से ही त्राटक का अभ्यास करें। साथ ही सिर पर सूखा नीला वस्त्र भी लपेट लें। इससे सिरदर्द भी कम होगा और दर्द भी घटेगा।

(4) यदि आंखों में लाली के साथ दर्द भी है तो गहरे नीले कांच को सूर्य के आगे लगाकर उससे छनने वाले प्रकाश को आंखों पर डालें। सूर्य का यह प्रकाश भौंहों और ऊपरी पलकों पर ही पड़े तथा दृष्टि नीचे की ओर रहे जहां नीला वस्त्र बिछा हो। इससे भी दर्द में लाभ होता है तथा लाली भी घटती है। अभ्यास के बाद आंखों में गुलाबजल के छींटे देने चाहियें।

(5) प्रातःकालीन किसी सरल आसन से बैठें और नेत्र-दृष्टि को किसी काली बूंद पर स्थिर करें। साथ ही श्वांस खींचकर तब तक कुम्भक करते रहें, जब तक किसी प्रकार की कठिनाई का अनुभव न हो। कठिनाई प्रतीत होते ही श्वांस निकालें और दृष्टि भी झपका लें। जितनी देर कुम्भक किया है, उससे दुगनी देर तक श्वांस लें और छोड़ें तथा आंखों को भी बन्द रखें। उसके बाद पुनः इसी प्रकार कुम्भक के साथ त्राटक करें। यह क्रम तीन-चार बार सफलता से दोहराया जा सकता है।

(6) चित्त को एकाग्र करना भी बहुत आवश्यक है, क्योंकि एकाग्र हुए चित्त से त्राटक करना अधिक लाभकारी हो सकता है। इसके लिए आप अपनी किसी भी मन पसन्द वस्तु को सामने रख सकते हैं। बस, किसी भी वस्तु को रखिये अपने सामने और कीजिये उसे देखने का अभ्यास। आप पायेंगे कि जो नेत्र-कष्ट था आपको, वह दूर होने की दिशा में है।

(7) साधना करते हैं तो श्रद्धा और विश्वासपूर्वक कीजिये, अन्यथा कोई फल नहीं मिलता है आपको। जब हमें किसी कर्म पर श्रद्धा नहीं, विश्वास नहीं तो उसका लाभ भी कैसे मिले? सभी लाभ और उपलब्धियां श्रद्धा की पृष्ठभूमि में विश्वास के साथ ही संजोयी जाती हैं।

आंवले का एक हरा फल लीजिये और विश्वास के साथ उसे देखिये, विश्वास होगा तो श्रद्धा भी उत्पन्न हो जायेगी। और जब यह दोनों मिलकर उस फल को अपने नेत्रों के लिये केन्द्र-बिन्दू बना देंगे, तब आप पायेंगे कि आपको कुछ शांति मिल रही है और पीड़ा का निवारण होता जा रहा है।

(8) रात्रि के समय चन्द्रमा की ओर देखिये, मन में भावना कीजिये कि चन्द्रमा में अमृत

भरा है। आपकी आंखें उस अमृत का स्पर्श कर रही हैं। और सचमुच कुछ दिनों के अभ्यास में ही आपको लगेगा कि आपकी आंखें दोष-रहित तथा स्वस्थ होती जा रही हैं। उनमें दृष्टि की तीव्रता भी आने लगती है।

(9) आप चाहें तो किसी तारे का त्राटक भी कर सकते हैं। चुन लीजिये उस तारे को और नित्य-प्रति एक निश्चित समय तक देखते रहिये उसे। जब आंखें झपकना चाहें, झपकने दीजिये। हम नहीं कहते कि उनके प्रति बल प्रयोग करें, आप अभ्यास करने लगेंगे तो धीरे-धीरे स्वयं ही सफलता मिलने लगेगी आपको। आशा और धैर्य के साथ की जाने वाली आपकी त्राटक-साधना कभी निष्फल नहीं जायेगी

मणि-रत्नों के त्राटक का रोग-नाशक प्रभाव

मणि-रत्न, मानव-शरीर के बहुत अनुकूल रहते हैं। क्योंकि इनका सम्बन्ध ग्रहों से भी है। इनका त्राटक करने से साधक स्वयं तो स्वस्थ और निरोग रहता ही है, तथा अपने दृष्टिपात मात्र से दूसरों की अनेक व्याधियों को दूर करने में भी समर्थ होता है। यहां विभिन्न मणि-रत्नों में निहित गुण कर्म और प्रभाव पर प्रकाश डाला जाता है।

माणक्य में निहित गुण

माणक्य में अनेक रोगों को दूर करने की शक्ति है। शारीरिक दुर्बलता, धातुगण दुर्बलता, पुंसत्वहीनता, वात-विकार, रक्त-विकार, उदर-विकार आदि के लिए इसका प्रयोग उपयोगी माना जाता है। मलावरोध, उदर-शूल, शिरः शूल, अपच, अग्निमांद्य, अतिसार, रक्तातिसार, अर्श आदि पर भी उपयोगी है। शरीर के किसी भी अंग में दर्द हो, माणक्य उस पर अनुकूल प्रभाव डालता है। पाण्डू, पक्षाघात, नेत्र-रोग, खांसी, हिचकी आदि पर भी हितकर है। खून की कमी में भी इसका प्रयोग किया जाता है। यह कीटाणुनाशक भी है।

यह तो रहे भौतिक और स्थूल गुण। अब इसके सूक्ष्म गुणों पर भी ध्यान दीजिये। सब प्रकार के भय को दूर करने में आप इसकी ऊर्जा से लाभ उठा सकते हैं। इससे इस जन्म में कीर्ति और हर जन्म में सुख प्राप्ति होती है। ग्रहों की बाधा दूर करने में भी माणक्य बहुत प्रभावशाली है। इसके प्रभाव से धन-धान्य की वृद्धि होती है तथा चोर, डाकू, शत्रु आदि का भय भी दूर हो जाता है। भूत-बाधा-नाश में भी इसका प्रयोग हितकर हो सकता है।

माणक्य सुख-सन्तान की वृद्धि में सहायक होता है। प्रेम के मामले में भी उपयोगी और अनुकूल है। समाज में पद-प्रतिष्ठा, धर्म में रुचि, पुण्य-दान की ओर झुकाव, परोपकार में संलग्नता आदि के उद्देश्य भी इसका प्रयोग उचित रहता है। इसका प्रभाव पाप-बुद्धि को नष्ट करने में समर्थ है। यह रत्न सूर्य-ग्रह से सम्बन्धित है।

माणक्य का रंग लाल होता है। यदि आप इसे किसी स्वच्छ बिना रंग के कांच के पात्र में रख दें तो लगेगा कि उसमें सब ओर हल्के लाल रंग की किरणें निकली हुई हैं। यदि आप इसे मोतियों के मध्य में रख दें और सूर्य के प्रकाश में रखें तो सभी मोती लाल रंग के दिखाई देंगे। यदि इसे कमल की बन्द कली पर रख दें तो वह कली खिल जायेगी। यदि गाय के दूध में डाल दें तो वह दूध गुलाबी जैसे रंग का दिखाई देगा।

आभा मण्डल और रंगानुभूति

राम, कृष्ण, महावीर, बुद्ध और अन्य महापुरुषों की तस्वीरों के चेहरे और सिर के ऊपर एक सूर्य-सा चमकता गोलाकार चक्र किरणों, विकीर्ण की कल्पना मात्र है या सचमुच उनके चेहरों पर ऐसा आभा मण्डल वस्तुतः उपस्थित था? आध्यात्मिक और वैज्ञानिक खोजों ने आज यह स्पष्ट कर दिया है कि प्रत्येक चेतनामय शरीर के इर्द-गिर्द एक प्रकाश पुंज होता है, जो अन्य शरीर के अंगों की बजाय चेहरे पर ज्यादा घना होता है और उसको या तो अन्र्तमन से देखा जा सकता है या फिर केरेलियन कैमरा (जो रशिया ने आविष्कृत किया है और आज अनेक जगह उपलब्ध है) से ली हुई फोटो पर देखा जा सकता है। यह अलग बात है कि तारा मण्डल घनत्व, तेज और रंग हर चेतना केंद्र पर भिन्न होगा, जो उसके गुण, विकास और अवस्था पर निर्भर करेगा। विदेशी भाषा में इस आभा मण्डल को 'ओरा' **ORA** नाम से पुकारा जाता है।

प्रत्येक प्राणी चेतना मय है। मनुष्य के मुख्यतः तीन शरीर माने गए हैं। एक स्थूल, दूसरा सूक्ष्म और तीसरा कर्म शरीर। स्थूल शरीर जिसे हम स्पष्ट देखते हैं, सूक्ष्म वह जो स्थूल शरीर का संचालन भी करता है और कर्म शरीर वह जो आत्मा पर अर्जित संस्कारों के लिए आच्छादित है—जो मनुष्य को जन्मों-जन्मों की यात्रा कराता रहता है और उसके किए गए कर्मों के फल को भुगवाता है। सूक्ष्म शरीर में, कर्म शरीर के संस्कारों के प्रस्फुटन का प्रवेश होता है और सूक्ष्म शरीर चित्त के माध्यम से स्थूल शरीर में उन संस्कारों के अनुसार परिवर्तन लाता रहता है। जो घटनाएं स्थूल शरीर में घटती हैं, वह पहले सूक्ष्म शरीर में घटित होती हैं। सूक्ष्म शरीर का मूलभूत स्वरूप और उसमें नित परिवर्तन लाने वाली घटनाएं ऊर्जा किरणों के रूप में स्थूल शरीर के चेतन केंद्रों पर आच्छादित होती हैं, जिसे हम आभा-मण्डल कहते हैं। मनुष्य के चेहरे और मस्तिष्क के चेतना केंद्र ज्यादा शक्तिशाली होने के कारण आभा मण्डल की किरणों का घनत्व वहां ज़्यादा रहता है। वैसे ये किरणें शरीर के विभिन्न चेतना केंद्रों के आसपास भी उपस्थित रहती हैं। यहां तक कि मनुष्य के अंगूठे के नाखून के आभा मण्डल के भी केरेलियन कैमरे द्वारा चित्र लिए जा चुके हैं।

जैसा कि ऊपर स्पष्ट किया गया है कि आभा मण्डल के दो रूप हैं। एक तो मूलभूत संस्कार जो गत जन्मों-जन्मों के संस्कार संजोए हुए हैं और दूसरा जो नित नई भावनाओं के उत्पन्न होने वाली घटनाओं के कारण ऊर्जा तरंगें फेंकता रहता है। मनुष्य का मूलभूत आभा मण्डल परिवर्तित तो होता है, लेकिन वह काफी अर्से के बाद जिसमें अनेक जन्म भी लग सकते हैं और वह तब घटित होता है, जब उसके मूलभूत संस्कार बदलकर बिल्कुल नई श्रेणी के संस्कार निर्मित हो जाते हैं। मनुष्य निरंतर अपनी यात्रा पर है। सृष्टि के निर्माण से उद्भूत प्राण क्रमिक विकास करता हुआ—घास-पत्तों, वृक्षों, कीड़ों, मकोड़ों, पक्षी, जानवर और बन्दर के रूप में विकसित होता हुआ मनुष्य का रूप धारण करता है। इन सभी स्थितियों में उसका आभा-मण्डल होता है और उस आभा-मण्डल का उसके विकास के अनुरूप मूलभूत स्वरूप बदलता रहता है और जब वह प्राण मनुष्य बनता है, तो उसके आभा मण्डल में, जो पहले सिर्फ काली झाई की तरह दिखाई देता था, कुछ रंगीन किरणें प्रस्फुटित होती हैं, जो उसके आध्यात्मिक विकास

का प्रतिनिधित्व करती हैं। इसे आभा मण्डल का रंग कहा जाता है। कुछ विद्वान् इसे प्रभा मण्डल, तेज का गोला भी कहते हैं।

मनुष्य के रूप में भी प्राण आध्यात्मिक विकास की अनवरत् दौड़ में रत रहता है और ज्यों-ज्यों आध्यात्मिक विकास की एक सीढ़ी पार कर लेता है उसके मूलभूत आभा मण्डल का रंग बदल जाता है। आदि मनुष्य यानी प्रारंभिक अवस्था के मनुष्यों का रंग ग्रे यानी भूरा होता है। इस श्रेणी में आदिवासी, जंगली व अर्द्धविकसित मानव जातियां आती हैं, जिन्हें आध्यात्मिकता के ज्ञान से कोई मतलब नहीं होता। गुलामों की या जानवरों सी जिंदगी जीना ही उनका कार्यक्रम रहता है। दूसरी विकास की सीढ़ी तब आती है, जब मनुष्य कुछ समझदार होता है और समाज से नाता जोड़ता है, लेकिन निम्न स्तर पर ही जैसे कुली, सफाई-धुलाई, बुवाई, कृषि व अन्य श्रम आश्रित धंधे अपनाता है। ऐसे व्यक्तियों के मूलभूत आभा मण्डल का रंग हरा या नीला होता है। उन्हें भी आध्यात्मिक जैसी वस्तुओं से उतना सरोकार नहीं होता। आगे की विकास की सीढ़ी के लोग विवेक धारण करना प्रारंभ करते हैं, उसमें आते हैं। आफिसों में काम करने वाले कर्मचारी, निजी व्यापार, लघु व्यवसाय करने वाले या वो लोग जिनका उच्च श्रेणी के लोगों से सीधा संबंध स्थापित हो जाता है—ऐसे लोगों के मूलभूत आभा मण्डल का रंग हल्का आसमानी होता है। इस विकास की श्रेणी में पहुंचने के बाद मनुष्य की आध्यात्मिकता यात्रा गति पकड़ती है, क्योंकि ऐसा मनुष्य जीवन के रहस्यों को, जन्म-पुर्नजन्म, आत्मा, परमात्मा के बारे में जानने के लिए सोचना प्रारंभ करता है। फिर उससे आगे की विकास की सीढ़ी आती है, जिसमें मनुष्य ऊंचे स्तर पर उद्योग प्रारंभ करता है या बुद्धिजीवी व्यवसाय करता है।

जिन सज्जनों का रचनात्मक और सृष्टिात्मक गतिविधियों में अपना समय व्यतीत होता है—ऐसे मनुष्यों के आभा मण्डल का रंग हल्का पीला या सुनहरा होता है। फिर बड़े उद्योगी, प्रतिभाशाली, कलाकार, लेखक या बुद्धिजीवी होने पर उसके मूलभूत आभा मण्डल का रंग आरेंज यानी हल्का भगवा हो जाता है। ऐसा मनुष्य धर्म, कर्म आध्यात्म के रहस्यों को काफी जान लेता है और ज्ञानी लोगों के सम्पर्क में आता है। इसके बाद की विकसित श्रेणी के लोगों के मूलभूत आभा मण्डल का रंग लाल होता है। ऐसे लोग सफल उद्योगपति, सफल नेता, सफल शासक, मंत्री व राज्य सहयोगी या सलाहकार आदि की श्रेणी में आते हैं, जिन्हें भौतिक व आध्यात्मिक दोनों आकांक्षाएं रहती हैं। उसके बाद उसकी आध्यात्मिक यात्रा अतिशीघ्र रूप धारण करती है और तब उसके आभा मण्डल का रंग आसमानी लाल हो जाता है और फिर आध्यात्मिक विकास की चरम सीमा पर पहुंचने पर वह रंग सफेद सूर्य की किरणों की तरह धवलित कान्ति का रूप धारण कर लेता है। इस रंग के आभा मण्डल के धारण करने वाले यथार्थ में योगी, महात्मा या न्यायायिक या राजा जनक जैसे वैदेही शासक होते हैं। उसके आगे मुक्ति है, तब आत्मा सब संस्कारों से निवृत होकर सम्पूर्ण शक्ति स्वरूप परमात्मा में विलीन हो जाती है। आध्यात्मिक विकास की पहचान मनुष्य की स्वतंत्रता के स्तर पर भी की जा सकती है, जो मनुष्य अपने कार्य वृत्तियों, लगावों से जितना स्वतंत्र है, उतना ही वह आध्यात्मिक दृष्टि से विकसित है। योगी या प्रबुद्ध शासक को सबसे ज्यादा स्वतंत्रता प्राप्त है। वह किसी पर आश्रित नहीं है और अपने कार्य को करने में प्राय: स्वतंत्र है।

इसी प्रकार निम्न श्रेणी एवं मध्यम श्रेणी पर श्रम-आश्रित लोग दूसरों पर ज़्यादा आश्रित हैं और उनकी अपनी स्वतंत्रता नगण्य है, इसलिए उनके आध्यात्मिक विकास की श्रेणी निम्नतम है। ऐसे ही दूसरे मनुष्यों का वर्गीकरण किया जा सकता है।

अब इस मूलभूत आभा मण्डल के रंगों के आधार पर उसके जीवन के बारे में एक अनुभूत व्यक्ति भविष्यवाणियां कर सकता है। चूंकि आभा मण्डल अन्तर-ज्योति (मन) की स्थिति का पूर्व प्रकाश है। आभामण्डल के आधार पर महत्त्वपूर्ण स्थितियों या घटनाओं का मोटे तौर पर विश्लेषण किया जा सकता है। इस मूलभूत आभा मण्डल पर बदलते हुए अस्थायी भावों की झांकियां भी आती रहती हैं और बदलती रहती हैं। जैसे क्रोध, आवेश, आसक्ति, प्रेम, घृणा, भय, मैथुन के भावों के रंगों की अस्थायी झांकियां मूलभूत आभा मण्डल पर आती रहती हैं, जिसके आधार पर भी भविष्यवाणी की जाती है। कई बार रंग के कुछ धब्बे भी आभा मण्डल पर दिखलाई पड़ते हैं, जो कुछ बीमारियों को इंगित करते हैं—जैसे लाल रंग का धब्बा हृदय रोग, पीले रंग का धब्बा मधुमेह रोगों को और काले रंग का धब्बा एक चिरस्थायी प्राणघातक बीमारी को इंगित करता है। आभा मण्डल के रंग का आभास या तो हल्की आत्मा वाले मनुष्य को यथार्थ योगी को होता है या फिर उसे केरेलियन कैमरे से पकड़ा जा सकता है। आभा मण्डल में उपवास, उपशमन और ध्यान की प्रक्रियाओं से मनुष्य परिवर्तन ला सकता है और अपनी आध्यात्मिक विकास यात्रा को कुछ शीघ्र गति दे सकता है।

कुण्डलिनी जागरण का रहस्य

कुंडलिनी शब्द स्वयं में व्यापक है, रहस्यमय है और कुंडलिनी जागरण इतना व्यापक है कि उसका आद्योपांत निरूपण असंभव नहीं तो कठिन ज़रूर है। दरअसल कुंडलिनीं पर प्रवचन करना, इस विषय में आलेख लिखना संभव है, परन्तु सच यह है कि इस विषय को या इसके गूढ़ रहस्य को सिर्फ अनुभव से जाना जा सकता है। सामान्य ज्ञान के लिये सम्मोहन विद्या के जिज्ञासुओं को भी यह जानना आवश्यक है कि कुंडलिनी क्या है? प्राच्य-साहित्य में कुंडलिनी को रहस्यमयी विद्या के रूप में निरूपित किया गया है।

योगी लोग कुंडलिनी का जैसा वर्णन करते हैं उससे उसका स्वरूप निश्चित करने का प्रयत्न अनेक विद्वानों ने किया है। वस्तुत: कुंडलिनी का पर्याय सर्पिणी है पर आध्यात्मिक आर्य वाङ्मय में इसका विशेष अर्थ है। ब्रह्म, जीव एवं जगत को समझने में और उससे ज्यादा मोक्ष की प्राप्ति में यह सहायक है। परमात्म तत्व में आत्मतत्व को विलीन कर ही व्यक्ति जन्म-मृत्यु एवं पुनर्जन्म के बन्धन से मुक्ति पाता है और आवागमन का सिलसिला थमता है और इसके लिये कुंडलिनी जागरण का आश्रय लिया जाता है।

कुंडलिनी के सन्दर्भ में प्रसिद्ध विद्वान् आर्थर अवेलन ने अपनी पुस्तक "नागिन शक्ति" में कहा है कि "कुंडलिनी गुप्त संगृहीत शक्ति है" तात्पर्य यह कि कुंडलिनी संगृहीत शक्ति है। यह व्यष्टि में उस विश्व महाशक्ति की प्रतिनिधि है जो विश्व को उत्पन्न करती है और धारण करती है।

भारतीय विद्वान् स्वामी विवेकानन्द ने अपनी पुस्तक "राजयोग" में कुंडलिनी के बारे में स्पष्ट किया है कि—"जिस केन्द्र में सब जीव और मनोभाव संगृहीत रहते हैं उसे मूलाधार चक्र कहते हैं और कर्मों की जो शक्ति कुंडलिनी में रहती है वह कुंडलित होने से कुंडली कहलाती है।"

एक अन्य विद्वान् सर जॉन बुडरफ ने अपने ग्रन्थ "शक्ति और शाक्त" में कहा है कि—"शक्ति दो रूप धारण करती है एक स्थिर या संगृहीत (कुंडलिनी)" और दूसरा कर्तव्यशील यथा प्राण।"

परन्तु कुंडलिनी के बारे में एक भारतीय मनीषी श्री ज्ञानेश्वर महाराज का दृष्टिकोण कुछ ज़्यादा ही सटीक है। वे कहते हैं कि—"नागिन का बच्चा कुंकुम में नहाया हुआ जैसा, अपनी देह को गिंडुली बनाए जैसे सोता है वैसे ही वह कुंडलिनी अपनी देह को साढ़े तीन लपेटों में समेटकर नीचे की ओर मुंह किये नागिन-सी सोयी रहती है।"

ज्ञानेश्वर महाराज ने इसी कुंडलिनी को शक्ति कहकर भी निरूपित किया है। तात्पर्य यह है कि आप यह न समझ बैठें कि भारतीय मनीषी का यह दृष्टिकोण कदापि नहीं है कि कुंडलिनी शरीर का एक सर्पाकार अंश मात्र है। उन्होंने शक्ति का वर्ण करते हुए स्पष्ट किया है कि—"वैसी अवस्था प्राप्त होने पर उसे शक्ति ही कहना चाहिये, यों तो वह सचमुच में प्राण ही है।"

विद्वान् मनीषी संत ज्ञानेश्वर महाराज कुंडलिनी की अवस्थाओं का निरूपण करते हुए स्पष्ट कहते हैं—"कुंडलिनी का कुंडलिनी नाम छूट जाता है और उसे मारूत नाम प्राप्त होता है। पर

इसका जो शक्तित्व है वह तब तक रहता है जब तक वह शिव में नहीं मिल जाती।''

सारांश यह कि उक्त विद्वान् मानव शरीर की नाभि स्थान के समीप संकुचित स्थान में जमकर बैठी हुई वायु की सुप्त संगृहीत शक्ति को ही कुंडलिनी की संज्ञा से नवाज़ते हैं। और यदि सभी विद्वान् मनीषियों की बात का सूक्ष्म रूप से विश्लेषण किया जाये तो निष्कर्ष के तौर पर कहा जा सकता है कि कुंडलिनी एक प्रकार की वायु की सुप्त शक्ति है। अन्य विद्वान् एवं चिंतक मानते हैं कि—''कुंडलिनी वह सर्पिणी है जो मूलाधार चक्र में सुप्तावस्था में रहती है।''

दरअसल इस सुसुप्त कुंडलिनी को सर्वप्रथम योगी सिद्ध साधक एवं तांत्रिक-मांत्रिक योग अभ्यास से फिर प्राणायाम की क्रिया से सक्रिय करते हैं। तत्पश्चात् उसे कई चक्रों से ऊपर की ओर संचालित कर षट्चक्र भेदन की सफलता के बाद वे उसे समय चक्र सहस्त्रार में प्रविष्ट कराते हैं।

परन्तु इतना करना आसान नहीं है। कई-कई बार तो इसे पूरा करने में पूरा जीवन लग जाता है और कभी यह कार्य एक जीवन में भी पूरा नहीं होता है। क्योंकि कुंडलिनी जागरण की नींव है योग, और योग का संधान करने में बहुत वक्त लगता है। इसमें, यम, नियम, आसन एवं प्राणायाम की क्रियाएं ही कठिन हैं। वे योगी या साधक जो इन्हें पूर्ण कर लेते हैं उन्हें ही कुंडलिनी जागरण का सुअवसर प्राप्त होता है। यूं ऐसी मान्यता है कि यम, नियम तथा प्राणायाम की क्रियाओं की सफलता के बाद कुंडलिनी स्वतः जागृत हो जाती है।

कुंडलिनी शक्ति को समझने के लिए षट्चक्र को समझना आवश्यक है। क्योंकि जागृत कुंडलिनी इन्हीं षट्चक्रों में निद्रा से जागने के बाद प्रवेश करती है। अर्थात् साधक के द्वारा जागृत करके इनमें प्रविष्ठ कराई जाती है। सामान्यतः षट्चक्र का वर्ण एक अलग आलेख का विषय है, व्यापक है। परन्तु संक्षेप में बताया जा रहा है ताकि सुविज्ञ पाठक उसे समझकर कुंडलिनी की रहस्यमय स्थिति को जान सकें। विद्वानों ने इसे यूं निरूपित किया है।

मूलाधार चक्र

इस चक्र की स्थिति रीढ़ की हड्डी के सबसे नीचे के भाग में ''कंद'' प्रवेश से लगे गुदा और लिंग के मध्य भाग में है। इस चक्र का जो कमल है, वह रक्तवर्ण है और उसमें चार पत्ते हैं। इन पत्तों पर वं, शं, षं एवं सं अक्षरों की स्थिति मानी गयी है। इस मूलाधार पद्म में एक चौकोर (चतुष्कोण) मंडल है। इसका देवता पृथ्वी है। इस मंडल की आठ दिशाओं में अष्ट शूल है और मध्य में पीत वर्ण लग लकार (लं) पृथ्वी बीज है। बीज का वाहन एरात है। यंत्र के देव शक्ति, ब्रह्मा और **डाकिनी** हैं। इस यंत्र के बीच में रुव स्वयं लिंग है जिसके चारों ओर साढ़े तीन लपेटे खाकर लिपटी हुई कुंडलिनी शक्ति है। प्राणायाम से जागृत होकर यह कुंडलिनी मेरुदंड के भीतर ब्रह्मनाड़ी में प्रविष्ट होकर ऊपर को चलती है।

स्वाधिष्ठान चक्र

मूलाधार के ऊपर लिंग के मूल स्थान में सुषुम्ना नाड़ी के मध्य प्रदेश में सिंदूरी रंग स्वाधिष्ठान नाम का षड्दल कमल है। इसके पत्तों पर वं, भं, यं, रं एवं लं की स्थिति मानी गयी है। एक इसका यंत्र जल तत्व का द्योतक है, अर्द्ध चंद्राकार है और यंत्र का रंग चन्द्रवत शुभ है। बीज एवं वाहन मकर है। देव और देवशक्ति विष्णु एवं **राकिनी** है।

मणिपूरक चक्र

यह चक्र नाभि मूल में, स्वाधिष्ठान चक्र के ऊपर है। इसका कमल नील वर्ण वाले दश पत्तों का है और इन पत्तों पर डं, ढं, थं, धं, नं, पं, एवं फं अक्षरों की स्थिति मानी गयी है। इस चक्र का यंत्र त्रिकोण है। यह अग्नितत्व का प्रतीक है। यंत्र के तीनों पार्श्व में द्वार के समान तीन स्वास्तिक स्थित हैं। इसका बीज रं एवं वाहन मेष है। यंत्र का रंग प्रातःकालीन बाल रवि के सदृश्य है। इसके देव और शक्ति वृद्ध रुद्र और **लाकिनी** है। इसका चित्र साथ दिया गया है।

अनाहत चक्र

यह चक्र मणिपूरक चक्र के उर्ध्व प्रदेश में अर्थात् हृदय प्रदेश के सामने द्वादश कमल के पत्तों से युक्त लाल रंग का है इसके पत्तों पर कं, खं, गं, घं, ङं, चं, छं, झं, टं एवं ठं अक्षरों की स्थिति मानी गयी है। इस चक्र का यंत्र धूम्रवर्णी, षटकोण और वायु तत्व का घोतक है। बीज यं है, वाहन मृग। इसके देव और शक्ति ईशान रुद्र एवं काकिनी हैं। भगवान शिव अनाहत चक्र के अधिष्ठाता हैं।

विशुद्ध चक्र

इस चक्र की स्थिति वास्तव में कंठ प्रदेश में है। इसका कमल सोलह पत्तों वाला है और धूम्रवर्ण है। इन पत्तों पर आकार से लेकर अः विसर्ग पर्यंत रक्त वर्ण षोड्श स्वर वर्ण प्रदीप्त है। चक्र का यंत्र पूर्ण चंद्राकार है। यह यंत्र शून्य अथवा आकाश तत्व का सूचक है। यंत्र का बीज हं है, तथा वाहन हाथी है। इसके देव और देवशक्ति पंचमुख त्रिनेत्र (प्रत्येक मुख में तीन-तीन नेत्रवाले) अर्द्धनारीश्वर भगवान शिव और **शाकिनी** है। इस चक्र का नाम विशुद्ध इसलिए पड़ा कि यहां पर जीव (जीवात्मा) इसके दर्शन से शुद्धता को प्राप्त होता है।

आज्ञा चक्र

यह चक्र तालु और कंठ से भौंहों के बीच (भूमध्य) में चन्द्र के समान स्थित है। इसके दो दल हैं। उनमें हं एवं क्षं ये दो वर्ण है, रंग श्वेत है। इस चक्र में गुरुदेव की आज्ञा से शुद्ध ब्रह्मज्ञान की उपलब्धि होती है, सो इसका नाम आज्ञा चक्र पड़ा। चक्र का यंत्र इतर नामक अर्द्धनारीश्वर का लिंग है। इस यंत्र का बीज प्रणव, वाहन नाद और इसके ऊपर बिन्दु भी स्थित है। यंत्र के देव एवं शक्ति इतर लिंग और **डाकिनी** हैं।

सहस्रार चक्र

आज्ञा चक्र के ऊपर महानाद है और उसके ऊपर शंखिनी नाड़ी है। उसके अग्रभाग में अर्थात् शून्य स्थान में ब्रह्मारंध्र में स्थित प्रकृति रूप विसर्ग के निम्न प्रदेश में प्रकाश स्वरूप, चंदमासदृश्य श्वेतवर्ण अधोमुख आनंद स्वरूप सहस्र दल कमल है। दरअसल यहीं परम शिव विराजमान रहते हैं। कमल के हज़ार पत्तों पर बीस-बीस बार प्रत्येक स्वर एवं व्यंजन अक्षरों की स्थिति मानी जाती है। परण परम शिव कुंडलिनी शक्ति का संयोग लय योग का ध्येय है।

इसी सहस्त्रार चक्र में शक्ति भी विराजती है। इस चक्र को ब्रह्माण्ड की संज्ञा भी प्राप्त है। उपरोक्त वर्णित 6 षठचक्रों के उपर जो छः लोक माने जाते हैं सहस्त्रार चक्र अर्थात् सातवां लोक है। इस सहस्त्र दल कमल की कर्णिका में श्वेत निर्मल पूर्ण चन्द्रमण्डल है। उसके अन्दर विद्युत के समान चमकदार त्रिकोण है। इस त्रिकोण के मध्य में सब देवों में सेवित अत्यंत गुप्त शून्य रूप पर बिन्दु है। शैव, वैष्णव एवं शाक्त सभी उपासक सहस्त्र दल कमल की कर्णिका में अपने इष्ट की स्थिति मानते हैं यथा शिव, विष्णु एवं पराशक्ति। महामोक्ष का यह परम स्थान है।

कुंडलिनी जागृत होकर इसी सहस्त्रार चक्र तक जाती है तब साधक की साधना सम्पूर्ण मानी जाती है परन्तु यह वास्तव में सरल नहीं है। विद्वान् कहते हैं कि—"कुंडलिनी को इस चक्र तक कुछ विशिष्ट साधक ही ले जा पाते हैं। वरन् एक जीवन तो क्या कई जीवन का समय लगता जाता है। विरले साधक ही यह सफलता पाते हैं। वरन् अधिकांश कुछ चक्रों तक ही कुंडलिनी शक्ति को पहुंचा पाते हैं।"

कुंडलिनी जागरण के लिये चित्त निरोध के उपाय

वस्तुतः कुंडलिनी जागरण के लिये चित्त निरोध की क्रिया अत्यन्त् आवश्यक होती है। क्योंकि इसके बगैर आसन स्थिर नहीं होगा और आसन स्थिर करने के लिये भूत-भविष्य के कृत-कृत्यों को भूलकर अपने फन पर पृथ्वी धारण किये हुए भगवान शेषनाग का ध्यान कीजिए, सफलता मिलेगी। यदि आसन स्थिर न होता हो तो आधा किलो गर्म मीठे दूध में 10 ग्राम कच्ची हल्दी का चूर्ण मिलाकर कुछ दिनों तक दुग्धपान करें, आसन स्थिर हो जायेगा। क्योंकि ऐसा करने से त्वचा एवं नाड़ियां मुलायम हो जाती हैं और इससे आसन लगाने में सुविधा होती है। आसन लगाने में जिस विशेष अंग में दर्द का अनुभव होता है उसके लिये नीचे मुलायम कपड़े की गद्दी बनाकर लगाएं और अभ्यास करें। इतने पर भी दर्द न जाए तो दर्द के स्थान पर रतनजोत के तेल का मालिश करें।

आसन के लिए चौकी उत्तम होती है। चौकी पर कुशासन रखकर उस पर ऊनी या सूती जैसी सुविधा हो, वस्त्र बिछा लें फिर पद्मासन या सिद्धासन में बैठने का अभ्यास करें। इसमें उसी आसनं का प्रयोग करें जिसमें आपको सुख हो। जब कोई साधक पद्मासन या सिद्धासन में लगातर तीन घन्टे बैठने का अभ्यास कर लेता है तो उसकी कुंडलिनी शक्ति स्वयमेव जागृत हो जाती है।

कुंडलिनी जागरण के लिए चित्त निरोध की क्रिया अत्यन्त आवश्यक होती है। क्योंकि इसके बगैर आसन स्थिर नहीं होगा और आसन स्थिर न होने पर जागरण संभव नहीं है।

चित्त निरोध करने में दूसरा साधन है त्राटक। आप अपने नेत्रों की पुतलियों को बिना शक्ति का प्रयोग किये जहां हो वहीं स्थिर छोड़ दीजिए। यदि उनमें चंचलता का भाव उत्पन्न नहीं होगा तो निश्चित समझिए आपका मन स्थिर हो जाएगा। आप यदि ऐसा न कर सकें तो बिन्दु त्राटक का अभ्यास करें और यदि चित्त स्थिर करने में कोलाहल से बाधा पड़े तो कान में रुई लगा लें।

त्राटक की क्रिया प्रारम्भ करने पर प्रथम दिन 10 मिनट अभ्यास करें। धीरे-धीरे समय बढ़ाते जायें और जब यह समय लगभग 30 मिनट के आस-पास पहुंच जायेगा तो इष्ट देवता के दर्शन होंगे साथ ही अनेक चमत्कारिक दृश्य उपस्थित होंगे। परन्तु आप चमत्कारों के फेर में न पड़ें और अपने इष्ट देवता का ही ध्यान करें, भक्ति करें। यह सभी तब होगा जब आपका चित्त स्थिर रहेगा तथा तीस मिनट तक बिना पलक गिराए त्राटक की क्रिया संपन्न होगी। वैसे

सफलता तब मिलेगी जब आप घन्टे सवा घन्टे तक समय को बढ़ा ले जायेंगे। त्राटक का अनुकूल समय रात्रि में 2 बजे से भोर में 5 बजे तक श्रेष्ठ होती है। क्योंकि शांति के समय चित्त शीघ्र एकाग्र हो जाता है।

चित्त को स्थिर करने का तीसरा उपाय यह है कि आप अपना मुंह इस प्रकार बंद कीजिए कि ऊपर नीचे की दंत-पंक्तियां एक दूसरे का स्पर्श न कर सकें और जिव्हा की नोक खड़ी कर दीजिए। मन स्थिर होगा।

मन को स्थिर करने के लिए पद्मासन या सिद्धासन में से स्वेच्छानुसार चाहे जिसे अपना लें और उसमें बैठकर मस्तक, गर्दन, पीठ एवं उदर बराबर सीधे रख अपने शरीर को सीधा करके नाभि मण्डल में निष्पलक देखें। ऐसा करने से श्वांस की गति कम होगी और मन स्थिर। यह अत्यन्त सरल उपाय है कि इसके साथ ही यह भी ध्यान रखें कि इस अवस्था में जो विचार या दृश्य ध्यान में आये उसे भक्ति भाव से ग्रहण करें क्योंकि यही आपके इष्ट का स्वरूप है। इस अवस्था में प्राण स्थिर होकर आपको शांति देगा साथ ही दाहिने कान में नाद का अहसास होगा। नाद का तात्पर्य अर्थात् उसकी दूसरी संज्ञा है परा। इसे ही मूलाधार में परा स्वाधिष्ठान में पश्यंति, हृदय में मध्यमा और मुख में "बंखरी" कहा जाता है।

मन को स्थिर करने का पांचवां उपाय यह है कि दिव्य चक्षु उन्मीलन में संलग्न हों। वास्तव में दाहिने नेत्र में काल का, बाएं नेत्र से क्रिया तथा त्रिकुटी से विचार उत्पन्न होता है। अतः पद्मासन में बैठकर आंखें बंद करके साथ ही जिव्हा से तालु की ओर चढ़ाकर आप अपने ध्यान को दोनों भृकुटियों के मिलन स्थल से लगभग दो अंगुल ऊपर भूमध्य पर स्थिर करें। यह ध्यान रहे कि आपका ध्यान सिर के दाहिने भाग पर न हो। ध्यानावस्था में मन ही मन "ॐ नमः शिवाय" का जप करें। इस प्रक्रिया से मन एकाग्र होकर स्थिर होगा। क्योंकि ऐसी अवस्था में साधक का दिव्य चक्षु खुल जाता है और इष्ट का दर्शन प्राप्त होता है।

उपरोक्त अवस्था प्राप्त कर लेने के बाद साधके के लिए आवश्यक है कि आप योगाभ्यास, ध्यान एवं भजन की क्रिया से पूर्व सुषुम्ना स्वर संचालित कर लें। सुषुम्ना स्वर वास्तव में नासिका के अग्रभाग के मध्य भाग की नोक पर ॐ का मानसिक जप करते हुए ध्यान लगाने से स्वयमेव चलने लगता है। इसकी दूसरी प्रक्रिया यह है कि बाएं नथुने पर ध्यान केन्द्रित करने से दायां स्वर आप अपनी इच्छानुसार संचालित कर सकते हैं।

यदि ध्यानावस्था में आपको नींद का अहसास हो तो तत्काल अपनी बंद आंखों की पलकें खोल दें और स्त्रोत पाठ करें। यूं भी ध्यान के बाद सोना नहीं चाहिए।

कुंडलिनी शक्ति का स्थान

मनुष्य के शरीर में मूलाधार आदि चक्रों की स्थिति जानने के लिए इडा पिंगला एवं सुषुम्ना आदि नाड़ियों की जानकारी आवश्यक है। दरअसल मानव शरीर के पृष्ठ भाग में मेरुदण्ड (रीढ़ की हड्डी) है उसके वाम भाग में बाहर की ओर चंद्र स्वरूपता इडा नाड़ी है। और दाहिनी ओर सूर्य रूप पिंगला नाड़ी है। इनमें इडा को शक्ति और पिंगला को पुरुष की संज्ञा से भी जाना जाता है। इन दोनों नाड़ियों के मध्य में अति सूक्ष्म सुषुम्ना नाड़ी है। इस नाड़ी के नीचे के भाग में चतुर्दल त्रिकोणाकार एक कमल है और इस कमल पर कुंडलिनी शक्ति सर्पाकार में कुंडली बनाकर स्थिर है।

वास्तव में गुदा और लिंग के बीच में निम्नाभिमुख एक योनि मंडल है, इसमें कंद स्थान निरूपित किया गया है। इस कंद स्थान में कुंडलिनी शक्ति समस्त नाड़ियों को वेष्टित करती हुई, साढ़े तीन लपेटा खाकर अपनी पूंछ मुख में लिए सुषुम्ना नाड़ी के छिद्र को अवरोध करती हुई सर्प के समान अवस्थान करती है।

सर्प के समान यह कुंडलिनी शक्ति अपने स्थान में निंद्रित रहती है। परन्तु अपनी दीप्ति से स्वयं दीप्तिमती है। वह सर्पतुल्या संधि स्थान में रहने वाली है तथा वाणी का कारण स्वरूप वाग्देवी है।

ज्ञेया शक्तिरियं विष्णो निर्भया स्वर्ण भास्करा।
सतत्वं रजस्तमश्चेति गुणत्रय प्रसूतिका॥

तात्पर्य यह है कि इस कुंडलिनी शक्ति को परमात्मा की व्यापक शक्ति जानना चाहिए। यह भय रहित तथा सुवर्ण के समान प्रदीप्त है और सतत्व, रज एवं तम गुणों की प्रसूति है।

कुंडलिनी शक्ति के सन्दर्भ में हठयोग प्रदीपिका में भी पर्याप्त उल्लेख किया गया है।

कंदोर्ध्व कुंडली शक्तिः सुप्ता मोक्षाय योणिनाम्।
बंधनाय च मूढ़ानां यस्तां वेत्ति स योगवित्॥

अर्थात् कुंद के ऊपरी भाग में कुंडलिनी शक्ति शयन कर रही है जो योगी इसका जागरण करता है, वह मोक्ष प्राप्त करता है और जो सूद नहीं करते हैं उनके लिए वह बंधन का कारण होती है जो कुंडलिनी शक्ति को जगाने की युक्ति जानता है वही योग के यथार्थ को जानता है।

कुंडलिनी जागरण का समय

प्रायः साधना के लिए साधक को प्रातः 4 बजे शैय्या त्यागकर देह शुद्धि के कार्य में लगना चाहिए। लगभग एक घन्टे के समय में सम्पूर्ण तैयारी करें 5 बजे से 9 बजे तक साधना करना श्रेयस्कर होता है। सांयकाल 4 बजे से रात्रि 9 बजे तक साधना करें। परन्तु यदि इतना समय न हो (नौकरी में होने के कारण) तो आपको चाहिए कि समय में सुविधानुसार परिवर्तन कर लें। प्रातः 3 बजे से 6 बजे का समय श्रेष्ठ होता है। रात्रि को 8 बजे से 10 बजे पुनः साधना करें।

योगियों का मानना है कि कुंडलिनी तब जागती है जब पिण्ड को खाकर शिव के साथ एकत्व को प्राप्त होती है और जीव को अद्वयानन्द अनुभूत करा देती है।

कुंडलिनी जागरण की विधि

कुंडलिनी की साधना करने वाले प्रत्येक साधक को साधना करने से पूर्व कुंडलिनी शक्ति का ध्यान, स्तुति और प्रमाण की क्रिया अवश्य करनी चाहिये। यह सब साधना के प्रमुख अंग हैं।

ध्यान

ध्यायते कुंडलिनी सूक्ष्मां मूलाधारं निवासिनीमू।
तामिष्ट देवता रूपां सार्द्ध त्रिवलयान्वितम्।
कोटि सौदामिनी भाषां स्वयंभूलिंग वेष्टिताम्॥

कुंडलिनी स्तुति

ॐ नमस्ते देवदेवेशी योगीश प्राणवल्लभे।
सिद्धि देवर दे प्रातः स्वयंभू लिंगवेष्टिते॥
प्रसुप्त भुजगाकारे सर्वदा कारण-प्रिय।
काम-कलान्विते देवी, ममाभीष्टं कुरुष्वच॥
प्रसारे घोर संसारे भवरोगान् महेश्वरी।
सर्वदा रक्ष मां देवि! जन्म संसार रूपकात्॥
इति कुंडलिनी स्तोत्रं ध्यात्वायः प्रपठेत्सुधिः।
स मुक्ता पापेभ्यो जन्म संसार सागरात्॥

इस स्तुति को सम्पन्न करने के बाद पूर्ण श्रद्धा एवं भक्ति से कुंडलिनी देवी को प्रणाम करें।

प्रणाम मंत्र

इंद्रियाणामधिष्ठात्री भूतानां चाखिलेषु या।
भूतेषु सततं तस्यै व्याप्तिदेव्यै नमो नमः॥

प्रणाम की क्रिया सम्पन्न करने के बाद साधक को कुंडलिनी शक्ति के जागरण में प्रवृत्त होना चाहिए। इसकी कई विधियां हैं।

प्रथम विधि

कुंडलिनी साधक को एकान्त स्थान में सिद्धासन की मुद्रा में बैठकर अपने दोनों नथुनों में प्राणवायु का आकर्षण करके शक्तिपूर्वक अपान वायु में मिलाने का प्रयत्न करना चाहिये और जब तक सुषुम्ना **बिवर** में वायु प्रवेश होकर प्रकाश न पाये तब तक अश्विन मुद्रा से धीरे-धीरे गुह्या प्रदेश को सिकोड़ें और प्रसारित (फैलावें) करें। इसी तरह सांस रोक कर कुंभक योग से वायु रोध करने से भी कुंडलिनी शक्ति जागृत होकर सुषुम्ना पथ से ऊपर की तरफ चढ़ती है। प्रायः जब कुंडलिनी शक्ति चैतन्य होकर सुषुम्ना में प्रविष्ट होती है, तो उस समय साधक को प्रतीत होता है, मानो पीठ की रीढ़ के बीच चींटी-सी रेंग रही हो।

कुंडलिनी साधना के दौरान **कूर्प्र बीज "हूं"** का जाप करते हुए जागृत करना चाहिये हंस का जाप करते हुए उठाना चाहिये तथा "सोऽहं" का जाप करते हुए नीचे उतारना चाहिये। मूलाधार में काम वायु अथवा कंदर्प वायुरूपी अपान वायु को ऊपर उठाते समय बाईं दिशा की ओर प्रेरित करना होता है।

वास्तव में वास्तविक प्राणायाम, प्राण एवं अपान के मिलने से ही संभव होता है। ये दोनों शक्तियां किस प्रकार और कहां मिलाई जाती है, बस यही समझने की विशेष आवश्यकता होती है। दरअसल अपान वायु या शक्ति का स्थान उपस्थ है। अपान मूलाधार के समीप रहता है तथा उसकी गति नीचे की ओर होती है। प्राण-शक्ति हृदय से ऊपर के भाग में काम करती है। इन दोनों का योग करके इन्हें सुषुम्ना बिवर में प्रविष्ट करना चाहिए। सुषुम्ना में प्रवेश का द्वार कुंडलिनी के स्थान पर है जो मूलाधार चक्र एवं स्वाधिष्ठान चक्र के बीच में स्थित है। तात्पर्य यह है कि

प्राण एवं अपान को इसी स्थान पर खींचकर मिलाना होता है। यह दोनों मिलकर सुषुम्ना में प्रविष्ट होते हैं और तब साधक के मामूली प्रयत्न या फिर संकल्प मात्र से प्राण का प्रवाह वह जहां चाहे वहां आसानी से होने लगता है।

परन्तु प्राण वायु की अपान में आहुति देने के लिए उसको नीचे उतार कर मूलाधार चक्र में ले जाकर अपान से मिलाना होता है। सामान्यत: यह क्रिया पूरक और कुंभक करने से भी सिद्ध होती है। श्वांस खींचकर पूरक करना पड़ता है। तत्पश्चात् कंठ का संकोचन करके जालंधर बंध द्वारा वायु को शक्ति के साथ नीचे दबाया जाता है। ऐसा अभ्यास बार-बार करने के बाद प्राण शक्ति ऊपर के हिस्से की सब नाड़ियों से इडा पिंगला नाड़ियों में खिंचकर नीचे की ओर उतरने लगती है और धीरे-धीरे कंद के पास मूलाधार चक्र में एकत्रित होती है जहां पर साधक पहले से ही सिद्धासन द्वारा अपान शक्ति को रोके रहता है। इस तरह वहां दोनों का योग किया जाता है। यही प्राण की अपान में आहुति है।

और अपान की प्राण में आहुति की क्रिया में फिर रेचक द्वारा शनै:-शनै: प्रश्वास को निकाला जाता है। इसमें मूलबंध तथा उदर को पीठ की ओर खींच कर प्राण से मिलाया जाता है। इस तरह फिर दोनों का योग होता है। यह अपान की प्राण में आहुति है। इन दोनों का योग करके प्राण के सुषुम्ना में प्रवेश करने से असली प्राणायाम की सिद्धि होती है।

इस प्रक्रिया के बाद **वाल्य कुंभक** करके श्वांस प्रश्वांस की गति को रोका जाता है। फलत: प्राण तथा अपान दोनों अपना-अपना बाह्य कार्य त्यागकर अन्तर्मुख होने लगते हैं। इसे ही प्राण अपान की गति निरोध की क्रिया कहते हैं।

कुंभक सिद्ध होने पर श्वांस प्रश्वांस स्वयमेव रुकने लगता है साथ ही श्वांस गति का निरा निरोध होने से प्राण-शक्ति का निरोध होता है। पांचों प्राणों का निरोध होने से शरीर की समस्त प्रक्रिया रुककर प्राण का समष्टि उत्थान होता है तथा समाधि लगती है यही प्राणों की प्राणों में आहुति है।

कुंडलिनी शक्ति के जागृत होने पर उपरोक्त सभी प्राणायाम बिना प्रयत्न के अर्थात् श्वांस प्रश्वांस की गति का आधार लिए सिद्ध होने लगते हैं। यदि 12 घंटे क्रियाओं का वेग चलता रहे तो एक घंटे धारणा, पांच मिनट का ध्यान और 25 सेकेण्ड की समाधि होती है, ऐसा अनुमान किया जाता है।

दूसरी विधि

सिद्धासन लगाकर हृदय पर दृढ़ता से ठुड्डी को जमायें और पीछे दोनों हाथों से मुट्ठी बांधकर दोनों हाथ की कुहनी हृदय पर मज़बूती से रखकर नाभि प्रदेश में वायु धारण करें साथ ही गुह्य प्रदेश को अश्वनी मुद्रा से संकुचित एवं प्रसारित करें। इस प्रकार का अभ्यास निरन्तर करने से भी कुंडलिनी शक्ति शीघ्र जागृत होती है।

कुंडलिनी शक्ति वास्तव में व्यष्टि रूप में से मानव में जीवनी शक्ति है और प्राण शक्ति को ही जीवनी शक्ति कहा जाता है।

परन्तु मूल बंधाधि जिन साधकों को विशेष असुविधा प्रतीत हो वे आज्ञा चक्र या सहस्त्रार में ही विधि पूर्वक ध्यान करके इसे जागृत कर सकते हैं। इस बात का ध्यान रहे कि उदर की सफाई अवश्य रखें। सफाई की क्रिया एनीमा द्वारा ठीक रहती है।

तीसरी विधि

साधक को चाहिये कि वे बायें पैर की एड़ी से योनि प्रदेश को दृढ़ता से दबाकर दाहिने पैर को बिल्कुल सीधा एवं सरल भाव से सामने रखकर बैठें उसके बाद दाहिने पैर को दोनों हाथों से जोर से दबाए रखें साथ ही कंठ ठुड्डी टिका-कर कुंभक से वायु को पीछे प्राणायाम की चाल से धीरे से निकाल दें। इस प्रक्रिया से भी कुंडलिनी शक्ति शीघ्रतिशीघ्र जागृत होती है।

कुंडलिनी जागृत करने की कुंभक विधि

श्वांस-प्रश्वांस की गति में आप प्रणव, राम या सोऽहं उपासना की भावना मन में केंद्रित करें और हर समय यह भावना करें कि श्वांस में ओ, रा या सो तथा प्रश्वांस में या अहम् रूप से प्रत्येक श्वांस-प्रश्वांस में ॐ, रा या सोऽहं का जाप हो रहा है। इस ॐ रा या सा हं के अजपा जय को केवल कुंभक में करने की विधि यह है कि ॐ रा या सो से च श्वांस लेकर तब तक उसे रोकें जब तक आसानी से रुके तदनंतर अम्, म या अहम् के भाव के साथ छोड़ दें। इस क्रिया को निरंतर अभ्यास से बढ़ाते रहें। सामान्यतः इसका अभ्यास नासिकाग्र भाग, नाभि, भृकुटि आदि स्थानों पर गुरु की आज्ञानुसार करना श्रेयष्कर होता है। शवासन में यह साधना शीघ्र सिद्ध होती है।

जैसा प्रारम्भ में ही संकेत किया गया है कि कुंडलिनी का रहस्य केवल अनुभव से जाना जा सकता है। उसे असत्य मानकर आप स्वयं मन में गांठ की तरह बांध लें। केवल पढ़कर, कुंडलिनी के रहस्य को नहीं जाना जा सकता। यदि आप इसे सीखने की इच्छा करें तो किसी परम सुयोग्य गुरु की शरण में जायें जो इस विद्या का ज्ञाता हो। क्योंकि आज के ज़माने में साधारण प्राणायाम की क्रिया जानने वाले लोग जो साधक होने का ढोंग रचाए बैठे हैं, यह दावा करते हैं कि उन्हें कुंडलिनी सिद्ध है, आप उनसे सतर्क रहें, उनके माया जाल में फंसकर समय, श्रम एवं धन का नुकसान न करें।

कुंडलिनी शक्ति वास्तव में व्यष्टि रूप में मानव में जीवनी शक्ति है और प्राण-शक्ति को ही जीवनी शक्ति कहा जाता है। शास्त्र प्राण शक्तिग्रों के केन्द्रीभूत शक्ति को कुंडलिनी शक्ति निरूपित करते हैं। दरअसल यही आध-शक्ति है, परा शक्ति है, परम ब्रह्म है, महादेवी, शिवा, प्रकृति आदि संज्ञाओं से विभूषित है। आज अतः वे जो मायाजाल फैलाए बैठे हैं स्वयं इस शक्ति को नहीं जानते फिर आपका क्या मार्ग दर्शन करेंगे। हां योग्य, साधक, योग्य योगी का सानिध्य दैवयोग से प्राप्त हो तो यह क्रिया करें और परमानन्द को प्राप्त करें।

□□□

एक दिव्य व्यक्तित्व का संक्षिप्त परिचय

सम्वत् 2006 भाद्रमाह शुक्लपक्ष की देवझूलनी एकादशी के दिन कलियुगी अवतार बाबारामदेव के जन्म के समय ठीक ब्रह्ममुहूर्त प्रातः 04 बजकर 04 मिनट पर वेदिया कुलभूषण श्रीमाली ब्राह्मण कुलगुरु वेदिया पं. जयनारायण द्विवेदी के यहां एक तेजस्वी पुत्र का जन्म '**कर्क लग्न**' के अंतर्गत हुआ। इनके जन्म के पूर्व एक रहस्यमय घटना यह हुई कि इनकी माता श्रीमती रामप्यारी देवी के एक बार निद्रा अवस्था में प्राण निकल गए। इनकी दादाजी ने एक दिव्य आम्रफल देते हुए कहा कि अभी तुम्हें एक तेजस्वी बालक को जन्म देना है जो हमारे वेदिया कुल का नाम रोशन करेगा। दादाजी इनकी माताजी को चित्रगुप्त के पास ले गए तथा यही बात दोहराई। चित्रगुप्त ने अपना बही-खाता देखा एवं भूल के लिए क्षमा मांगते हुए विष्णु के दूतों से कहा इन्हें वापस भूलोक पर ले जाओ। मृत्यु के दस घंअे पश्चात् श्मशान स्थल पर इनकी माताजी पुनर्जीवित हो उठीं, तत्काल दुंदाड़ा ग्राम में रामप्यारी नामक दूसरी अन्य औरत की मृत्यु हो गई।

इस घटना के बाद इनकी माताजी को दिव्य सिद्धि की प्राप्ति हुई। वे अन्य आगंतुक व्यक्ति के मन की बात शब्द प्रतिशब्द फौरन बता देती थीं। खोई हुई वस्तुओं का, चोरी हुई चीजों का पता बतला देना एक साधारण बात थी। गली-मौहल्ले वाले स्त्री-पुरुषों की भीड़ लगी रहती थी। जोधपुर शहर के वृद्ध एवं पुराने लोग आज भी इनकी माताजी के अनुक चमत्कारी-किस्सों को बहुत ही तन्मयता के साथ बतलाते हैं। स्वर्गागमन के एक वर्ष पश्चात् श्री द्विवेदी का जन्म 5-9-1949 की प्रातःकाल को हुआ। बाल्यावस्था से ही श्री द्विवेदी का मन-मस्तिष्क वैज्ञानिक सूझ-बूझ से परिपूर्ण था। इनकी माता जी श्री द्विवेदी के विवाहकाल तक जीवित रहीं। इनका विवाह बाड़मेर जिले के समदडी नामक गांव में सुश्री जानकी देवी के साथ हुआ। जिनसे इन्हें दो आज्ञाकारी पुत्रियां तथा एक पुत्र रत्न की प्राप्ति हुई।

श्री द्विवेदी ने बी. ए. ऑनर्स (संस्कृत) प्रथम श्रेणी में उत्तीर्ण किया। एम. ए. संस्कृत, दर्शन में प्रथम श्रेणी में रहकर सर्वोच्च अंक प्राप्त किए। फलतः विश्वविद्यालय से स्कॉलरशिप मिली। तत्पश्चात् जोधपुर विश्वविद्यालय के संस्कृत विभाग के अंतर्गत ज्योतिष विषय में वराहमिहिर को लेकर शोधकार्य किया।

ईस्वी सन् 1977 को धर्म सम्राट करपात्री जी की प्रेरणा से एवं पुरीपीठाधीश्वर जगद्गुरु शंकराचार्य स्वामी श्री निरंजन देव तीर्थ के कर-कमलों से '**अज्ञातदर्शन**' नामक त्रैमासिक ज्योतिष पत्रिका का शुभारंभ किया। यह पत्रिका मासिक एवं मासिक से पाक्षिक हुई। आज संपूर्ण देश में यह एकमात्र पाक्षिक ज्योतिष-समाचार पत्रिका है जो राजस्थान सरकार एवं भारत सरकार द्वारा अधिस्वीकृत है एवं पं. भोजराज द्विवेदी के संपादन में गत 18 वर्षों से नियमित प्रकाशित हो रही है।

इन्हीं दिनों सम्वत् 2034 में श्रावण-आषाढ़ अधिकमास का विवाद चला। इस विवाद में अखिल भारतीय स्तर पर विद्वानों के दो गुट बने तथा अंतिम रुप से शास्त्रार्थ श्रीगंगानगर जिले के नोहर कस्बे में जगद्गुरु शंकराचार्य के सान्निध्य में हुआ। स्व. पं. रामदत्त अग्निहोत्री मध्यस्थ

थे। पं. भोजराज द्विवेदी ने अपनी शैशव अवस्था में ही सभी विद्वानों के दांत खट्टे कर दिए तथा शास्त्रार्थ में विजयी हुए। फलस्वरुप जगद्गुरु शंकराचार्य ने इन्हें **'शास्त्रार्थ केसरी'** की उपाधि एवं 501 की धनराशि तथा वस्त्रालंकार भेंट स्वरुप प्रदान किए। यहीं से इनके ज्योतिष जीवन की शुरुआत हुई और प्रारंभिक उपलब्धियां कुछ इस प्रकार से रहीं।

24 दिसंबर 1979 भोपाल में **'भारतीय ज्योतिष परिषद्'** द्वारा आयोजित अखिल भारतीय ज्योतिष सम्मेलन में ग्वालियर राजमाता द्वारा मानव मात्र हेतु की गई नि:स्वार्थ सेवा के उपलक्ष्य में रुपयों की थैली, दुशाला एवं प्रमाण-पत्र भेंट किया गया।

11 जनवरी 1981 में 'बृद्धद् गुजरात ऐस्ट्रोलॉजिकल सोसाइटी' द्वारा **'ज्योतिष शिरोमणि'** की सर्वोच्च उपाधि इन्हें प्रदान की गई।

अप्रैल, 1982 में उत्तर प्रदेश की राजधानी लखनऊ में शोधकार्य के उपलक्ष्य में **'प्राच्य विद्या महामहापाध्याय'** की उपाधि से विभूषित किया गया।

4 अक्टूबर, 1982 को टाऊन हॉल में आयोजित अखिल भारतीय ज्योतिष सम्मेलन जोधपुर में उन्हें राजस्थान उच्च न्यायालय के मुख्य न्यायाधीश श्री के. डी. शर्मा द्वारा **'स्वर्णपदक'** प्रदान किया गया।

सन् 1983 में **'समन्वय सेवा ट्रस्ट लंदन'** द्वारा 5000 रु. की नगद धनराशि एवं **'सुवर्णपदक'** महामंडलेश्वर स्वामी री सत्यमित्रानंद गिरि द्वारा एक विशाल जनसभा में प्रदान किया गया।

1983 में पूना के ज्योतिर्विद्या पीठ द्वारा **'ज्योतिष भास्कर'** की उपाधि, शाल-दुशाला एवं प्रशस्ति पत्र पूर्वक तिलक स्मारक हॉल के सभागार में प्रदान किया गया।

21 अक्टूबर 1983 को **अखिल भारतीय ज्योतिष सम्मेलन, कटक** (उड़ीसा) में राज्यपाल द्वारा प्रमाण-पत्र द्वारा सम्मानित।

जून, 1984 में जयपुर महारानी श्रीमती गायत्री देवी द्वारा दादू संस्कृत विश्वविद्यालय के प्रांगण में **'ज्योतिषमार्तंड'** की उपाधि, **सुवर्ण पदक** एवं शाल-दुशाला पहनाकर जयपुर में नागरिक अभिनंदन किया गया।

तत्पश्चात् इन्होंने विधिवत **'अखिल भारतीय ज्योतिष पत्रकार परिषद'** का रजिस्ट्रेशन करवाकर ज्योतिष विश्वविद्यालय द्वारा भारतीय प्राच्य विद्याओं के पत्राचार पाठ्यक्रम 15-11-1984 से प्रारंभ किए। आज देश-विदेश में सैकड़ों-हजारों शिष्य उनसे मार्गदर्शन प्राप्त कर ज्योतिष विद्या, मंत्र-तंत्र विद्या के वैज्ञानिक पक्ष का प्रसार-प्रचार कर रहे हैं।

श्री चण्डमार्तंड पंचांग का नियमित प्रकाशन अक्टूबर, 1986 से उनके संपादन में प्रारंभ हुआ और यह पंचांग शीघ्र ही सारे भारत के ज्योतिषाकाश में छा गया तथा अरब देशों में पंचांग की मांग बहुतायत में है।

7 अगस्त 1988 को लाजपत भवन मोतीझील कानपुर में नागरिक अभिनंदन द्वारा रुपयों की थैली, शाल-दुशाला एवं **'ज्योतिष भूषण'** की उपाधि से विभूषित किए गए।

11 मई, 1989 को **भावनगर** (सौराष्ट्र) में नागरिक अभिनंदन एवं अखिल भारतीय श्रीमाली ब्राह्मण सम्मेलन की अध्यक्षता, **महुआ** (काठियावाड़) एवं **जामनगर** में समाज द्वारा नागरिक अभिनंदन एवं सम्मान समारोह किया गया।

17 जनवरी 1990 में जोधपुर महाराजा श्री गजराजसिंह जी, महारानी श्रीमती हेमलता राज्ये, राजमाता साहिबा की अध्यक्षता में ज्योतिष का कंप्यूटर कार्लालय में स्थापित किया गया।

22 अप्रैल 1990 को अखिल भारतीय ज्योतिष सम्मेलन भोपाल के अवसर पर रवींद्र सभागार

में भव्य नागरिक अभिनंदन के साथ **'दैवज्ञ महर्षि'** की उपाधि प्रदान की गई।

14 जुलाई 1990 से ज्योतिष विद्या के प्रसार-प्रचार हेतु **दुबई, शारजा, अबूधापी, ऐलिन मस्कत** इत्यादि अरबदेशों की यात्रा की, प्रवचन, पत्रकार वार्ता, टी. बी. इंटरव्यू दिए।

पूर्व राष्ट्रपति ज्ञानी जैलसिंह द्वारा इंडिया इंटरनेशनल सेंटर दिल्ली में 9 दिसंबर 1990 को अंगवस्त्र, **'सुवर्ण पदक जड़ित मुकुट'** पहनाकर, हाथी पर बिठलाकर **'ज्योतिष सम्राट'** की सर्वोच्च उपाधि प्रदान की गई।

1 जनवरी 1991 श्रीविद्या के प्रसंग में तिरुपति बालाजी मंदिर ट्रस्ट एवं नगरपालिका अध्यक्ष द्वारा सही भविष्यवाणियों के परिप्रेक्ष्य में माल्यार्पण, प्रमाण-पत्र द्वारा **तिरुपति (तमिलनाडु)** में ही सम्मानित।

8 फरवरी 1991 को फरीदाबाद (हरियाणा) में हुए अखिल भारतीय ज्योतिष सम्मेलन के अवसर पर केंद्रीय स्वास्थ्य मंत्री श्री माखनलाल फोतेदार द्वारा **'सुवर्णजड़ित श्रीयंत्र'** अंगवस्त्र एवं **'डॉक्टर ऑफ ऐस्ट्रोलॉजी'** की मानद उपाधि प्रदान की गई।

8 मार्च 1991 को अखिल भारतीय ज्योतिष सम्मेलन मावलंकर हॉल दिल्ली में उन्हें समारोह पूर्वक **'तंत्र मार्तण्ड'** की उपाधि से सम्मानित किया गया।

4 अगस्त 1991 को अखिल भारतीय ब्रह्म ज्योतिर्विद मंडल (रजि.) द्वारा अहमदाबाद में समारोह पूर्वक **'ज्योति महर्षि'** की उपाधि से विभूषित किए गए।

1-1-1992 को **'108 कुंडीय श्रीयज्ञ'** किया एवं अखिल भारतीय विद्वत्सम्मेलन का आयोजन किया। राजस्थान के गृहमंत्री श्री ललितकिशोर चतुर्वेदी एवं अन्य अनेक मंत्रियों द्वारा सम्मानित हुए।

30-3-1992 को जयपुर में नागरिक अभिनंदन हुआ तथा राजस्थान उच्च न्यायालय के **मुख्य न्यायाधिपति** श्री के. पी. अग्रवाल द्वारा लाल-दुशाला ओढ़ाकर सम्मानित किया गया।

8 अप्रैल 1992 को मोदीनगर में आयोजित ऑल इंडिया मेडिकल-ज्योतिष सम्मेलन के अवसर पर **'ज्योतिष आयुर्विज्ञान विभूषण'** की उपाधि, शाल-दुशाल एवं एक **बहुत बड़ी ट्रॉफी** सर्वश्रेष्ठ वक्ता के रुप में प्रदान की गई।

18-6-1992 से **बैंकाक, हांगकांग, पट्टाया, गिंापुर, मकाया एवं चीन** देशों की यात्रा ज्योतिषविद्या के प्रसार-प्रचार हेतु की। भाषण-मालाएं भी आयोजित कीं। एक माह तक।

लायंस क्लब इंटरनेशनल—सन् 1992 में ही मानव सेवा की सबसे बड़ी संस्था 'लायंस इंटरनेशनल' से जुड़े एवं जुड़ते ही लायंस क्लब मारवाड़ के **सचिव पद पर** जुलाई 1992 में निर्वाचित हुए। लायंस के तात्कालिक बैंकाक में आयोजित अंतर्राष्ट्रीय सम्मेलन में सक्रिय भाग लिया। बेस्ट सेक्रेटरी के ऐवार्ड से विभूषित हुए तथा लायंस क्लब में प्रतिवर्ष **'ज्योतिष डायरी'** निकालने में सफल प्रयोग भी किए। सन् १९९३ में दो वर्ष के लिए **'डायरेक्टर ऑफ बोर्ड'** चुने गए एवं केबिनेट में भी लिए गए। वर्तमान में जून 1995 से लायंस क्लब जोधपुर चौपासनी के **प्रथम उपाध्यक्ष पद** पर कार्य कर रहे हैं।

22-9-1993 बिड़ला क्रीड़ा केन्द्र में गणमान्य नागरिकों के द्वारा बंबई में नागरिक अभिनंदन एवं **'काल सर्पयोग'** नामक पुस्तक का विमोचन।

13-12-1993 **'श्रीमाली प्रदीप'** नामक पाक्षिक समाचार पत्र का शुभारंभ, शिववाडी जोधपुर से समारोह पूर्वक।

16-12-1994 **'श्रीमाल पुराण'** पुस्तक का विमोचन बंबई में एवं अखिल भारतीय श्रीमाली

ब्राह्मण सम्मेलन का आयोजन किया। पांच हजार संस्कृत श्लोकों के हिंदी अनुवाद करके पुराण रचनाकार के रुप में ख्याति अर्जित की, जिस पर 24 गांवों संगठन श्रीमाली ब्राह्मण लूणीकंठा महासभा में श्री द्विवेदी को **साफा, श्रीफल, यज्ञोपवीत** एवं माल्यार्पण कर हार्दिक अभिनंदन-स्वागत किया।

24-2-1995 को ग्वालियर में 108 कुंडीय **श्रीराम महायज्ञ** के अवसर पर अखिल भारतीय ज्योतिष सम्मेलन की अध्यक्षता की एवं नागरिक अभिनंदन द्वारा सम्मानित हुए।

4-6-1995 कर्नाटक के **मुख्यमंत्री श्री एच. एन. देवगोड़ा, टी. एन. शेषन, श्री राधाकृष्ण हेगड़े** के सानिध्य में हुए अखिल भारतीय वास्तु सम्मेलन के अवसर पर बैंगलोर विधानसभा में शाल-दुशाला, माल्यार्पण कर वास्तुशास्त्र की सर्वोच्च उपाधि '**विश्वकर्मा ऐवार्ड**' की शील्ड, स्मृति-चिह्न प्रदान कर, सम्मान दिया गया।

पं. भोजराज द्विवेदी की उपलब्धियों एवं जीवन शैली का विस्तार से परिचय देने के लिए शब्द एवं कागज कम पड़ने लगते हैं। जिस श्रीमाली ब्राह्मण समाज में उन्होंने जन्म लिया, उस जाति के लिए बहुत काम किया तथा समाज के अनेक महत्वपूर्ण पदों पर आरूढ़ रहे। न केवल एक जाति, एक समाज, अपितु मानव मात्र के उत्थान व अभ्युदय हेतु जो कार्य किए वे अविस्मरणीय हैं। पूज्य गुरुदेव का जन्म कुछ ऐसे नक्षत्र व मुहूर्त में हुआ कि जो काम उन्होंने हाथ में लिया, उसमें अद्वितीय सफलता मिली। जिस वस्तु पर उन्होंने हाथ रखा, उसके भाग्य बदल गए। पत्रकारिता के क्षेत्र में दैनिक जनगण, तरुण राजस्थान, दैनिक प्रतिनिधि, दैनिक जलतेदीप, राजस्थान पत्रिका, कादम्बिनी, सन्मार्ग, ब्लिट्ज, संडेमेल, चित्रलेखा, गुजरात समाचार, श्रीमाली संदेश, ज्योतिष-बोध जैसे अनेक समाचार पत्रों में कॉलम लिखे तथा धारावाहिक लेखमालाएं प्रकाशित हुईं। अनेक राष्ट्रीय व अंतर्राष्ट्रीय सम्मेलनों की अध्यक्षता व आयोजन किए। '**हूज हू इंडिया**' '**ऐशिया हूज हू**' 'इंटरनेशनल डायरेक्टरी' में इनके नाम एवं जीवनचर्या निरंतर प्रकाशित होते रहते हैं।

ज्योतिष एवं मंत्र-तंत्र क्षेत्र में अनेकों बहुमूल्य पुस्तकें लिखीं हैं जिनमें से दो दर्जन के लगभग प्रकाशित हो चुकी हैं। तथा अनेक बहुमूल्य ग्रंथ प्रकाशनाधीन हैं। उनके मुंह से अनायास जो वचन निकल गए वे विधाता की लेखनी के समान अमिट हो गए। लगभग **दो हजार से अधिक** राष्ट्रीय अंतर्राष्ट्रीय स्त्र की **भविष्यवाणियां** प्रकाशित होकर सत्य प्रमाणित हो चुकी हैं। ज्योतिष विषय को लेकर पचासो रेडियो वार्ताएं एवं डेढ़ हजार के लगभग शोध-लेख प्रकाशित हो चुके हैं। इनकी विलक्षण एवं यशस्वी लेखनी से इतने साहित्य का सृजन हुआ कि एक व्यक्ति की संपूर्ण आयु उनके साहित्य को पढ़ने व समझने में छोआी पड़ती है। ज्ञान-विज्ञान के क्षेत्र में कोई ऐसा विषय नहीं जो उनसे अछूता रहा हो। भारत एवं विदेशों में सैकड़ों-हजारों परिवार उनकी अलौकिक चमत्कृत जीवन शैली एवं कार्य प्रणाली से प्रभावित हैं। प्रस्तुत लघु पुस्तिका श्री गुरुदेव के मुखारबिंद से निकले प्रवचनों का संकलन मात्र है। अत: उनके श्री चरणों में समर्पित करते हुए हम अपार हर्ष का अनुभव कर रहे हैं।

—प्रकाशक

व्यक्तित्व विकास
अच्छा इंसान सफल विजेता कैसे बने
डेल कारनेगी
लोक व्यवहार
टॉपर्स के टॉप टिप्स
डेल कारनेगी
चिंता छोड़ो सुख से जियो
कहानियाँ जो जीना सिखाएं
कहानियाँ जो राह दिखाएं
मैनेजमेंट एवं कॉरपोरेट गुरु चाणक्य
डॉ. उज्जवल पाटनी
सफल वक्ता सफल व्यक्ति
सफलता पाने की 8 शक्तियां
सफलता की नई तकनीक
टाइम मैनेजमेंट
आप और आपका व्यवहार
सोच बदलो सफलता पाओ
नेटवर्क मार्केटिंग जानिए
जीत लो ख्वाबों को
हार के बाद ही जीत है
डायमंड बुक्स
X-30, ओखला इंडस्ट्रियल एरिया, फेज-II नई दिल्ली-110020 फोन : 011-40712100
ई-मेल : sales@dpb.in Shop online at www.diamondbook.in